Psicolinguística, psicolinguísticas

COLEÇÃO DE LINGUÍSTICA • UMA INTRODUÇÃO

Fonologia, fonologias • Dermeval da Hora e Carmen Lúcia Matzenauer

Prosódia, prosódias • Miguel Oliveira Jr.

Psicolinguística, psicolinguísticas • Marcus Maia

Semântica, semânticas • Celso Ferrarezi Junior e Renato Basso

Sintaxe, sintaxes • Gabriel de Ávila Othero e Eduardo Kenedy

Sociolinguística, sociolinguísticas • Maria Cecilia Mollica e Celso Ferrarezi Junior

Consulte nosso catálogo completo e últimos lançamentos em **www.editoracontexto.com.br.**

Marcus Maia
(org.)

Psicolinguística, psicolinguísticas

editoracontexto

Foto de capa e diagramação
Gustavo S. Vilas Boas

Preparação de textos
Lilian Aquino

Revisão
Fernanda Guerriero Antunes

Dados Internacionais de Catalogação na Publicação (CIP)
Angélica Ilacqua CRB-8/7057

Psicolinguística, psicolinguísticas : uma introdução /
Marcus Maia (org.). – São Paulo : Contexto, 2024. 208 p.

Diversos autores
Bibliografia
ISBN 978-85-7244-907-6

1. Psicolinguística 2. Linguística 3. Linguagem
I. Maia, Marcus

15-0654 CDD 401

Índice para catálogo sistemático:
1. Linguagem – Teoria e filosofia

2024

EDITORA CONTEXTO
Diretor editorial: *Jaime Pinsky*

Rua Dr. José Elias, 520 – Alto da Lapa
05083-030 – São Paulo – SP
PABX: (11) 3832 5838
contato@editoracontexto.com.br
www.editoracontexto.com.br

Sumário

Apresentação

Marcus Maia

Prezado leitor, o livro que você tem agora em mãos lhe oferece uma visão introdutória da natureza e da abrangência de uma das mais fascinantes disciplinas das Ciências Cognitivas contemporâneas. Embora se trate de uma disciplina relativamente recente, as questões investigadas pela Psicolinguística remontam, pelo menos, aos filósofos da Antiguidade: Platão, no século IV a.C., questiona sobre a aquisição do conhecimento, lançando as bases do racionalismo – a corrente filosófica que sustenta a prioridade das representações mentais na cognição. O termo *Psicolinguística* teria sido usado pela primeira vez apenas na primeira metade do século XX, mas já no final do século XIX o psicólogo alemão Wilhelm Wundt realizou em seu laboratório, na Universidade de Leipzig, vários estudos de interesse teórico e experimental sobre a psicologia da sentença e outros temas de interesse psicolinguístico.

Na década de 1950, Noam Chomsky reconhece a tradição, representada também na revolução científica da Idade Moderna por René Descartes, retomando o que chamará de "problema de Platão", no âmbito da revolução cognitivista: como podemos saber tanto se temos tão poucas evidências externas? Em um contexto profundamente antimentalista, dominado pelos modelos *behavioristas*, que consideravam a mente humana *tabula rasa* inacessível, Chomsky propõe, ao contrário, que a mente humana seja rica em estrutura, lançando o desafio de que a intuição linguística do falante possa servir de meio para acessar o conhecimento linguístico internalizado, permitindo estudar esta faculdade mental humana, que nos capacita a produzir e a compreender, criativamente, frases nunca antes ouvidas.

A revolução que se dá, então, é marcada, em Linguística, pela mudança do foco dos estudos que, durante o período estruturalista, na primeira metade do século XX, centrava-se, prioritariamente, nos dados produzidos reunidos em *corpora*. O foco passava a ser, então, a investigação dos processos cognitivos que geram tais dados, inaugurando-se, assim, uma nova fase explicitamente mentalista da disciplina. O programa de linguística gerativa que aí se inicia tem como grande meta, portanto, buscar investigar a faculdade mental da linguagem, que permite à espécie humana e somente a ela produzir e compreender um número infinito de frases gramaticais a partir de um conjunto finito de princípios. Para conseguir estudar os processos linguísticos, Chomsky propõe que, além de se analisarem os dados de *corpora* através dos procedimentos de descoberta estruturalistas, então em voga, sejam obtidos julgamentos de gramaticalidade por parte dos falantes, permitindo ao linguista avaliar não só o que pode ser gerado, como também o que não pode. Chomsky propõe mesmo, nesse período, que a Linguística seja parte da Psicologia, afirmando o caráter necessariamente mentalista da disciplina. Sua célebre dicotomia "competência/performance" baliza o campo, distinguindo de forma clara o saber do fazer linguístico. Para se chegar à caracterização da competência, havia que se investigar o desempenho, e foi o que os linguistas e psicolinguistas passaram a fazer a partir desse momento fundador.

Desde então, os estudos psicolinguísticos vêm contribuindo decisivamente para que ampliemos nosso conhecimento sobre a linguagem humana. No presente livro, o leitor terá uma primeira apreciação das múltiplas angulações que esse estudo pode assumir. Os treze capítulos que compõem a obra foram escritos por psicolinguistas atuantes nessas diferentes especialidades e apresentam de forma direta e clara suas principais questões e métodos, sem perder, no entanto, o foco unificador – a Psicolinguística, a ciência da cognição da linguagem.

O primeiro capítulo apresenta a disciplina *Processamento de Frases*. Maia discute os fundamentos teóricos e metodológicos dessa especialidade psicolinguística, substanciados na Teoria do *Garden-Path*, exemplificando um dos seus princípios, a *aposição local*, com um estudo de rastreamento ocular inédito de frases do português.

O segundo capítulo discute os procedimentos pelos quais a *Computação Gramatical* é realizada na produção e na compreensão de enunciados linguísticos. Corrêa revê o conceito no quadro recente da teoria gramatical minimalista, com precisão e concisão, percorrendo desde suas origens aos desdobramentos na pesquisa psicolinguística, exemplificando como os fatores gramaticais definitude e aposição sintática são investigados, em um experimento clássico de leitura automonitorada, que aduz evidências em favor do *princípio da aposição mínima*.

No capítulo "Processamento Anafórico", Leitão explica muito didaticamente como a relação entre dois ou mais elementos em um contexto linguístico pode se dar através de processos correferenciais ou inferenciais. A chamada *penalidade do nome repetido*, fenômeno que vem sendo sistematicamente examinado, em português, através de diferentes técnicas experimentais, no grupo de pesquisa do autor, serve de exemplo para que o leitor possa compreender com clareza essa importante especialidade dos estudos psicolinguísticos.

No capítulo "Processamento de Palavras", Garcia parte do questionamento sobre a noção de palavra, conduzindo o leitor através dos principais modelos de estudo do léxico mental, os *modelos decomposicionais*, *não decomposicionais* e os de *dupla rota*. A autora apresenta em detalhe o método de *priming* com decisão lexical, tradicionalmente usado na área, mas revê também as técnicas mais recentes de rastreamento ocular e de eletro e magnetoencefalografia que, permitindo resolução temporal mais fina, vêm revelando estágios específicos durante o reconhecimento de uma palavra.

Em "Psicolinguística da Aquisição da Linguagem", Name inicia o leitor de forma segura no campo fascinante da Aquisição da Linguagem, revendo suas principais questões e metodologias. A autora exemplifica a pesquisa experimental na área relatando estudos recentes com bebês, baseados nas técnicas de sucção não nutritiva e de olhar preferencial, sendo este último realizado em seu laboratório, para investigar a sensibilidade de bebês a fronteiras entoacionais.

O sexto capítulo do livro é dedicado à "Produção da Linguagem". Rodrigues apresenta com objetividade e clareza os componentes fundamentais do processo de produção linguística, desde o nível da conceptualização da mensagem até a sua articulação na fala, por meio dos processos de codificação gramatical, morfológica e fonética. O estudo da produção espontânea é contrastado com técnicas experimentais, entre as quais a produção induzida de lapsos, a nomeação de imagens e o *priming* estrutural. A autora resume, então, as três principais linhas de investigação: a natureza modular ou interativa da produção, a sua incrementalidade e as equivalências entre os modelos formais e de processamento.

O capítulo "Distúrbios da linguagem" apresenta uma síntese dos componentes da cognição humana que podem ser comprometidos por causas genéticas ou adquiridas, caracterizando, com precisão, os modos específicos de investigação desses déficits pela Psicolinguística e pela Neurolinguística. Hübner revê, então, as principais metodologias empregadas na investigação dos distúrbios da linguagem: o estudo de caso, as técnicas comportamentais e eletromagnéticas de neuroimagem funcional, as técnicas hemodinâmicas e a estimulação magnética transcraniana. Considerando a importância de uma abordagem holística no estudo dos déficits linguísticos, a autora ilustra a pesquisa sobre processamento da linguagem num caso de afasia.

Os dois capítulos seguintes tratam de temas complementares, de grande relevância educacional. Escrito por Leonor Scliar-Cabral, "Psicolinguística e alfabetização" conduz o leitor com segurança na apreciação da literatura sobre os processos de aprendizagem da leitura e da escrita, fornecendo vasta exemplificação. Apontando as discrepâncias entre os sistemas alfabéticos e o processamento neuronal na visão, Scliar-Cabral conclui, então, advogando em favor de um ensino-aprendizagem mais sistemático, bem fundamentado nos achados recentes sobre o processamento da linguagem verbal oral e escrita. O capítulo "Psicolinguística e leitura", de Morais e Kolinsky, também examina os mecanismos cognitivos de processamento da informação durante a leitura, discutindo suas implicações sociais e aprofundando a revisão da pesquisa de natureza experimental. Os autores detalham os paradigmas de *priming* com decisão lexical, rastreamento ocular, mencionando também pesquisas de natureza eletroencefalográfica e baseadas na modelagem computacional. O texto conclui indicando importantes linhas de pesquisa em pleno desenvolvimento hoje, tais como a relação entre leitura e oralidade, a aquisição simultânea da leitura e da escrita, a descrição dos processos cognitivos e neurais e, finalmente, a urgência da pesquisa sobre o cérebro não leitor.

No capítulo "Psicolinguística na Descrição Gramatical", Kenedy explora o que chama de uma "terceira margem" para as pesquisas voltadas para a descrição e análise gramaticais, além dos métodos etnográfico e introspectivo: a experimentação. Após singularizar o método experimental, detalhando seu *modus operandi*, o autor argumenta em favor da abordagem psicolinguística, contrastando-a com as outras duas metodologias, através do relato de uma pesquisa sobre a língua brasileira de sinais, baseada no paradigma de produção induzida.

No capítulo "Processamento de segunda língua", Finger discute o conceito de bilinguismo e apresenta as principais questões e métodos no estudo da interação interlinguística nos níveis do reconhecimento e produção de palavras, do processamento da percepção e da produção de sons, e do processamento de frases. A autora ilustra a pesquisa na área reportando um interessante estudo, realizado em seu laboratório, com 53 crianças falantes de português e de inglês, em uma tarefa de decisão lexical, que lhe permitiu demonstrar facilitação no reconhecimento de palavras cognatas em comparação com as não cognatas, pelas crianças bilíngues, quando realizavam a tarefa em sua L2.

Encerrando o volume, dois capítulos tratam da desafiante relação entre a linguagem e o cérebro. Em "Neurociência da Linguagem", França, pioneira no Brasil na pesquisa nessa área, apresenta ao leitor, muito didaticamente, a constituição da nova disciplina que, ainda que iniciada na década de 1980, com alguma defasagem em relação ao estudo das demais cognições, tem feito descobertas espetaculares nas últimas três décadas, impactando significativamente o conhecimento sobre as atividades cognitivas realizadas durante o processamento da linguagem. França relata um estudo de 2014 em que o escaneamento do cérebro de crianças monolíngues e bilíngues deixa claro que a informação linguística adquirida precocemente se mantém no cérebro por toda a vida, corroborando a hipótese do período crítico que, até hoje, não havia sido tão diretamente verificada, como avalia a autora. Em "Psicolinguística e Neurociência Cognitiva", Buchweitz e Teixeira apresentam a perspectiva neurocognitiva sobre o funcionamento cerebral, revisando estudos que, usando ferramentas de neuroimagem não invasivas, vêm desvelando o funcionamento do pensamento humano. Os autores exemplificam com um estudo sobre a influência combinada de fatores genéticos e ambientais na aprendizagem da leitura e outro sobre as bases neurais de estruturas sintáticas.

Com a publicação do presente livro, os autores estão confiantes de entregar ao público universitário brasileiro chaves importantes para abrir as portas e começar a explorar com segurança os múltiplos caminhos da Psicolinguística, essa ciência fundamental para entendermos quem somos.

Processamento de Frases

Marcus Maia

O que é Processamento de Frases?

A disciplina Processamento de Frases investiga o que acontece quando produzimos e compreendemos frases. Como se dá esse processo em nossa mente? Na compreensão, como analisamos as frases para chegar a sua interpretação? A análise sintática é influenciada por fatores semânticos, pragmáticos, discursivos, contextuais?

Estudando situações de ambiguidade estrutural, em que pode haver mais de uma possibilidade de interpretação das frases, os psicolinguistas desenvolveram hipóteses teóricas e modelos de análise para tentar responder a essas perguntas. Por exemplo, imaginemos o seguinte diálogo entre dois amigos:

(1) – Estou querendo beijar a Gisele de novo!
– Você já beijou a Gisele?
– Não, mas já quis beijá-la antes...

Vamos analisar a piada. O sentido pretendido pela primeira frase não é o que o interlocutor preferiu, como fica claro pela terceira frase. A primeira frase é, portanto, ambígua, admitindo pelo menos duas interpretações. Essa ambiguidade não decorre de duplo sentido das palavras que estão na frase, em si. A ambiguidade da frase é decorrente da dupla possibilidade de análise sintática do constituinte "de novo". Esse adjunto adverbial admite escopos de modificação distintos. Na segunda frase, o interlocutor teria entendido que "de novo" estaria aposto localmente à oração de que o constituinte está mais próximo, cujo núcleo é o verbo "beijar". Entretanto, como fica claro pela terceira frase, "de novo" estaria, de fato, aposto à oração do verbo "querer". A análise sintática local do constituinte "de novo" foi a preferida pelo interlocutor, mas, nesse caso, a análise local não funcionou, pois o primeiro locutor pretendia uma aposição sintática não local do constituinte – ele estava querendo, de novo, beijar a moça, e não beijá-la outra vez.

O estudo das ambiguidades estruturais é bastante revelador do Processamento de Frases. Com base em estudos experimentais de construções com ambiguidades de aposição sintática, os psicolinguistas puderam estabelecer diferentes princípios que regulam o processo de análise e compreensão de frases, entre os quais o Princípio da Aposição Local, exemplificado pela anedota. Esse princípio foi formulado pela psicolinguista Lyn Frazier (1979) da seguinte forma: "Quando possível, aponha os itens lexicais que vão sendo encontrados à oração ou sintagma correntemente sendo processado".

Outro princípio é o da Aposição Mínima, baseado não na preferência pela aposição mais local de um constituinte, mas na menor complexidade na estrutura construída pelo processador sintático ou *parser*. Frazier formulou esse princípio da seguinte maneira: "Aponha um item à estrutura sentencial, usando-se o mínimo possível de nós sintáticos".

Muitas vezes, construções ambíguas levam a análises que precisam ser revistas. Vejamos, por exemplo, a notícia publicada em um jornal do Rio de Janeiro há algum tempo:

Quadro 1 – Manchete ambígua: Princípio da Aposição Mínima

> **Filha suspeita de morte da mãe**
>
> Faxineiro acusado de matar advogada na Ilha denuncia que assassinato foi tramado por jovem, com namorado ex-policial.

A ambiguidade, nesse caso, decorre de duas análises possíveis da forma verbal "suspeita", que pode ser uma flexão do verbo "suspeitar" na terceira pessoa do singular do presente do indicativo (a filha suspeita de que a mãe morreu) ou a forma de particípio do mesmo verbo (a filha é suspeita da morte da mãe). Apesar de ambas as construções serem gramaticalmente bem formadas, os psicolinguistas descobriram que a primeira análise é a preferida, inicialmente, pela maioria dos leitores. Não se trata, nesse caso, de preferência com base na localidade de aposição sintática, como no caso da anedota analisada anteriormente, mas de análise preferencial baseada na estrutura mais simples. Para chegar a uma interpretação do conteúdo da frase, o leitor precisa dividi-la em partes ou parseá-la. Por restrições da memória de trabalho, este parseamento, ou *parsing*, precisa ser realizado muito rapidamente antes que a frase toda termine para ser analisada. Isso quer dizer que vamos construindo logo a estrutura sintática à medida que cada palavra vai sendo lida ou ouvida, pois nossa memória de trabalho tem limites em relação ao número de itens e ao tempo, em milésimos de segundo, de que podemos dispor para estruturá-los. No caso dessa notícia, a decisão mais econômica é a de analisar a forma ambígua "suspeita" como indicando a ação praticada pela filha. Tomando tal decisão de análise, ficamos com um sujeito praticante de ação e um predicado, indicando a ação. A decisão opcional de analisar "suspeita" como particípio, núcleo de uma oração relativa reduzida, seria mais custosa. Teríamos um constituinte sujeito bem mais complexo (a filha que suspeita de morte da mãe), mas não um predicado. Digamos, no entanto, que a frase continuasse da seguinte forma:

(2) Filha suspeita de morte da mãe foge.

Tendo preferido analisar inicialmente a forma suspeita como a ação praticada pela filha, seguindo o Princípio de Aposição Mínima, o que acontece ao chegarmos à forma verbal "foge"? Surpresa! Não temos um sujeito para o verbo "fugir". Entramos no que os psicolinguistas denominam de *garden-path*. Embora o nosso processador prefira as análises mínimas, nem todas as construções são necessariamente mínimas. A análise mínima, adotada como princípio básico, precisaria, portanto, ser refeita, reanalisando-se a construção, ou seja, substituindo a primeira análise pela análise não mínima. No caso em exame, a análise não mínima é a de "suspeita" como particípio, que garante a interpretação correta do período: quem fugiu foi a filha que é suspeita da morte da mãe.

A Teoria do *Garden-Path* (TGP), também denominada Teoria do Labirinto, foi proposta no fim da década de 1970, por Lyn Frazier e Janet Fodor, com base em dados da língua inglesa, mas tem sido comprovada em todas as línguas em que tem sido testada, inclusive em português. A TGP está baseada em pressupostos de modularidade, serialidade, imediaticidade e encapsulamento da análise sintática, que não necessariamente são aceitos por todos os pesquisadores da área de Processamento de Frases. O conceito de modularidade da mente se refere à ideia de que existem subcomponentes relativamente independentes e de função específica no processamento da linguagem. Assim, o módulo sintático tem por função realizar concatenações entre itens lexicais, parseando as frases e formando constituintes mais complexos, de modo rápido e reflexo, premido pelos limites da memória de trabalho, como vimos anteriormente. Essa tarefa de parseamento seria eficiente justamente por ser obrigatória e de domínio específico. Por exemplo, ao olharmos uma frase, somos obrigados a lê-la; não temos a opção de não processá-la. Além de obrigatório, o mecanismo modular de parseamento de frases seria "de domínio específico", dedicado exclusivamente a essa tarefa, por isso consegue ser rápido.

Além da modularidade da mente, teorias ditas estruturais, como a TGP, também subscrevem a serialidade do processamento, ou seja, o parseamento de uma sentença se desenvolveria em uma série linear de operações mentais, em um processo em que a saída da operação anterior fornece a entrada da próxima operação. Finalmente, do ponto de vista das teorias estruturais, o processamento, além de modular e serial, seria também incrementacional, ou seja, a estrutura vai sendo construída à medida que cada item vai sendo acessado, sem atraso, sem esperar o fim da frase. O *parser*, trabalhando de modo autônomo, encapsulado, se comprometeria, portanto, com análises sintáticas simples que vai desenvolvendo item a item, sem interferência de informações não sintáticas e sem uma avaliação global da frase. Como veremos na próxima seção, no entanto, há, a esse respeito, uma divisão importante no campo do Processamento de Frases.

Em resumo, o objetivo principal das teorias atuais em Processamento de Frases é o de identificar os *tipos de informação* que as pessoas utilizam ao ler ou ouvir frases e determinar os *princípios* seguidos ao usar a informação disponível. A hipótese de que o conhecimento linguístico é usado de forma *modular* tem levado a avanços substanciais na compreensão desses princípios. Obviamente, todas as informações relevantes podem ser usadas em algum momento da compreensão. Assim, a questão que se tem colocado é sobre o momento no curso temporal do processamento em que as diferentes informações atuam.

O que o Processamento de Frases estuda?

A TGP é uma teoria em que se propõe a existência de dois estágios fundamentais no processo de compreensão de frases: um processador modular, serial, incrementacional, encapsulado e de domínio específico produz uma análise sintática inicial da frase, baseado em métricas de simplicidade e localidade. Essa estrutura seria, então, interpretada, em um segundo estágio, menos reflexo do processo de compreensão. A TGP foi proposta não só com base em análise de construções com ambiguidades temporárias, como a exemplificada com a forma verbal "suspeita", na seção anterior, em que a ambiguidade existente potencialmente na forma só se mantém até a forma verbal "foge", no exemplo (2), que desambiguiza a frase, mas também a partir da análise de construções com ambiguidades permanentes, como exemplificado em (3):

(3) Alguém atirou no empregado da atriz que estava na varanda.

Nesse período, a oração relativa [que estava na varanda] pode ser aposta tanto ao nome "empregado", quanto ao nome "atriz", no Sintagma Nominal complexo [o empregado da atriz]. Note-se que em (3), ao contrário do que ocorre em (2), a ambiguidade não é temporária, mas permanente, ou seja, não é desfeita nunca: a gramática permite tanto a leitura de que o empregado estava na varanda quanto a de que a atriz estava na varanda. A TGP propôs, no entanto, que há uma preferência de processamento por uma das análises. Qual deveria ser essa preferência? O Princípio da Aposição Mínima não daria a resposta: tanto a análise da oração relativa (OR) aposta ao nome mais alto na estrutura (empregado) quanto ao nome mais baixo (atriz) apresentam complexidade sintática equivalente, como ilustrado na figura 2.

Figura 2 – Análises local e não local da aposição da Oração Relativa

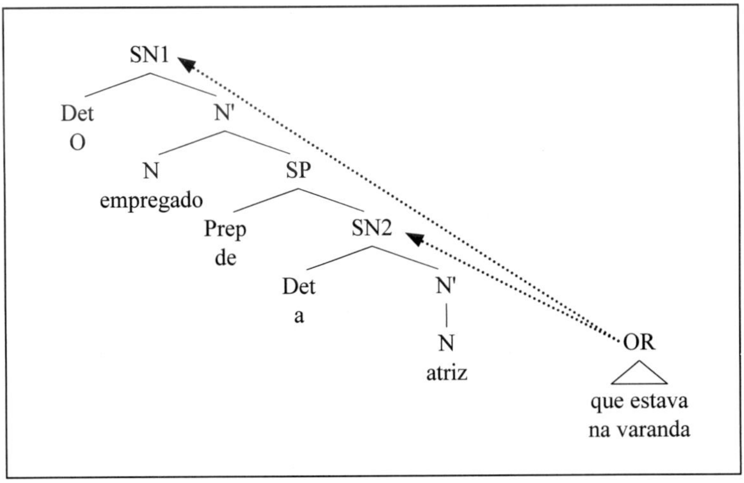

A preferência encontrada para essa construção, examinada inicialmente na língua inglesa, foi pela aposição baixa ou local da oração relativa. O Princípio da Aposição Local previa essa preferência, que, segundo postulação da TGP, deveria se instanciar em todas as línguas, concebendo-se o processamento como universal. Entretanto, em um trabalho seminal de 1988, Cuetos e Mitchell compararam o processamento dessa construção em inglês e em espanhol, obtendo resultados divergentes: ao contrário do inglês, cerca de 60% das preferências em espanhol era pela aposição alta da OR.

A descoberta de Cuetos e Mitchell (1988) abriu uma crise na universalidade do Princípio de Aposição Local e levou o campo do Processamento de Frases a questionar também os pressupostos de modularidade, serialidade e incrementacionalidade da TGP. Mais ou menos nesse mesmo período, vários autores já vinham testando se o parseamento sintático poderia ser influenciado por fatores semânticos e pragmáticos. Por exemplo, estudando construções em inglês equivalentes à exemplificada em (2), em que formas verbais como "suspeita" poderiam ser ambíguas entre uma leitura como verbo principal ou particípio nucleando uma oração relativa reduzida, Ferreira e Clifton (1986), defendendo a modularidade e a serialidade do processamento, haviam reportado evidências experimentais, usando a técnica de monitoramento ocular, para argumentar que o processador não avaliaria a plausibilidade semântico-pragmática a tempo de influenciar a análise sintática. Utilizando frases em inglês equivalentes, por exemplo, a estruturas do português, tais como (4) e (5), em que uma palavra como "arma" não poderia plausivelmente garantir a interpretação da forma ambígua suspeita como verbo na terceira pessoa do singular, os autores, no entanto, não encontraram evidências que indicassem que a ambiguidade não se instanciaria, ao menos na fase inicial rápida do processamento:

(4) Mãe suspeita de crime...
(5) Arma suspeita de crime...

Segundo o estudo de Ferreira e Clifton (1986), a preferência pela análise mais simples estruturalmente, em que "suspeita" é tomado como verbo principal, se instanciaria, independentemente do fator plausibilidade, reforçando a proposta da TGP de que o *parser* seria encapsulado e estritamente sintático, em sua fase inicial de análise. Outros autores, no entanto, encontraram evidências contrárias. Por exemplo, Altmann e Steedman (1988) manipularam fatores discursivos referenciais e contextuais, na leitura de frases com ambiguidades de aposição de um Sintagma Preposicional (SP) a um Sintagma Verbal (SV) ou a um Sintagma Nominal (SN) objeto (*e.g.*, os assaltantes abriram o cofre com a dinamite). Os resultados pareceram indicar que, de fato, a modificação do SN seria a alternativa não preferida. Altmann e Steedman sugerem que isso ocorreria não por causa de fatores estruturais, mas em virtude de fatos referenciais: a modificação do SN poderia não ser licenciada pelo contexto discursivo e essa informação contextual seria acessada rapidamente a tempo de influenciar as decisões de análise sintática do *parser*.

Esses achados são seguidos por outros em que se procura estabelecer efeitos de diferentes condições sobre o processamento sintático, colocando em questão a primazia da análise sintática postulada pelos modelos de dois estágios. Diferentes estudos experimentais têm procurado demonstrar efeitos rápidos de informações de diferentes tipos provenientes de fatores semânticos, pragmáticos, discursivos, além de efeitos de frequência, ao longo do curso temporal do processamento. Tais propostas consubstanciam modelos conexionistas ou de "satisfação de condições", de diferentes tipos, estabelecendo um contraste com as teorias de dois estágios que, como vimos, privilegiam o acesso rápido exclusivamente à informação de natureza sintática.

Por exemplo, estudando a compreensão de orações relativas ambiguamente apostas a um SN complexo, como a exemplificada em (3), Thornton, MacDonald e Gil (1999) apresentam experimentos de leitura automonitorada, que indicam a influência do fator modificabilidade na aposição de SPS ao SN mais alto ou mais baixo. Segundo esses autores, um SN mais modificado é identificado de maneira mais inequívoca no discurso, sendo menos provável que receba modificação adicional. Assim, para esses autores, a aposição mais alta da oração relativa seria menos favorecida em (6) do que em (7):

(6) A filha do coronel que sofreu o acidente.
(7) A filha mais velha à direita do coronel que sofreu o acidente.

Após a crise do Princípio da Aposição Local, iniciada com o trabalho comparativo realizado por Cuetos e Mitchell (1988), em que a preferência de aposição de orações relativas apostas ambiguamente a SNS complexos foi demonstrada como divergente entre o espanhol e o inglês, outros modelos foram propostos buscando explicar de diferentes formas a divergência. Em resposta, proponentes da TGP (Frazier e Clifton, 1996) contra-argumentaram com o modelo *Construal*, estipulando que o Princípio da Aposição Local poderia ser aplicado apenas às relações sintáticas primárias (sujeitos, predicados, complementos). Os adjuntos (*e.g.*, orações relativas) seriam não primários e, ao invés de apostos automaticamente pelo *parser*, deveriam ser associados ao domínio temático corrente para, só então, serem interpretados.

Os próprios autores do trabalho que questionou a universalidade do Princípio da Aposição Local propuseram a chamada "Hipótese da Sintonia" (*tuning hypothesis*), em Mitchell et al. (1995). Segundo essa proposta, as preferências do *parser* seriam influenciadas pela experiência. As crianças aprendem a apor as orações relativas (ORS) da mesma maneira que os adultos da comunidade linguística: expondo-se às frequências de ocorrência dos *corpora*. As preferências de aposição seriam arbitrárias ou teriam, no máximo, razões históricas. Contra essa proposta, argumentou-se, no entanto, que os estudos de *corpus* têm demonstrado padrões de frequência de ocorrência diferentes dos experimentos de compreensão. Por exemplo, em holandês, encontrou-se 31% de aposição alta em um *corpus* de jornais, enquanto, em contraste, cerca de 60% de aposição alta tem sido encontrado em experimentos de leitura. As preferências perceptuais não poderiam, portanto, ter sido aprendidas pela frequência do *input*.

Como estudar algum desses fenômenos usando o Processamento de Frases?

A disciplina Processamento de Frases teve seu início no âmbito da chamada revolução cognitivista da metade do século XX, quando se deu um deslocamento importante do objeto dos estudos linguísticos que esteve até então, principalmente voltado para a análise exaustiva dos produtos da linguagem – os dados de *corpora* – sob a égide das correntes estruturalistas, nas primeiras cinco décadas do século passado, passando-se a priorizar, na década de 1950, o estudo dos processos cognitivos que geram os produtos. Desde logo, postula-se que o componente central desse processo seria a sintaxe, o módulo linguístico responsável pelas operações de concatenação de palavras, para formar frases. O desiderato principal desse período pioneiro em que tiveram início tanto a linguística teórica de base gerativista quanto a disciplina de que estamos tratando neste capítulo era o de caracterizar a forma da gramática, estabelecendo a sua realidade psicológica. Os julgamentos informais de gramaticalidade, propostos por Chomsky, são uma espécie de experimento psicolinguístico informal, em que se procura avaliar a intuição dos falantes sobre a boa formação de frases de sua língua. Grande parte dos estudos sintáticos gerativistas foi desenvolvida com base nesses testes informais, embora, paralelamente ao seu uso, tenha-se também iniciado, nesse período, testagens experimentais mais criteriosas, usando-se diferentes metodologias e técnicas psicolinguísticas, muitas das quais foram concebidas e implementadas nessa época.

O próprio Chomsky desenvolveu estudos experimentais, em colaboração com o psicolinguista G. A. Miller, no sentido de testar a processabilidade da teoria gramatical, verificando se condições sintáticas e semânticas estabelecidas na teoria poderiam, de fato, guiar a percepção da fala. Métodos engenhosos como a locação de *clicks* ou a identificação de palavras e frases em *background* de ruído foram inventados nesse período, na tentativa de capturar a chamada realidade psicológica das estruturas sintáticas, no momento em que estas eram parseadas, na compreensão. Ao contrário do método de julgamento de gramaticalidade, em que o falante emitia um julgamento após ouvir uma frase, constituindo claramente uma técnica dita *off-line*, o método de locação de *clicks*, por exemplo, já tentava obter medidas cronométricas mais *on-line*, ou seja, coletadas durante o processamento da frase, e não posteriormente a ele. Na locação de *clicks*, o sujeito era instado a identificar, na escuta de uma frase, o momento exato em que ocorria um *click* ou *beep*. Vários estudos reportaram que o *click* era frequentemente localizado em fronteira de constituinte, embora nem sempre estivesse, de fato, nesse local, aduzindo evidências para se estabelecerem efeitos da sintaxe na percepção.

Posteriormente, foram desenvolvidas metodologias mais diretas e efetivamente *on-line*, tal como, por exemplo, a leitura automonitorada. Nessa técnica, o leitor é solicitado a ler frases divididas em segmentos que são trazidos à tela de um computador por meio do acionamento de um botão, medindo-se os tempos médios de leitura desses segmentos em diferentes condições experimentais. Por exemplo, o famoso estudo de Cuetos e Mitchell (1988), em que a aposição de orações relativas a SN complexos é demonstrada como variando entre inglês e espanhol, utilizou a leitura automonitorada como metodologia experimental *on-line*, além de questionários, como técnica *off-line*.

Com o desenvolvimento tecnológico, os estudos em Processamento de Frases puderam passar a utilizar técnicas *on-line* ainda mais diretas, como o rastreamento ocular (*eye-tracking*) e a eletroencefalografia (EEG).

O rastreamento ocular permite identificar os pontos exatos de fixação do olhar e da chamada movimentação sacádica progressiva ou regressiva, na leitura de frases ou na visualização de imagens. Medindo as durações das fixações totais ou das primeiras fixações em uma dada área das frases, bem como as refixações necessárias, os psicolinguistas obtêm medidas diretas e precisas para entreter análises e desenvolver modelos e teorias sobre o processamento das frases. A técnica de EEG baseia-se na identificação de ondas cerebrais associadas a eventos linguísticos e vem, junto com outros métodos neurofisiológicos, permitindo levar a pesquisa sobre o processamento de frases para uma nova dimensão: o cérebro.

Poderia me dar um exemplo?

Nesta seção, apresentamos um exemplo de estudo em Processamento de Frases com base em um experimento de rastreamento ocular de períodos contendo orações relativas apostas a SN complexos, efetivamente realizado no Laboratório de Psicolinguística Experimental – Lapex/UFRJ.[1] O objetivo do estudo foi o de examinar a aplicação do Princípio da Aposição Local em português, identificando de modo direto, através da técnica de rastreamento ocular, a preferência de aposição da oração relativa a um SN complexo. A hipótese entretida foi a de que frases como as exemplificadas no conjunto na tabela 1 a seguir, em que a aposição da oração relativa era desambiguada pela concordância de número, deveriam apresentar maior facilitação na leitura, nas condições em que a oração relativa estivesse aposta localmente, em contraste com as condições em que a oração relativa estivesse aposta não localmente.

Tabela 1 – Exemplo de conjunto experimental com áreas críticas em negrito

Condição	Exemplo
Alta Singular (SPS)	A Sandra escutou o assistente dos cozinheiros, **que agitado, discutia** irritantemente.
Baixa Singular (PSS)	A Sandra escutou os assistentes do cozinheiro, **que agitado, discutia** irritantemente.
Alta Plural (PSP)	A Sandra escutou os assistentes do cozinheiro, **que agitados, discutiam** irritantemente.
Baixa Plural (SPP)	A Sandra escutou o assistente dos cozinheiros, **que agitados, discutiam** irritantemente

O objetivo específico do estudo foi o de aferir os tempos de fixação ocular na leitura de frases como as exemplificadas na tabela 1, em que a concordância de número forçava a aposição alta ou baixa da OR, no singular ou no plural, através tanto da concordância nominal com a forma participial (*e.g.*, agitado(s)) quanto com o verbo principal da OR (*e.g.*, discutia(m)). A previsão de resultados a serem obtidos no experimento era a de que os tempos médios de fixação ocular fossem significativamente mais baixos nas condições em que a concordância de número (singular ou plural) forçava a aposição baixa da OR do que nas condições de aposição alta, tanto na área crítica do particípio quanto na área crítica do verbo principal, conforme predito pelo Princípio da Aposição Local.

O estudo experimental foi organizado em um design 2 x 2, em que as variáveis independentes Aposição (local/baixa ou não local/alta) e Número (singular ou plural) se cruzavam fatorialmente, gerando as quatro condições experimentais SPS, PSS, PSP, SPP, exemplificadas na tabela 1. As variáveis independentes do estudo foram duas, a saber, (i) variável *on-line*: os tempos totais de fixação nas duas regiões críticas (particípio e verbo principal da OR) e (ii) variável *off-line*: índices de resposta à pergunta interpretativa que era proposta imediatamente após cada frase (*e.g.*, Quem discutia? o(s) assistente(s) ou o(s) cozinheiro(s)).

Método

Participantes

24 alunos do curso de Letras da UFRJ, com idade média de 22 anos, participaram do estudo, como voluntários.

Material

24 conjuntos de frases, como o conjunto ilustrado na tabela 1, foram preparados e distribuídos sistematicamente, em "quadrado latino", produzindo-se quatro versões do experimento, garantindo-se, dessa forma, que cada sujeito fosse exposto a todas as condições, mas não à mesma frase em cada uma das condições experimentais. Acrescentou-se a cada uma das 4 versões o mesmo conjunto de 48 frases distrativas, apresentadas em randomização distinta com as frases experimentais a cada aplicação do experimento. As frases eram exibidas em monitor acoplado ao rastreador ocular, em uma única linha, centralizada na tela, em fonte *Courier New*, 24. Na tela das questões

interpretativas, que se seguia a cada frase, a pergunta era exposta em uma linha, com duas opções de resposta algumas linhas abaixo. O programa usado para apresentação, registro e análise dos estímulos foi o TOBII Studio 2.3.2.

Procedimento

O experimento foi aplicado usando-se o equipamento TOBII TX300Hz, binocular, integrado a monitor de 23", na sala do Lapex/UFRJ. Explicava-se a tarefa a cada sujeito, indicando que, ao apertar um botão no teclado, chamava-se à tela uma frase para leitura, devendo-se lê-la para compreensão, rapidamente, pressionando-se em seguida o mesmo botão para trazer uma nova tela, em que apareciam uma pergunta interpretativa com duas opções de resposta, uma à esquerda e outra à direita da tela. Essas perguntas deveriam ser respondidas focando-se o olhar por alguns segundos na direção da resposta que o sujeito avaliasse como correta. Em seguida, o sujeito deveria apertar o mesmo botão no teclado para trazer à tela uma nova frase, procedendo como explicado anteriormente.

Resultados

Os tempos totais de fixação foram registrados para as duas regiões críticas, a saber, a área do particípio (tabela 2) e a área do verbo principal da OR (tabela 3).

Tabela 2 – Duração total das fixações nas áreas críticas em 4 condições experimentais

	Área Crítica – particípio (TFD)			
	SPS	PSP	PSS	SPP
Média	1263	1285	1121	1133

Tabela 3 – Duração total das fixações nas áreas pós-críticas em 4 condições experimentais

	Área crítica – Verbo Principal (TFD)			
	SPS	PSP	PSS	SPP
Média	816	816	663	750

Realizou-se uma Análise de Variância (Anova) bifatorial por sujeito para cada uma das áreas críticas. A Anova é um teste estatístico que permite aferir de modo integrado em um experimento o papel de cada fator e as suas interações. Através desses testes, pode-se verificar se as diferenças encontradas entre os fatores são significativas, ou seja, se a probabilidade (valor p) de terem ocorrido por acaso é menor do que 0,05. Na região do particípio, a Anova indicou efeito principal altamente significativo do fator Aposição (F(1,23) = 36.6 p < 0.000004), mas não houve efeito principal significativo do fator Número (F(1,23) = 0.395 p < 0.535892) nem interação entre os dois fatores (F(1,23) = 0.043 p < 0.837177). Testes-T pareados, que testam um fator em comparação direta com outro, indicaram que [SPS] *vs* [PSS] produziu diferença significativa na direção esperada, ou seja, houve maior duração média das fixações para processar a aposição não local no singular do que a aposição local no singular (t(23) = 4.52 p < 0.0002), o que pode se tomar como indicador de maior dificuldade para processar a aposição não local. No que se refere às condições [PSP] *vs* [SPP], o teste-T pareado também obteve diferença significativa em favor da aposição local na concordância de plural (t(23) = 4.36 p < 0.0002).

Na região do verbo principal, a Anova bifatorial por sujeito indicou também efeito principal altamente significativo do fator Aposição (F(1,23) = 15.7 p < 0.000620), não se obtendo efeito principal do fator Número (F(1,23) = 0.116 p < 0.736438). À diferença das medidas para a área do particípio, obteve-se nesta área do verbo principal interação significativa entre os fatores (F(1,23) = 25.1 p < 0.000045). O teste-T pareado [SPS] *vs* [PSS] também indicou significância na direção esperada, ou seja, favorecendo a aposição local (t(23) = 7.46 p < 0.0001). Por outro lado, a comparação das condições com a concordância no plural não indicou diferença significativa entre as médias de duração de fixação (t(23) = 1.19 p < 0.2455).

Na medida *off-line*, obtiveram-se os percentuais de acerto e erro nas perguntas interpretativas indicadas na tabela 4, a seguir:

Tabela 4 – Índices percentuais de acerto e erro nas questões interpretativas

PSP		SPS		PSS		SPP	
Incorreta	**Correta**	**Incorreta**	**Correta**	**Incorreta**	**Correta**	**Incorreta**	**Correta**
19%	81%	15%	85%	25%	75%	25%	75%

De modo geral, os percentuais de acerto são significativamente mais altos do que os percentuais de erro, em todas as condições, o que garante que o experimento foi realizado com engajamento e atenção por parte dos sujeitos. Comparando-se, no entanto, os índices de erro obtidos entre as condições SPS e PSS, verifica-se que, na condição de aposição local, houve significativamente mais erro do que na condição de aposição não local, na concordância de singular (X2(1) = 5, p = 0,02). Por outro lado, o índice de erro não difere significativamente entre as condições alta plural (PSP) e baixa plural (SPP), como indicado no teste Chi quadrado (X2(1) = 1,6, p = 0,20), ainda que os percentuais estejam visualmente na direção que favoreceria a aposição alta plural, que apresenta 19% de erro, em contraste com a aposição baixa plural, com 25%.

Discussão

Os resultados do estudo fornecem evidências em favor do Princípio da Aposição Local, quando se avaliam as medidas *on-line*. Nos mapas de calor, na figura 3, a seguir, ilustram-se as maiores durações de fixação, indicadas pela cor mais escura nas duas áreas críticas de uma das frases SPS do que nas duas áreas críticas de uma das frases PSS. Os resultados obtidos sugerem que o processamento da concordância na aposição não local seria mais custoso do que o processamento da concordância na aposição local.

Figura 3 – Mapas de calor ilustrativos das fixações oculares de frases PSS e SPS

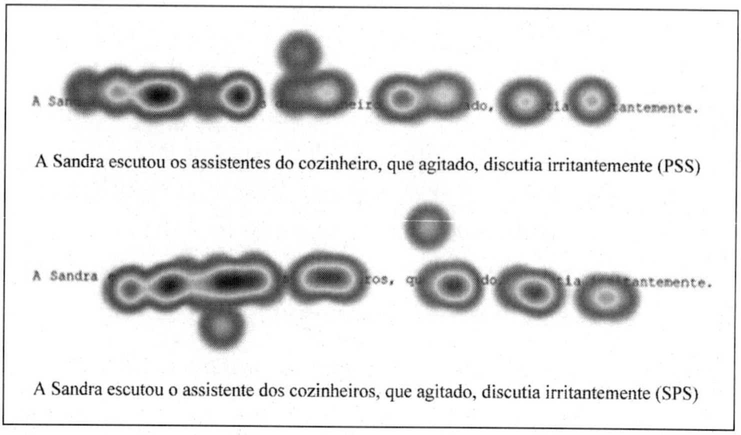

Por outro lado, na medida *off-line*, obtiveram-se evidências, ao menos parcialmente favoráveis à aposição não local da OR. Ocorrem significativamente mais erros nas respostas interpretativas referentes à aposição local do que nas respostas referentes à aposição não local. Esta discrepância, já encontrada em trabalhos anteriores usando a técnica da leitura automonitorada, em estudo comparativo entre o português brasileiro e europeu, além de em outras pesquisas sobre a mesma construção, em outras línguas, tem sido interpretada como efeito tardio de fatores não estruturais, na fase pós-sintática do processo de compreensão. Na fase mais reflexa, o *parser* aplicaria o Princípio da Aposição Local, como demonstrado nas medidas *on-line* do presente estudo. Na fase interpretativa, no entanto, efeitos de saliência discursiva do SN mais alto predominariam, levando à facilitação dessa condição, conforme obtido, ao menos em parte, no estudo de rastreamento ocular que apresentamos neste capítulo. Tais resultados são, portanto, evidência em favor de modelos de dois estágios, em que a análise sintática precede a interpretação, no curso temporal da compreensão.

Quais são as grandes linhas de investigação?

A questão do curso temporal do acesso às informações sintáticas, semânticas, pragmáticas e discursivas no processamento de frases continua, sem dúvida, na pauta de questões centrais da área, opondo modelos estruturais a modelos de satisfação de condições ou conexionistas. A adoção cada vez maior de novas tecnologias de investigação vem impactando as pesquisas positivamente. Por outro lado, discrepâncias importantes têm surgido entre as técnicas. Por exemplo, Chow e Phillips (2013) identificaram que frases em chinês equivalentes a "o ladrão prendeu o policial", em que os papéis semânticos são invertidos, parecem ter sua incongruência detectada mais cedo através do rastreamento ocular do que através da técnica de EEG. Essas discrepâncias têm sido importantes para o desenvolvimento das pesquisas, motivando o uso das duas técnicas em acoplamento e também o desenvolvimento de análises mais detalhadas dos resultados, observando-se as áreas ditas "parafoveais", em torno das fixações oculares, na técnica de rastreamento ocular, e também as áreas nas margens dos picos de ondas cerebrais, na técnica de EEG.

Outra linha de investigação que vem caracterizando a área do Processamento de Frases desde o seu início está também ganhando centralidade cada vez maior nos estudos recentes. Trata-se da relação entre esta área e a relativamente nova área da Sintaxe Experimental. Estudos experimentais recentes de questões como as incertezas de análise, a falibilidade seletiva, as ilusões gramaticais, empreendidos na área de Processamento de Frases, vêm sendo realizados ao lado de estudos sobre a implementação *on-line* e *off-line* das condições gramaticais, promovendo tensões, mas também trazendo questões empíricas e teóricas diretamente relevantes para a compreensão da arquitetura e do funcionamento da linguagem.

Nota

[1] O experimento de rastreamento ocular apresentado apenas em parte, nesta seção, foi desenvolvido em trabalho conjunto com pesquisadores da Universidade de Lisboa e apresentado em congresso da Sociedade Internacional de Psicolinguística Aplicada, em Moscou, em 2013. A referência completa do trabalho é a seguinte: Maia, Costa, Luegi e Lourenço-Gomes, *Eye-movement evidence in the reading of [RC to NP of NP] structures in EP and BP: do number and gender go in the same direction*? Trabalho apresentado em comunicação oral no 10th International Congress of ISAPL, 29 June 2013, Moscow.

O que eu poderia ler para saber mais?

Em Maia e Finger (2005), primeiro livro lançado no Brasil reunindo artigos na área de Processamento da Linguagem, encontram-se diversos trabalhos, redigidos em português, sobre a área de Processamento de Frases, incluindo questões relacionadas aos princípios da Aposição Mínima e da Aposição Local, apresentados neste capítulo. O Princípio da Aposição Local tem sido estudado em português do Brasil em trabalhos como os de Ribeiro (2005), Maia et al. (2007), entre outros. Ribeiro (2008) avalia o chamado modelo *Good Enough* em português brasileiro. Em língua inglesa, vale a pena conhecer os trabalhos no livro *Language Down the Garden Path*, organizado por Sanz et al. (2013), em que se apresenta o estado da arte em Psicolinguística, com especial atenção para construções do tipo *garden-path*, orações relativas e também para o problema do curso temporal de acesso às informações sintáticas, semânticas, pragmáticas e discursivas, também discutido no presente capítulo. Ainda em inglês, há trabalhos relevantes de pesquisadores brasileiros e internacionais em França e Maia (2010).

Finalmente, no que se refere à área de Sintaxe Experimental, recomendamos o número temático sobre Sintaxe Experimental da Revista da Abralin (v. 13, n. 2, 2014) e da ReVEL (v.10, n. 18, 2012), além do capítulo "Sintaxe Experimental", do livro *Sintaxe, Sintaxes* (Othero e Kenedy, 2015). Indicamos a seguir várias outras sugestões de leitura, referenciando entre elas os textos já citados no presente capítulo.

ALTMANN, G.; STEEDMAN, M. *Interaction with context during human sentence processing*. Cognition, 30, 1988, pp. 191-238.

CHOW, W. Y.; PHILLIPS, C. *No semantic illusion in the 'semantic P600' phenomenon*: ERP evidence from Mandarin Chinese. *Brain Research, 1506*, 2013, pp. 76-93.

CUETOS, F.; MITCHELL, D. *Cross-linguistic differences in parsing:* restrictions on the use of the Late Closure Strategy in Spanish. Cognition, 30, 1988, pp. 73-105.

FERREIRA, Fernanda; CLIFTON JR.; Charles. *The independence of syntactic processing*. Journal of Memory and Language, 25, 1986, pp. 348-68.

FODOR, J. A.; BEVER, T.; M. GARRETT. *The Psychology of Language*. New York: McGraw-Hill, 1974.

FRANÇA, A. I.; MAIA, M. *Papers in Psycholinguistics*. Rio de Janeiro: Imprinta, 2010, v. 1, pp. 457.

FRAZIER, L. *On Comprehending Sentences*: Syntactic Parsing Strategies. Connecticut: University of Massachusetts, 1979. Reproduced by Indiana University Linguistics Club. Doctoral Dissertation.

______; FODOR, J. D. The sausage machine: a new two stage parsing model. *Cognition*, 1978, n. 6, pp. 291-325.

______; CLIFTON, C. Jr. *Construal*. Cambridge: The MIT Press, 1996.

OTHERO, G. A.; KENEDY, E. (orgs.). *Sintaxe, Sintaxes*. São Paulo: Contexto, 2015.

MAIA, M.; FINGER, I. *Processamento da Linguagem*. Pelotas: EDUCAT, 2005.

______. et al. *Early and late preferences in relative clause attachment in Portuguese and Spanish.* Journal of Portuguese Linguistics, 2007, v. 5/6, pp. 227-250.

MILLER, G. A.; CHOMSKY, Noam. *Finitary models of language users*. In: LUCE, Duncan; BUSH, Robert; GALANTER, Eugene (eds.). Handbook of mathematical psychology, New York: Wiley, 1963, v. 2, pp. 419-491.

MITCHELL, Don C. et al. *Exposure-based models of human parsing*: evidence for the use of coarse-grained (nonlexical) statistical records. Journal of Psycholinguistic Research, 1995, v. 24, n. 6, pp. 469-488.

RIBEIRO, Antonio João C. *Late Closure em parsing no português do Brasil*. In: MAIA, M.; FINGER, I. (orgs.). Processamento de Linguagem. Pelotas, 2005, pp. 51-69.

______. *A abordagem Good-Enough e o processamento de frases do português do Brasil*. Veredas (UFJF Online), 2008, v. 12, n. 2, pp. 62-75.

SANZ, Montserrat et al. *Language Down the Garden Path:* The Cognitive and Biological Basis for Linguistic Structures. Oxford: Oxford University Press, 2013.

THORNTON, R. et al. *Accounting for crosslinguistic variation*: a constraint-based perspective. In: HILBERT, D. (ed.), A Crosslinguistic Perspective, Syntax and Semantics, v. 31. Academic Press, n. 25, 1999, pp. 211- 25/348-68.

Computação Gramatical

Letícia Sicuro Corrêa

O que é Computação Gramatical?

Para responder a essa pergunta é necessário inicialmente nos situarmos diante do principal objeto de estudo da Psicolinguística — os processos de produção e de compreensão da linguagem — e trazermos a ideia de computação para o estudo do processamento da linguagem.

Coloque-se na perspectiva do falante. Qualquer ato de fala parte de uma intenção e de algo a ser falado (ideia, pensamento, mensagem ou representação de natureza proposicional são modos de apresentar esse ponto de partida de natureza conceitual). Para que essa intenção se realize e essa ideia se concretize em sons da fala ou em escrita é necessário que recorramos ao nosso conhecimento linguístico. Como conceber o conhecimento linguístico?

O conhecimento linguístico pode ser concebido como constituído de um léxico e de operações que combinam elementos do léxico na forma de sentenças ou expressões linguísticas da língua em questão. Sentenças são unidades sintáticas constituídas por elementos do léxico relacionados de forma hierárquica e apresentados linearmente de modo tal que as relações hierárquicas entre estes podem ser recuperadas por quem tenha conhecimento dessa língua. Os elementos do léxico apresentam propriedades semânticas, fonológicas e gramaticais ou formais. Estas últimas são particularmente relevantes para a combinação desses elementos em estruturas sintáticas.

O léxico a que o falante recorre na produção de enunciados linguísticos é apresentado na Psicolinguística como Léxico Mental, entendido como uma base de dados ou memória que mantém a longo prazo informação semântica, fonológica e formal de seus elementos. Essa base de dados se relaciona com conhecimento de ordem pragmática e com outros sistemas cognitivos de natureza conceitual e intencional. O falante busca no Léxico Mental elementos que possibilitem codificar sua ideia gramaticalmente. Essa busca é inicialmente feita por via semântica e acarreta o acesso às propriedades formais ou gramaticais desses elementos (como gênero, número, pessoa, por exemplo). Só posteriormente é que a forma fônica precisa ser recuperada. Mas não basta o acesso ao léxico para que um enunciado gramaticalmente estruturado seja produzido. São necessárias operações que combinem esses elementos, relacionando-os hierarquicamente e ordenando-os linearmente. Esse processo se faz em larga medida de modo automático, em alta velocidade, e não chega à consciência do falante. Por isso, usualmente não nos referimos ao falante (como sujeito da fala), e sim ao aparato processador que, a partir de uma intenção de fala, transforma pensamento em sons vocais (sinais, no caso de línguas de sinais) ou escrita.

Agora assuma o ponto de vista do ouvinte ou leitor. Partamos do momento em que este reconhece, no enunciado linguístico percebido, uma sequência de elementos do léxico de sua língua. Nesse caso, o acesso ao Léxico Mental se faz por via fonológica (ou por dupla via – fonológica e/ou grafêmica, no caso de material escrito). A partir desse acesso, o ouvinte recupera as propriedades gramaticais dos elementos do léxico cuja forma fônica reconhece. Tanto essas propriedades quanto a posição dos elementos na sequência são mantidas ativas na memória de trabalho. Entende-se, de forma simplificada, por memória de trabalho um sistema que mantém informação ativa, ao longo do desempenho de uma tarefa cognitiva (como compreender um enunciado linguístico). Nesse sistema, um componente de curto prazo mantém a informação linguística relativa às propriedades dos elementos do léxico na sequência, de modo a permitir sua análise, ou seja, a construção de uma estrutura na qual esses elementos estejam relacionados hierarquicamente. Para tal, o aparato processador atuante na compreensão terá de recorrer a operações semelhantes àquelas que permitem ao falante conduzir a codificação gramatical de seu pensamento ou mensagem. Assim, com base nas propriedades semânticas dos elementos do léxico e no modo como estão relacionados hierarquicamente, é possível para o ouvinte conduzir a interpretação semântica que serve de base para a compreensão. Essa interpretação semântica possibilita a busca por referentes no contexto de fala, no discurso ou na memória para eventos, a integração de informação (velha) e o reconhecimento do que há de informação nova em um dado contexto.

Nesse ponto, podemos começar a responder à pergunta inicial. Computação Gramatical pode ser entendida como processo por meio do qual unidades do léxico de uma dada língua são combinadas por meio de operações que têm como resultado expressões linguísticas, passíveis de serem articuladas/escritas e cuja estrutura hierárquica pode ser recuperada e interpretada semanticamente a partir do modo como tais elementos se apresentam em sequência. A pesquisa psicolinguística visa a caracterizar os procedimentos pelos quais a Computação Gramatical é conduzida na produção e na compreensão de enunciados linguísticos. As figuras 1 e 2 situam a Computação Gramatical em esquemas dos processos de produção e de compreensão da linguagem, respectivamente.

Figura 1
Computação Gramatical na produção

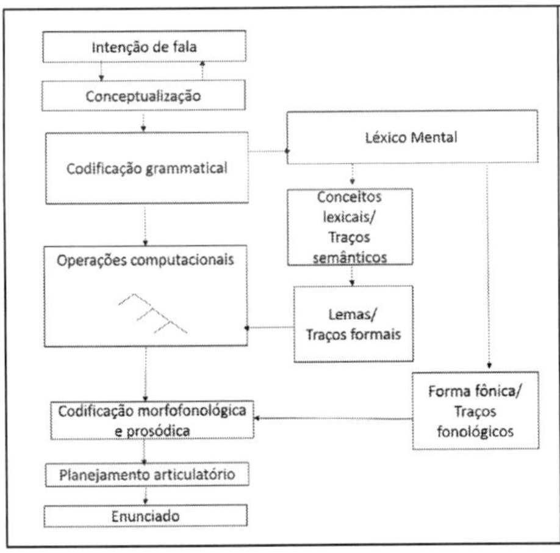

Figura 2
Computação Gramatical na compreensão

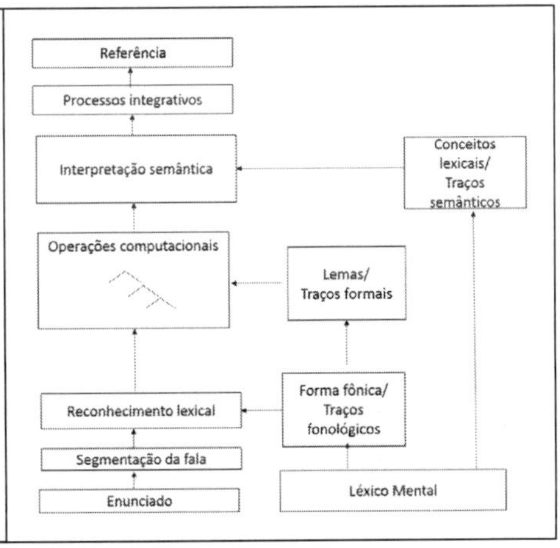

O que a Computação Gramatical estuda?

Para entendermos como a *computação gramatical* é estudada no contexto da pesquisa psicolinguística e de teorias linguísticas com as quais a Psicolinguística interage em maior ou menor grau, é necessário recuperar o conceito de *computação* presente na concepção de *processamento de informação*, incorporada nas ciências cognitivas contemporâneas, assim como o conceito de *gramática* utilizado nesse contexto.

O conceito de *computação* pode ser intuitivamente entendido como um cálculo que se realiza em uma sequência de ações. Esse conceito pode ser apresentado mais formalmente como processo de transformação de *dados de entrada* em *dados de saída* por meio de um procedimento efetivo ou *algoritmo*. Um algoritmo é uma sequência de instruções explícitas para o cálculo de uma *função*, no sentido matemático do termo (um par ordenado <x, y>, ou seja, uma relação entre elementos de dois conjuntos, em que o segundo elemento do par é unicamente determinado pelo primeiro). A ideia de algoritmo como procedimento efetivo pode ser ilustrada com a chamada máquina de Turing (MT) — máquina imaginária concebida pelo matemático Alan Turing, na década de 30 do século XX, com vistas a prover uma solução para um problema de decisão em lógica matemática: se há um algoritmo capaz de determinar se uma expressão aritmética é verdadeira ou falsa.

Uma MT consiste basicamente de uma fita (como de um filme em rolo, ou de um gravador) de comprimento ilimitado, um "cabeçote" que lê e escreve sobre a fita, um alfabeto ou conjunto de símbolos finito, um conjunto finito de possíveis estados internos, e uma tabela de instruções (funções de transição). A fita é dividida em células adjacentes, cada uma com um símbolo. O cabeçote lê, escreve, apaga, substitui os símbolos de cada célula, e move-se para a direita/esquerda, de acordo com as instruções da tabela. A máquina parte de um *estado inicial* e suas ações são determinadas pelo estado em que se encontra, pelo símbolo que está sendo "lido" pelo cabeçote e pelas instruções da tabela, tais como "se o estado atual da máquina é A e o símbolo lido é x, então mova-se para o estado B, por meio da ação Z (apagar, substituir o símbolo x, mover para a esquerda...)", o que se apresenta como um procedimento efetivo ou explícito. A máquina para quando não há instrução na tabela a ser seguida, dado seu estado atual e o que é lido pelo cabeçote. As sucessivas mudanças de estado promovidas à medida que a máquina opera podem ser entendidas como *processamento de informação*.[1]

O conceito de *computação* e a ideia de *processamento de informação* a este associada foram incorporados pela Linguística, pela Psicologia Cognitiva e, a partir de então, pela Psicolinguística, no contexto da chamada revolução cognitiva de meados do século XX. Na Linguística, buscou-se caracterizar, por meio de uma gramática formal, os procedimentos pelos quais sentenças de uma língua podem ser geradas automaticamente. Na Psicologia Cognitiva, a ideia de *informação* como qualquer tipo de dado de entrada, sobre o qual uma operação é executada por um aparato físico (seja este uma máquina, que opera com componentes eletrônicos, como um computador, ou o cérebro, que opera com neurônios e processos eletroquímicos), foi particularmente atraente, uma vez que dados de saída de uma operação podem ser de entrada de outra, e assim sucessivamente, o que permitiu o desenvolvimento de teorias ou modelos funcionais de processos cognitivos, independentemente do modo como são executados no cérebro. Na Psicolinguística, tanto o conceito de *processamento de informação* quanto a concepção de *gramática gerativa*, trazida pela Linguística como forma de representar o conhecimento linguístico posto em uso na produção e na compreensão da linguagem, motivaram o estudo da *computação gramatical* ou processamento sintático.

Passemos então à ideia de *computação gramatical* trazida pela Linguística Gerativista para a pesquisa psicolinguística. O estudo da computação gramatical no contexto do gerativismo se assenta na concepção de *gramática formal*: um conjunto finito de regras ou operações que se aplicam a símbolos de um vocabulário finito de modo a explicitar a estrutura e a forma como se apresentam as sentenças ou expressões (sequências de símbolos) pertencentes a uma dada língua (língua natural ou linguagem artificial) (cf. Levelt, 2008). A figura 3 apresenta uma estrutura hierárquica computada, dados os elementos do léxico L de uma língua artificial e uma sequência de instruções explícitas. A condução da computação pode ser feita a partir do símbolo correspondente ao nó mais alto da estrutura hierárquica construída (no caso A') (procedimento *top-down*) ou a partir dos elementos no nível mais baixo da estrutura (procedimento *bottom-up*). A figura 3 apresenta os elementos do léxico em posições hierárquicas (letras maiúsculas) e nas posições lineares correspondentes (letras minúsculas). A estrutura do exemplo possui três constituintes (item ou grupo de itens que funcionam como uma unidade na estrutura hierárquica). Os colchetes informam ser possível recuperar a relação hierárquica entre os elementos do léxico em sequência, por meio das instruções expressas na gramática.

Figura 3 – Estrutura hierárquica em correspondência linear

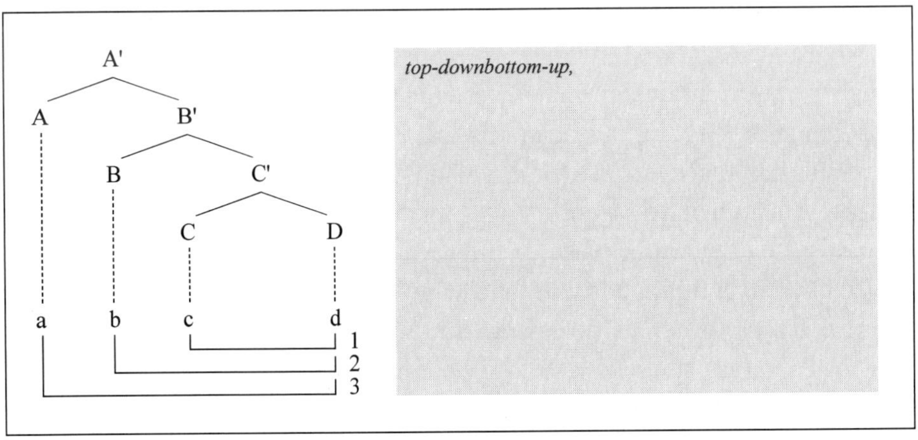

Nas línguas naturais, não sabemos quais são as "instruções explícitas" por meio das quais expressões linguísticas podem ser obtidas. A computação gramatical ou derivação de sentenças por meio de uma gramática é, então, um meio de se formularem hipóteses sobre o modo como as unidades do léxico se combinam em sentenças bem formadas na língua em questão (*i.e.*, sentenças que um falante nativo reconhece como sentenças de sua língua). Nesse caso, verifica-se se o procedimento proposto permite gerar as sentenças da língua e somente elas.

Uma gramática formal pode ser, contudo, mais do que um modo de se apresentar uma descrição linguística empiricamente adequada. Pode ser tomada como modelo (representação teórica) da língua de que o falante dispõe ao produzir e compreender enunciados linguísticos. Nesse caso, a computação gramatical ou derivação de expressões linguísticas explicita as possibilidades combinatórias para os elementos do léxico da língua em questão, como um particular subconjunto das possibilidades combinatórias para elementos do léxico de línguas humanas em geral. O estudo da computação gramatical, nesse contexto, consiste em formular princípios que se aplicam às gramáticas de qualquer língua humana e em definir os parâmetros de variação entre línguas com seus possíveis valores. A gramática de cada língua corresponde ao que resulta da atuação de princípios universais e da fixação do valor de parâmetros no curso da aquisição da linguagem. Ou seja, trata-se de um modelo formal da chamada língua interna, concebida no conjunto da cognição humana. Esse estudo é conduzido por meio da análise de fenômenos gramaticais em diferentes línguas e da construção de um formalismo que permita explicitar as possibilidades combinatórias das línguas humana e, ao mesmo tempo, caracterizar o que é específico de uma dada língua.

No estado atual da Linguística Gerativista, no contexto do programa de pesquisa que orienta sua principal vertente (vertente chomskyana), o Programa Minimalista, a computação gramatical é conduzida por meio de operações universais. Os traços formais (propriedades gramaticais) de elementos do léxico representam o que é específico da gramática de cada língua. A computação gramatical ou derivação parte de um conjunto ou coleção de elementos do léxico que são combinados, em função da informação gramatical codificada em seus traços formais e do estado em que a derivação se encontra, dando origem a objetos sintáticos (estruturas hierárquicas). Estes são "transferidos" para interfaces (fonética e semântica) da língua interna com sistemas de desempenho, *i.e.*, chamados a atuar no uso da língua (sensório-motor, por um lado; conceptual/intencional por outro). Essa transferência é paulatina, à medida que unidades passíveis de interpretação semântica são computadas. Apenas derivações bem-sucedidas chegam ao nível das interfaces, ou seja, somente essas são acessíveis aos sistemas de desempenho humanos. Isso significa que as expressões de línguas naturais são necessariamente acessíveis ao aparato envolvido no processamento linguístico, dados os princípios universais que as regem (princípios que garantem a processabilidade das línguas humanas).

No contexto da pesquisa psicolinguística, a computação gramatical conduzida na compreensão de enunciados linguístico (*parsing*) tem sido mais investigada do que o processo de codificação gramatical na produção da fala/escrita. No *parsing*, as ações do processador são, em princípio, informadas pela gramática da língua. Explicitar de que modo a gramática (representação do conhecimento linguístico ou língua interna) informa o processador tem sido, contudo, uma tarefa difícil.

As primeiras tentativas de se estudar o modo como a Computação Gramatical seria conduzida em tempo real, na mente do falante/ouvinte, partiram da hipótese de que o grau de complexidade ou dificuldade no processamento linguístico seria correspondente ao número de regras ou de operações de determinado tipo necessárias à derivação de sentenças por meio de uma gramática gerativa. Nesse contexto, vários experimentos foram conduzidos, trazendo resultados que pareciam sustentar o que veio a ser chamado de Teoria da Complexidade Derivacional (TCD). Essa teoria, contudo, logo se mostrou equivocada, não só pelo fato de haver diferentes explicações alternativas para os resultados experimentais obtidos (Fodor, Bever e Garrett, 1974), mas também porque os modelos de gramática gerativa da época não se mostravam adequados para representar o conhecimento linguístico posto em uso no desempenho. Diferentes modelos de gramática vieram a ser desenvolvidos no contexto da pesquisa gerativista. Uns mais voltados para a caracterização do que seria o estado inicial de línguas naturalmente adquiridas (vertente chomskyana); outros mais preocupados em prover uma gramática que facilitasse sua relação com modelos de processamento, dado o caráter incremental ou parcialmente incremental da computação gramatical em tempo real (*i.e.*, a análise é conduzida à medida que os elementos do léxico são reconhecidos, da esquerda para a direita, e enunciados são emitidos à medida que sentenças tornam-se minimamente prontas para serem articuladas na fala).

O estudo da computação gramatical na pesquisa psicolinguística que se seguiu ao insucesso da TCD, mais do que explicitar o modo como uma gramática informa os procedimentos de codificação e de análise sintática no processamento linguístico, buscou caracterizar a natureza do algoritmo de que o processador linguístico faz uso na análise de enunciados linguísticos – determinístico, heurístico e estatístico, por exemplo –, assim como o direcionamento da análise (*top down*; *bottom up* ou misto) e a realização do processo (serialmente, em paralelo).

Um algoritmo determinístico define procedimentos necessariamente implementados em um dado estado interno do sistema e diante de certo tipo de dados de entrada (*input*). No caso do processamento sintático na compreensão, a análise é conduzida com base na gramática da língua e em princípios universais de *parsing* (Kimball, 1973). Estes são concebidos como decorrentes do modo de operação da mente humana, regidos por fatores relativos à economia ou eficiência nas ações do processador, e determinam a resposta mais imediata ou automática deste, com base em informação estritamente formal (gramatical), como os princípios do Fechamento tardio (Late Closure) e da Aposicão Mímima (Minimal Attachment) (ver capítulos "Processamento de Frases" e "Psicolinguística na Descrição Gramatical", neste livro). Um algoritmo heurístico, dado o estado do sistema e diante de determinado *input*, executa uma ação que permita solucionar o problema da forma mais rápida possível, ainda que sujeita a erro. Estratégias cognitivas na análise sintática exemplificam esse tipo de procedimento. A chamada estratégia NVN, por exemplo, é baseada no padrão sujeito/verbo/objeto associado a agente/ação/paciente em línguas do tipo SVO (sujeito-verbo-objeto) (Bever, 1970). O uso desse tipo de estratégia prevê maior custo de processamento para sentenças na voz passiva do que na voz ativa, por exemplo (cf. (1)), dado que as primeiras não correspondem a esse padrão.

(1)	A novidade foi contada por Maria	*vs*	Maria contou a novidade.
	N = Tema V N = Agente		N = Agente V N = Tema

Um algoritmo estatístico incorpora um procedimento de aprendizagem de base indutiva (dos dados para as regras ou generalizações) e faz uso da probabilidade de um determinado padrão corresponder a determinada categoria ou estrutura tomando como dado a frequência de uso. Apresenta os mesmos problemas que os processos indutivos de aprendizagem de línguas apresentam, os quais, no entanto, não cabe aqui enumerar.

Modelos de base estrutural são, em princípio, os menos sujeitos a erro, por levarem em conta informação gramatical. A implementação do processamento com base em princípios de *parsing* pode, no entanto, acarretar uma análise equivocada em casos de ambiguidade estrutural, como em (2). Tem-se então o chamado efeito *labirinto* (*garden path*), quando a sequência a ser analisada torna-se não computável. Em (2), a dificuldade de processamento decorreria de o processador ser imediatamente guiado pelo Princípio da Aposição Mínima, que privilegia a análise da oração ambígua como completiva, e não como relativa (cf. capítulo "Psicolinguística na Descrição Gramatical").

(2) [Maria contou para seu irmão *que* chegou de viagem] **a novidade**. (?!!)

A teoria do *garden path* ou do labirinto tornou-se a principal referência de uma abordagem determinística e modularista para a Computação Gramatical, uma vez que o processador toma como dados de entrada, em um primeiro momento, apenas informação de natureza sintática ou estrutural (Frazier e Rayner,1982). Uma série de experimentos veio, entretanto, a ser conduzida de modo a verificar o possível efeito de fatores de ordem temática, semântica, contextual, prosódica, discursiva, assim como da frequência de ocorrência de determinado item ou padrão, informação esta que não estaria acessível a um processador modular, na condução da análise sintática de enunciados linguísticos. Para explicar esses efeitos e caracterizar o que pode ser atribuído a processos modulares (processos automáticos, que lidam com um particular tipo de dados), uma série de desdobramentos da teoria do labirinto vem sendo proposta, como a teoria *Construal* (Frazier e Clifton, 1996), que passou a diferenciar os contextos sintáticos em que informação estrutural é privilegiada (cf. capítulos "Processamento de Frases" e "Psicolinguística na Descrição Gramatical", neste livro), e a *Teoria localista da dependência* (Gibson, 2000), a qual permite ao processador sintático o acesso à informação relativa à estrutura argumental (mapeamento dos argumentos de predicadores como verbos nas posições sintáticas que estes ocupam na língua) à medida que estes são reconhecidos, assim como postula a condução de análises em paralelo, para o processador decidir pela de menor custo. Em outra vertente, procedimentos heurísticos ou informação de ordem probabilística são caracterizados em modelos predominantemente interativos (cf. Trueswell e Tanenhaus, 1994). Assim, diante de ambiguidade estrutural, em vez de sofrer o efeito labirinto, que requer reanálise, o processador não privilegia uma determinada análise até poder decidir pela mais plausível em determinado contexto, ou privilegia uma análise alternativa à que seria estruturalmente privilegiada, diante de informação discursiva ou contextual. Em (2), por exemplo, o fato de o ouvinte saber que Maria tem mais de um irmão e que um deles chegou de viagem poderia inibir ou tornar menos privilegiada a análise da oração ambígua como completiva.

Como estudar algum desses fenômenos usando a Computação Gramatical?

O estudo dos fatores que afetam a resolução de ambiguidade estrutural, principal fenômeno relacionado à computação gramatical investigado, é conduzido por meio de metodologia experimental. Experimentos são situações planejadas de forma a permitir que se isolem e se manipulem variáveis cujo efeito se quer investigar. Parte-se do pressuposto de que os processos mentais/cerebrais mais custosos consomem mais tempo de execução e são mais sujeitos a erro. *Tempo de resposta* e *número de respostas de determinado tipo* são, então, medidas comportamentais que permitem que se testem hipóteses acerca do efeito de determinados fatores no processamento linguístico.

Medidas comportamentais podem ser *off-line* (após a apresentação do material linguístico) e *on-line* (durante o processamento linguístico). Essas últimas são mais informativas no que concerne à incrementalidade do processamento e são obtidas em tarefas tais como leitura/escuta automonitorada (em que o participante aciona uma tecla durante a leitura/escuta de uma sentença apresentada palavra por palavra, ou segmento por segmento, de modo a dar continuidade à leitura/audição e mede-se o tempo despendido em cada ponto crítico). O registro do rastreamento ocular durante o processamento linguístico fornece como medidas o tempo de fixação do olhar em determinado ponto, o número de fixações e de movimentos oculares regressivos, os quais podem ser indicativos de dificuldade no processamento.

Experimentos psicolinguísticos também podem ser conduzidos por meio de programas que simulam a análise de enunciados por meio de algoritmos de determinado tipo e avaliam a eficiência dos procedimentos adotados.

Poderia me dar um exemplo?

Trazemos como exemplo um experimento que faz uso da técnica da leitura automonitorada no estudo do efeito de fatores que podem atuar no processamento de um sintagma preoposicionado (PP) estruturalmente ambíguo: adjunto do nome que o precede; adjunto adverbial (Spivey-Knowlton e Sedivy, 1995). Nesse estudo, duas variáveis foram manipuladas: Definitude (propriedade do artigo do sintagma que precede o PP – definido/indefinido); e Aposição (relativa ao nó em que o PP deve ser aposto, na estrutura hierárquica em análise: SN – sintagma nominal; SV– sintagma verbal). A aposição no SV é compatível com o Princípio da Aposição Mínima. A variável dependente foi o tempo de resposta após o segmento correspondente ao PP ambíguo. As sentenças em (3) ilustram as condições experimentais em sentenças adaptadas para o português. As barras indicam os segmentos apresentados para leitura automonitorada.

(3) a. Condição Definido; NP): O bombeiro/ derrubou/ **a** porta/ *com a fechadura enferrujada*/ mas a fumaça/ o dominou.
b. Condição Definido; VP): O bombeiro/ derrubou/ **a** porta/ *com o martelo pesado*/ mas a fumaça/ o dominou.
c. Condição Indefinido; NP: O bombeiro/ derrubou/ **uma** porta/*com a fechadura enferrujada*/ mas a fumaça/ o dominou.
d. Condição Indefinido; VP: O bombeiro/ derrubou/ **uma** porta/*com o martelo pesado*/ mas a fumaça/ o dominou.

Imagine agora que você é participante do experimento e leia as sentenças segmento por segmento. Perceba se sentiu algum estranhamento na leitura dos PPS em itálico. Seu estranhamento estaria refletido no seu tempo de leitura, caso este estivesse sendo medido.

A análise estatística dos tempos de leitura obtidos revelou um efeito significativo (acima do nível de chance) de *definitude* (PPS precedidos do artigo indefinido foram lidos mais rapidamente); um efeito significativo de *aposição*: aposição no VP teve menor tempo de leitura do que no NP. E a interação entre *definitude* e *aposição* teve um efeito marginalmente significativo, ou seja, aproximou-se do nível de significância estipulado em $p < 0{,}05$ (o valor obtido foi $p = 0{,}06$). Houve uma tendência para a preferência pela aposição no VP quando o NP precedente é definido.

Os resultados sugerem que o Princípio da Aposição Mínima é atuante, uma vez que prevê aposição imediata no VP. Sugerem também que o artigo definido adiciona custo ao processamento, talvez por induzir a busca imediata de um antecedente para o SN, o que repercute na análise do PP. De modo geral, prevalece a solução da ambiguidade com base em informação estrutural, modalizada pelo efeito de um fator de ordem referencial, *definitude*, que aponta para a natureza incremental do processamento – mapeamento imediato de sintagmas a referentes uma vez analisados e semanticamente interpretados.

Quais são as grandes linhas de investigação?

Podemos sintetizar duas grandes linhas de investigação no estudo da Computação Gramatical. Uma mais diretamente vinculada à teoria linguística, na qual se investiga em que medida procedimentos de natureza modular podem caracterizar o modo como se realiza o processamento linguístico; outra que explora procedimentos de natureza predominantemente interativa, em que diferentes tipos de informação processados em paralelo servem de *input* para a análise sintática. A primeira linha de investigação vincula-se ao chamado *paradigma simbólico* das ciências cognitivas, orientado fundamentalmente pela concepção de computação ilustrada pela máquina de Turing. Estudos na segunda vertente podem se inserir nesse paradigma, na caracterização de algoritmos de natureza heurística, assim como podem se inserir no chamado *paradigma conexionista* que, a partir da década de 80 do último século, vem sendo intensamente explorado (ver capítulo "Processamento de Frases", no presente livro). Enquanto os modelos simbólicos são mais compatíveis com os pressupostos subjacentes a modelos de gramática apresentados pela linguística gerativista, modelos conexionistas fazem uso de processos associativos e podem até dispensar a concepção de gramática em termos de procedimentos gerativos.

Recentemente, algumas tentativas de se modelar a computação em tempo real de forma integrada com uma concepção minimalista da gramática (brevemente apresentada na seção "O que a Computação Gramatical estuda?") vêm sendo exploradas (Corrêa e Augusto,

2007; Phillips, 2012). Nesses modelos, a Computação Gramatical em tempo real é conduzida por meio de operações universais sobre traços formais de elementos do léxico, adaptadas às condições de produção e de compreensão. O *parsing* é conduzido da esquerda para a direita e o direcionamento da Computação Gramatical (tanto no *parsing* quanto na codificação gramatical) pode ser misto (*top-down/bottom-up*). O acesso lexical é veiculado por via semântica (conceitual/intencional) na produção, e por via fonológica na compreensão, como mencionado na seção "O que é Computação Gramatical?". A informação representada nos *traços formais* torna-se legível na morfologia e na ordenação dos elementos nas interfaces, o que facilita o reconhecimento de padrões. A transferência de informação sintaticamente codificada ou analisada para as interfaces é feita incrementalmente, da esquerda para a direita, em unidades minimamente interpretáveis (como os artigos definido/indefinido, do exemplo anterior) ao longo do tempo, o que permite caracterizar efeitos como o de *definitude* anteriormente mencionado. A implementação de procedimentos assim definidos por meio de simulação em ambiente computacional poderá contribuir para uma detalhada explicitação dos procedimentos conduzidos. Esse tipo de articulação entre o resultado do estudo da computação gramatical no contexto da pesquisa linguística e psicolinguística pode contribuir para um maior entendimento tanto do processamento linguístico quando da língua interna recuperada no uso efetivo da língua.

Em suma: A natureza modular ou interativa da Computação Gramatical em tempo real é ainda uma questão candente na pesquisa psicolinguística. A formalização da Computação Gramatical incremental é ainda um desafio para a integração entre a pesquisa linguística e a pesquisa psicolinguística.

Nota

[1] Ver Barker-Plummer, David, "Turing Machines", The Stanford Encyclopedia of Philosophy (Summer 2013 Edition), Edward N. Zalta (ed.). Disponível em: <http://plato.stanford.edu/archives/sum2013/entries/turing-machine/. Acesso em: 4 mar. 2015.

O que eu poderia ler para saber mais?

Este capítulo incorpora uma vasta literatura que não foi referenciada explicitamente com vistas a facilitar a leitura e por limitações de espaço. Algumas das principais referências que podem ampliar o entendimento do tema estão listadas a seguir.

Textos clássicos

BEVER, T. G. The cognitive basis for linguistic structures. In: HAYES, J. R. (ed.). *Cognition and the development of language*. New York: John Wiley & Sons, 1970, pp. 279-362.

FODOR, J. A.; BEVER, T. G.; GARRETT, M. F. *The psychology of language*: an introduction to psycholinguistics and generative grammar. New York: McGraw-Hill, 1974.

FRAZIER, L.; RAYNER, K. *Making and correcting errors during sentence comprehension*: eye movements in the analysis of structurally ambiguous sentences. Cognitive Psychology, 1982, pp. 14, 178-210.

______.; CLIFTON, C. *Construal*. Cambridge, Mass.: MIT Press, 1996.

KIMBALL, J. "Seven principles of surface structure parsing in natural language". *Cognition*, v. 2, n. 1, 1973, pp. 15-47.

LEVELT, W. J. M. *Formal grammars in linguistics and psycholinguistics*. Amsterdam: John Benjamins, 2008 [1974].

Textos que exemplificam diferentes tendências

GIBSON, E. The dependency locality theory: a distance-based theory of linguistic complexity. In: MARANTZ, A.; MIYASHITA, Y.; O'NEIL, W. (eds.). *Image, Language, Brain*. Cambridge, Mass: MIT Press, 2000.

TRUESWELL, J. C.; TANENHAUS, M. K. Toward a lexicalist framework for constraint-based syntactic ambiguity resolution. In: CLIFTON, C.; RAYNER, K.; FRAZIER, L. (eds.). *Perspectives on sentence processing*. Hillsdale, NJ: Erlbau, 1994.

Texto do exemplo

SPIVEY-KNOWLTON, M.; SEDIVY, J. "Resolving attachment ambiguities with multiple constraints". *Cognition*, 1995, pp. 55, 227-267.

Textos recentes sobre gramática e computação em tempo real

CORRÊA, L. M. S.; AUGUSTO, M. R. A. Computação linguística no processamento on-line: soluções formais para a incorporação de uma derivação minimalista em modelos de processamento. *Cadernos de Estudos Linguísticos*, Unicamp, n. 49, 2007, pp. 167-183.

PHILLIPS, C. Parser & grammar relations: we don't understand everything twice. In: SANZ, M.; LAKA, I. TANENHAUS, M. K. (eds.). *Language down the garden path: the cognitive and biological basis for linguistic structures*. Oxford: Oxford University Press, 2012, pp. 294-314

Para uma visão panorâmica

GASKELL, G. *Oxford Handbook of Psycholinguistics*. Oxford: OUP, 2007.

Processamento Anafórico

Márcio Martins Leitão

O que é Processamento Anafórico?

O Processamento Anafórico pode ser caracterizado como uma subárea dos estudos da Psicolinguística Experimental, mais especificamente dos estudos em Processamento Linguístico. Para entendermos o que é, então, o Processamento Anafórico, temos de compreender o que é Processamento Linguístico e o que significa, especialmente, o termo *anafórico*.

Quando falamos de uma maneira geral em processamento, nos referimos ao ato de processar algo, ou seja, a procedimentos sistemáticos que lidam com determinada substância ou tipo de informação e os transformam, na maioria das vezes. Vamos pensar um pouco sobre o exemplo do processamento, em termos biológicos, Quando processamos o ar que respiramos, uma série de procedimentos e processos ocorrem no nosso organismo para que possamos ter acesso ao oxigênio distribuído depois por nossa corrente sanguínea.

De certa maneira, o mesmo acontece com o Processamento da Linguagem, pois, a partir do material linguístico que é capturado por nossos sentidos e por nossa percepção, uma série de procedimentos tem lugar no nosso cérebro, que faz que consigamos transformar esse material, que chega geralmente via visão ou via audição, em unidades de sentido. Para que isso ocorra, além de nossos aparelhos sensoriais, a nossa mente/cérebro é responsável por essa decodificação que acontece muito rápida e inconscientemente. São esses processos cognitivos automáticos que são investigados pela área do Processamento Linguístico, buscando-se entender como eles atuam e se configuram em nossa mente/cérebro.

Depois de definirmos o que é Processamento Linguístico, vamos agora entender o que quer dizer anafórico. Anafórico diz respeito a: (a) um elemento linguístico que tem a mesma referência de outro elemento já mencionado em um texto escrito ou na fala, ou ainda a (b) um elemento que dá continuidade ao texto ancorado (relacionado) a um outro elemento ou a um conjunto de elementos anteriores.

No caso de (a), temos o que é conhecido como correferencialidade, ou seja, os dois elementos, tanto o anteriormente mencionado quanto a retomada remetem a um mesmo referente, daí serem correferentes. Nesse caso, há uma retomada anafórica e um antecedente explícito. Vejamos um exemplo:

(1) **Jorge** foi no Mercado ontem e José encontrou **ele** por lá.

Nesse exemplo (1), observamos um caso típico de retomada anafórica correferencial, pois temos um pronome (ele) que retoma e reativa em nossa memória um antecedente explícito (Jorge), mencionado anteriormente.

No caso de (b), não temos propriamente uma retomada, mas, sim, um elemento que remete a outro elemento que não está explícito anteriormente. Só temos acesso a esse outro elemento por meio de uma inferência, ou seja, não reativamos algo já mencionado, mas ativamos um referente com base no que foi mencionado. Vamos a um exemplo para ficar mais claro:

(2) Ontem Jorge foi na **padaria** e **eles** tinham acabado de sair do forno.

Nesse exemplo (2), temos um pronome (eles) que não retoma um antecedente explícito, mas, a partir do ancoramento (ou relação) com o elemento anterior (padaria), podemos inferir que o pronome faz menção a *pães*, graças à relação que estabelecemos a partir do que o substantivo *padaria* ativa em termos de significado e ao que nosso conhecimento de mundo é capaz de gerar em nossa mente ao lermos o pronome e o restante da frase.

Vimos então que o termo anafórico diz respeito à possibilidade de retomada correferencial ou de um processo inferencial; em ambos os casos, há uma relação entre dois ou mais elementos em um contexto linguístico. Tecnicamente, em Linguística Textual, chamamos o primeiro tipo de retomada anafórica correferencial ou de anáfora direta, e o segundo tipo de anáfora indireta.

Agora que já entendemos o que é o Processamento da Linguagem e o que é anafórico, podemos então mais facilmente entender o que é Processamento Anafórico. Retomando o que dissemos no primeiro parágrafo deste capítulo, dentro dos estudos de Processamento Linguístico, o Processamento Anafórico trata de como as relações anafóricas ocorrem em termos de processos cognitivos (mentais/cerebrais), portanto investiga como funcionam essas relações cognitivamente e quais fatores estão em jogo no momento em que ouvimos ou lemos textos que contenham essas anáforas.[1]

Você, leitor, pode estar se perguntando qual a relevância de se estudar isso que acabamos de caracterizar e definir. O que posso responder é que, primeiro, essas relações são fundamentais para coesão e coerência textual. Seja na produção ou na compreensão de qualquer texto escrito ou da nossa fala cotidiana, o tempo todo lançamos mão dessas relações anafóricas, que mantêm o fio condutor do sentido do nosso texto ou da nossa fala. Segundo, é relevante estudar o Processamento Anafórico para que possamos entender melhor como nossa mente/cérebro funciona no momento em que nos comunicamos e utilizamos a linguagem verbal. Esse entendimento pode, por exemplo, ajudar na compreensão de patologias relacionadas à linguagem, como veremos mais à frente.

O que o Processamento Anafórico estuda?

Em linhas gerais, como vimos, o Processamento Anafórico estuda os processos cognitivos relacionados às relações anafóricas que estabelecemos, seja na produção ou na compreensão da linguagem. Vamos, então, descobrir dois dos vários temas investigados no Processamento Anafórico:

a. A relação entre a forma da retomada anafórica e a memória de trabalho[2] é um dos temas estudados, pois a retomada pode ser executada por várias formas. No momento da compreensão em que encontramos uma retomada, a ativação ou a reativação do antecedente na nossa mente pode gerar maior ou menor custo em termos de memória de trabalho. Vejamos os exemplos a seguir:

(3) **O carteiro** demorou a vir, **ele** sempre tem chegado atrasado.
(4) **O carteiro** demorou a vir, Ø sempre tem chegado atrasado.
(5) **O carteiro** demorou a vir, **o carteiro** sempre tem chegado atrasado.
(6) **O carteiro** demorou a vir, **o correio** sempre tem chegado atrasado.

Percebemos, nesses exemplos, que, na posição de sujeito da oração, podemos ter como retomada um pronome (3), uma categoria vazia ou sujeito nulo (4), uma repetição do nome do antecedente (5) e, ainda, um nome que estabelece uma relação metafórica com o antecedente (6). Vários estudos têm tentado compreender se uma dessas formas é mais eficiente do que as outras em termos de processamento, ou seja, se uma forma, por exemplo, gera maior ou menor custo do que outra em termos cognitivos, dependendo da estrutura sintática e do contexto discursivo em que ocorre a retomada. Será que quando usamos um pronome *ele*, como no exemplo (3), que reativa em nossa memória de trabalho o antecedente *o carteiro*, há maior ou menor custo de processamento? É mais fácil ou mais difícil do que quando usamos o nome *carteiro* repetido? Com qual das duas formas usamos mais recursos cognitivos para estabelecer a relação anafórica? Ou, simplesmente, o custo é igual, não havendo diferença entre uma forma e outra de retomada? Todas essas questões são investigadas ao focalizarmos a relação entre a forma da retomada e a memória de trabalho. Mais para frente, veremos exemplos de estudos que focalizam essa relação.

b. As restrições sintáticas referentes à Teoria da Ligação proposta por Chomsky (1981) são também fatores investigados em estudos de Processamento Anafórico. Enquanto o fator descrito na letra (a) diz respeito ao Processamento Anafórico intersentencial, ou seja, em que retomada e antecedente estão em orações diferentes, nesse segundo caso, temos restrições que atuam no Processamento Anafórico intrassentencial, ou seja, em que retomada e antecedente estão na mesma oração ou em orações encaixadas.

Vamos primeiro entender o que propõe a Teoria da Ligação postulada pela Teoria Gerativa (cf. Chomsky, 1981). Essa teoria afirma que as relações de correferência dentro de uma oração seguem princípios que permitem ou não determinados tipos de retomada se ligarem a determinados antecedentes, ou seja, os princípios especificam restrições sintáticas para o estabelecimento das relações anafóricas que ocorrem no escopo da oração. São três os princípios propostos:

Princípio A. Uma anáfora[3] (pronomes reflexivos, como *a si mesmo*, *a si próprio*, ou o *se* reflexivo) deve ser ligada em seu domínio de ligação.
Princípio B. Um pronome (*ele* e *ela*, por exemplo) deve ser livre em seu domínio de ligação.
Princípio C. Uma expressão-R (*Nomes*, por exemplo) deve ser livre.

Domínio de ligação entende-se, de maneira mais geral, como sendo a própria oração. Dessa forma, o que esses princípios estão postulando é que determinadas formas devem estar ligadas a um antecedente dentro do escopo da oração e outras formas não podem estar ligadas. Vejamos alguns exemplos:

(7) A Maria foi no salão de beleza e ficou observando a *Joana* maquiar-**se** demoradamente.
(8) A *Maria* foi no salão de beleza e ficou observando a Joana maquiar *ela* caprichosamente.
(9) A Maria foi no salão de beleza e ficou observando a Joana maquiar a *Tereza* rapidamente.

Nesses exemplos, percebemos que o *se* reflexivo de (7) só pode ser correferente à Joana que está na mesma oração, e não pode ser ligado à Maria que está na primeira oração, isso está de acordo com o princípio A. Já no exemplo (8), ao contrário, o pronome *ela* só pode ser correferente à Maria, e não à Joana, pois Joana está na mesma oração que o pronome, assim, está de acordo com a restrição imposta pelo princípio B. Por último, temos no exemplo (9) o nome *Tereza* que não pode e não precisa ser ligado a nenhum referente anterior, seguindo o postulado pelo princípio C.

Com base nesses princípios postulados pela teoria gerativa, os psicolinguistas que estudam o Processamento Anafórico investigam se esses princípios e as restrições sintáticas que eles impõem são levados em conta na hora em que processamos essas expressões referenciais no escopo da oração. O que se tem encontrado indica que os princípios são levados em conta muito rapidamente em estágios iniciais do processamento e as restrições sintáticas impostas por eles parecem ser reais psicologicamente. Entretanto, em momentos já mais tardios do processamento, pode haver influência de outros fatores que fazem os princípios serem violados na interpretação ou na produção de uma oração.

Como estudar esses fenômenos usando o Processamento Anafórico?

Para estudarmos como essas relações funcionam em termos textuais, por exemplo, poderíamos reunir um conjunto de textos escritos, ou mesmo transcrições com base em gravações de fala espontânea e entrevistas, para depois, observando o *corpus*, verificarmos como essas relações anafóricas acontecem e funcionam em termos de coerência e coesão. No entanto, apesar desse tipo de estudo ser, por si só, muito interessante e poder revelar muitas questões relevantes sobre o fenômeno, não estaríamos investigando o processamento ou os processos cognitivos envolvidos nas relações anafóricas, mas, sim, estaríamos focalizando apenas o produto desse processamento cognitivo.

Por isso, para que consigamos estudar o Processamento Anafórico, temos que lançar mão da metodologia da Psicolinguística Experimental, planejando e executando experimentos que sejam capazes de aferir os processos cognitivos não somente ao seu término, mas no momento em que estes estão ocorrendo na nossa mente/cérebro. Como esses processos são automáticos e inconscientes e ocorrem em milésimos de segundo, temos de usar técnicas experimentais que sejam capazes de medir os processos nessa velocidade. Essas técnicas são denominadas *on-line*, em contraste com as técnicas *off-line*, que medem algo apenas após o processamento ter ocorrido.

Das várias técnicas *on-line* utilizadas no Processamento Anafórico, descreveremos em linhas gerais três delas: o *priming*, a leitura automonitorada (*self paced reading*) e o rastreamento ou monitoramento ocular (*eyetracking*).

O *priming*, que pode ser traduzido como pré-ativação, consiste em uma técnica em que se utilizam dois estímulos que são expostos ao participante um após o outro e, geralmente, se observa nos resultados se há facilitação ou não no processamento do segundo estímulo a partir da relação que este mantém com o primeiro. Por exemplo, se temos como primeiro estímulo, que é chamado de *prime*, a palavra *médico* e como segundo, denominado alvo ou palavra sonda, *hospital*, temos uma relação semântica entre os dois que pode facilitar o processamento de *hospital*, já que ao ler ou ouvir a palavra *médico* o participante pré-ativaria um campo semântico que abrange a palavra *hospital*.

No caso do Processamento Anafórico, podemos usar o *priming* para verificarmos se as retomadas anafóricas contidas em orações do tipo (3), (4), (5) e (6) são processadas igualmente. O primeiro estímulo seria constituído de cada uma dessas orações e o segundo estímulo seria o antecedente; o participante leria ou ouviria a oração na tela de um computador e logo após a retomada anafórica surgiria visual ou auditivamente uma palavra que corresponde ao antecedente contido na oração. Então teria de responder se essa palavra apareceu ou não na oração que estava sendo lida. Assim, podemos medir o índice de acerto de cada participante, mas também o tempo de decisão, verificando se há formas mais eficientes ou que reativam mais fortemente o antecedente, fazendo que o índice de acerto aumente e o tempo de decisão seja menor, por exemplo.

É interessante salientar que se a palavra sonda ou alvo for apresentada posteriormente à leitura da oração, o *priming* é cronométrico, mas não propriamente *on-line*, pois a medida de tempo é obtida depois do processamento da oração. Se, no entanto, a palavra sonda for apresentada durante a leitura, como no exemplo anterior, então, trata-se de uma medida cronométrica *on-line*.

A leitura automonitorada é uma das técnicas mais utilizadas nos estudos do Processamento Anafórico. Através dela podemos ter medidas *on-line* bastante eficientes. A técnica consiste em lermos uma oração dividida em segmentos (pedaços) que aparece na tela do computador. A leitura de cada segmento é monitorada pelo leitor, apertando um botão no teclado ou em uma caixa de botões – assim o tempo de leitura de cada segmento que lemos é aferido em milésimos de segundo. A partir da comparação dos tempos de leitura, conseguimos estabelecer análises sobre o processamento que está ocorrendo.

No Processamento Anafórico, utilizando como exemplo as orações (3) e (5), com objetivo de observarmos se uma dessas formas é mais ou menos eficiente como retomada anafórica, o que faríamos seria dividi-las em pedaços, sendo que um dos segmentos seria a própria retomada, e assim mediríamos o tempo de leitura de cada tipo de retomada, pronome ou nome repetido. Depois compararíamos os tempos de leitura das retomadas e se uma delas for lida mais rapidamente do que a outra, teríamos indício de maior eficiência a favor da que foi lida mais rapidamente. Veremos em mais detalhes exemplos de estudos utilizando essa técnica na próxima seção.

Por último, temos a técnica de rastreamento ou monitoramento ocular que é mais onerosa em termos financeiros, por conta do equipamento utilizado, mas que, por outro lado, permite aferições mais naturais e ainda mais precisas, já que diferentemente da leitura automonitorada não há a necessidade de se dividir as orações em segmentos e o participante tem apenas que ler os estímulos linguísticos sem necessidade de pressionar botão algum.

O equipamento de rastreamento ocular é capaz de aferir em milésimos de segundo onde o foco do nosso olhar se fixa e também quais os pequenos saltos que nossos olhos executam no momento da leitura. Assim, podemos observar em que parte de uma palavra ou de uma oração fixamos por mais tempo o nosso olhar, ou em que parte fixamos mais vezes e quantos saltos para essa parte ocorrem. No Processamento Anafórico, podemos medir o tempo de fixação do olhar na região da oração onde está a retomada, além de podermos observar quantas vezes o leitor volta o seu olhar para a retomada e também para os respectivos antecedentes.

Poderia me dar um exemplo?

Como exemplo, descreveremos alguns estudos em português brasileiro sobre o tema já mencionado que diz respeito à maior ou menor eficiência de retomadas anafóricas que utilizam pronomes ou nomes repetidos no estabelecimento da correferência.

Esse fenômeno tem sido estudado, em termos de Processamento Anafórico, desde Gordon et al. (1993) em inglês, passando por estudos em chinês (Yang et al., 2001, 2003) e em francês (Ernst, 2007). Em todas essas investigações foi encontrada a chamada Penalidade do Nome Repetido, ou seja, pronomes foram lidos mais rapidamente do que nomes repetidos. Em português brasileiro, o primeiro estudo é de Leitão (2005), e é com esse estudo que iniciaremos a nossa exemplificação.

Leitão (2005) testou em um experimento psicolinguístico – utilizando a técnica de leitura automonitorada – se pronomes seriam mais eficientes do que nomes repetidos ao retomar antecedentes na posição de objeto em estruturas coordenadas. A variável experimental era o tipo de retomada e as condições experimentais eram expressas por orações, como nos exemplos a seguir:

(10a) Os vizinhos/ entregaram/ *Ivo*/ na polícia/ mas/ depois/ absolveram/ *ele*/ no/ júri.
(10b) Os vizinhos/ entregaram/ *Ivo*/ na polícia/ mas/ depois/ absolveram/ *Ivo*/ no/ júri.

A barra / que aparece nos exemplos mostra os 10 segmentos em que foram divididas as orações; o segmento que é denominado crítico é o segmento 8, em que se encontra a retomada com o pronome (10a) ou com o nome repetido (10b). Os participantes dos experimentos leram 4 orações de cada condição, o que dá um total de 8 orações experimentais e 16 orações denominadas distratoras, que são diferentes das orações experimentais e têm como objetivo principal distrair os participantes para que, na execução do experimento, eles não percebam o que está sendo testado.

Os resultados foram na direção do que já havia sido encontrado na maioria das línguas testadas: as retomadas com pronome foram lidas significativamente mais rápido do que as retomadas com nome repetido, como podemos ver na tabela a seguir.

Tabela 1 – Média dos tempos de leitura no segmento 8 por tipo de retomada

	Tempo de leitura em milésimos de segundo (ms)
Retomada Pronome	508
Retomada Nome Repetido	636

Depois, Leitão, Ribeiro e Maia (2012) testaram o mesmo fenômeno usando as mesmas orações, mas agora com a técnica de rastreamento ocular, e encontraram resultados na mesma direção: os tempos das primeiras fixações na região logo após a retomada foram mais demorados quando a retomada era feita com nome repetido do que quando era feita com pronome. Os autores confirmaram que, ao menos nesse tipo de estrutura,[4] há penalidade do nome repetido em português brasileiro, e a explicação seria a menor carga informacional dos pronomes em relação aos nomes repetidos, já que pronomes não têm autonomia referencial (têm sempre de estar ligados a algum antecedente explícito ou implícito) e permitem o estabelecimento da correferência com base nos traços de número, gênero e pessoa – enquanto o nome repetido tem autonomia referencial por não precisar estar ligado a um antecedente e carrega outros traços além de número, gênero e pessoa. Por isso, há um maior custo em termos de memória de trabalho quando retomamos um antecedente com um nome repetido.

Com base nessa relação entre forma de retomada anafórica e custo de processamento em termos de memória, resolveu-se testar indivíduos que tivessem alguma doença ou déficit que afetasse a capacidade da memória de trabalho. Em 2008, Albuquerque testou, usando o mesmo conjunto de orações, crianças e adolescentes diagnosticadas com Transtorno do Déficit de Atenção e Hiperatividade (TDAH). A ideia de testar esses sujeitos surgiu por conta de haver registros na literatura fonoaudiológica de que pessoas com TDAH podem ter a memória de trabalho afetada. Dessa forma, poderíamos observar o que acontece no Processamento Anafórico dessas crianças se comparadas a um grupo controle com crianças da mesma faixa etária e da mesma escola sem nenhum tipo de déficit ou patologia.

Os resultados foram muito interessantes, pois o grupo controle se comportou como os adultos testados por Leitão (2005), processando mais rápido as retomadas com pronomes do que as retomadas com nome repetido. Entretanto, o grupo com TDAH mostrou um comportamento inverso: leram mais rapidamente as retomadas com nome repetido do que as retomadas com pronome. Esses achados são similares aos resultados em inglês, em que foram testados pacientes com a Doença de Alzheimer que também têm a memória de trabalho afetada (Almor, 1999). A explicação para isso seria de que a carga informacional maior dos nomes repetidos que faz os participantes sem patologia serem mais lentos é justamente o que ajuda os participantes com a memória de trabalho afetada. Isso porque, quando leem a retomada pronominal, os traços disponíveis ativam parcialmente o antecedente, gerando dificuldade com a correferência, ao passo que, quando leem a retomada com nome repetido, todos os traços do antecedente são reativados, facilitando o processamento correferencial.

Depois disso, Alves (2012) executou o mesmo experimento com idosos brasileiros com Alzheimer e encontrou resultados equivalentes aos de Almor (1999) e Albuquerque (2008), corroborando, mais uma vez, a hipótese de que déficits na memória de trabalho levam a maior dificuldade de processar retomadas pronominais do que com nomes repetidos.

Esses breves exemplos de estudos sobre o Processamento Anafórico mostram como a investigação nesse campo de pesquisa pode ampliar a nossa compreensão sobre os processos cognitivos relacionados à linguagem humana e também demonstram um grande potencial na interface com a área da saúde, tanto em relação à construção de protocolos complementares que ajudem no diagnóstico quanto em relação ao possível planejamento, para uma intervenção mais precisa em termos clínicos.

Quais são as grandes linhas de investigação?

As duas grandes linhas de investigação em que podemos dividir os estudos sobre o Processamento Anafórico são: a) estudos no escopo da oração em que há a atuação muito forte dos princípios da Teoria da Ligação e de restrições basicamente estruturais; e b) estudos no escopo discursivo em que há também a atuação de fatores estruturais relevantes, como posição sintática do antecedente, paralelismo estrutural, tipo de vínculo oracional e atuação dos traços de gênero e número na relação entre antecedente e retomada anafórica; entretanto, ganham peso fatores semântico-pragmáticos como tipo de retomada anafórica, acessibilidade, conhecimento de mundo etc.

Alguns desses fatores e temas já mencionamos direta ou indiretamente, como os princípios de ligação, o tipo de retomada anafórica e o conhecimento de mundo, mas alguns ainda não explicitados merecem uma breve descrição:

a. A posição sintática do antecedente tem se mostrado um fator relevante: se o antecedente está em posição de sujeito ou em posição de tópico, por exemplo, pode levar a preferências por determinadas formas linguísticas da retomada. Maia (1997) constatou, em um experimento utilizando a técnica de *priming*, que categorias vazias presentes em orações com encaixamento são vinculadas preferencialmente ao tópico da oração, e pronomes plenos são vinculados ao antecedente na posição de sujeito da oração principal. Além disso, vários estudos encontram Penalidade do Nome Repetido apenas para retomadas relacionadas a antecedentes na posição de sujeito, e não na posição de objeto.
b. O paralelismo estrutural diz respeito à configuração sintática semelhante entre antecedente e retomada anafórica. Por exemplo, quando temos o antecedente na posição de sujeito, há maior facilidade no processamento de retomada pronominal também na posição de sujeito do que se a retomada estivesse na posição de objeto, e vice-versa. O paralelismo, como mostram Chambers e Smyth (1998), também influencia nos achados sobre a Penalidade do Nome Repetido.
c. O tipo de vínculo oracional também pode influenciar a correferência. Por exemplo, Leitão et al. (2010) constataram em estudo experimental utilizando a técnica de leitura automonitorada que o

processamento da correferência com pronomes plenos (ele e ela) é mais rápido quando há vínculo oracional entre a oração em que se encontra o antecedente e a oração em que se encontra a retomada pronominal (coordenadas e subordinadas adverbiais) do que quando não há vinculo oracional, como no caso de orações justapostas separadas por ponto. Parece que o vínculo oracional permite a manutenção do antecedente na memória de trabalho e facilita o processamento.

A partir dos variados temas apontados e das duas linhas de investigação, muitos desdobramentos vêm sendo elaborados e muito ainda se tem por fazer nos estudos do Processamento Anafórico e nas várias áreas que estabelecem interfaces com esses estudos, como, por exemplo, a área da saúde já mencionada e a área da linguística computacional, que tenta entender como máquinas de uma maneira geral podem processar a linguagem. Além disso, são importantes os estudos translinguísticos que estabelecem a possibilidade de comparação do Processamento Anafórico em várias línguas, fornecendo a real medida de quanto esse fenômeno linguístico e os fatores que ele abrange são universais ou são particulares e relacionados a línguas específicas.

Notas

1 Aqui estamos raciocinando em termos de compreensão da linguagem, mas de forma semelhante poderíamos raciocinar em relação à produção da linguagem.

2 Em linhas gerais, a memória de trabalho ou memória de curto prazo pode ser entendida como a memória que usamos para acessar as informações no momento em que as processamos, diferentemente da memória de longo prazo, que armazena, por exemplo, as nossas experiências de vida.

3 O termo *anáfora* na Teoria Gerativa faz referência especificamente aos pronomes reflexivos e recíprocos (barbeou a si mesmo, barbeou-se), portanto diferentemente do sentido mais abrangente do que o usado até aqui no texto e que diz respeito a qualquer tipo de retomada anafórica.

4 Existem alguns estudos em português brasileiro que utilizam outro tipo de estímulo e que não encontraram Penalidade do Nome Repetido. (ex. Maia, 2013).

O que eu poderia ler para saber mais?

Existem muitas referências em inglês de estudos sobre o Processamento Anafórico e os variados fatores que estão em jogo nessa área, mas em português temos um menor número de referências e a maioria delas se explicita em forma de teses, dissertações e artigos que focalizam o tema.

Destaco uma publicação em particular: o número 2 do volume 8 da *Revista Linguística* do Programa de Pós-graduação em Linguística da UFRJ, que é uma das raras publicações em português que traz, em um mesmo lugar, um conjunto representativo de artigos sobre o Processamento Anafórico. Esse número especial da revista reúne uma série de artigos relacionados aos trabalhos apresentados no I e no II Workshop de Processamento Anafórico que aconteceram na UFPB e na UFC respectivamente. Os trabalhos abrangem as duas linhas de investigação mencionadas na seção anterior, com a participação não só de quase todos os pesquisadores que trabalham nessa área no Brasil, mas também pesquisadores de Portugal, dos Estados Unidos e da Argentina. Apesar de não serem textos em que o objetivo é a introdução ao assunto, a variedade e a qualidade permitem o acesso a um panorama amplo de estudos e às referências nas quais esses estudos se baseiam e se desdobram.

Além dessa referência em destaque, a seguir deixo uma lista de referências em inglês e em português para que todos possam se aprofundar nos temas abordados neste capítulo e em outros mais que fazem parte do arcabouço dos estudos sobre Processamento Anafórico.

ALBUQUERQUE, G. S. *Processamento da linguagem no déficit de atenção e hiperatividade.* Rio de Janeiro, 2008. Tese (Doutorado) – UFRJ.

ALMOR. *Noun-phrase anaphora and focus:* the informational load hypothesis. Psychological Review, v. 106, n. 4, 1999.

______. *Why do Alzheimer patients have difficulty with pronouns?* Brain and Language, v. 67, n. 4, 1999, pp. 202-227.

ALVES, G. A. S. *Processamento correferencial em idosos com e sem doença e Alzheimer*. João Pessoa, 2012. Tese (Doutorado em Linguística), UFPB.

BADECKER, W.; STRAUB, K. The processing role of structural constraints on the interpretation of pronouns and anaphors. *Journal of Experimental Psychology*: Learning, Memory, and Cognition, v. 28, n. 4, 2002.

CHAMBERS, C.; SMYTH, R. Structural parallelism and discourse coherence: a test of centering theory. *Journal of Memory and Language*, v. 39, 1998, pp. 593-608.

CHOMSKY, N. *Lectures on government and binding*. Dodrecht: Foris, 1981.

ERNST, Emilie. *Le traitement en temps réel de l'anaphore pronominale dans le langage écrit*: Développement normal et dysfunction nements. Apports de la théorie du Centrage. Paris: Université Paris V, 2007.

GORDON, P. C.; GROSZ, B. J.; GILLION, L. A. Pronouns, names, and the centering of attention in discourse. *Cognitive Science*, v. 17, 1993, pp. 311-348.

______. Pronouns, names, and the centering of attention in discourse. *Cognitive Science*, v. 22, n. 4, out.-dez. 1998, pp. 389-424

KENNISON, S. Comprehending the pronouns her, him, and his: implications for theories of referential processing. *Journal of Memory and Language*, v. 49, 2003, pp. 335-352.

LEITÃO, M. M. *O processamento do objeto direto anafórico no Português Brasileiro.* Rio de Janeiro, 2005. Tese – (Doutorado em Linguística) –, UFRJ, Faculdade de Letras.

______.; Peixoto, P.; Santos, S. Processamento da correferência intrassentencial em português brasileiro. Disponível em: <http://www.ufjf.br/revistaveredas/files/2009/12/artigo04.pdf>. *Veredas on-line,* 2008. pp. 50- 61.

______. M.; LIMA, Juciane N.; CALAÇA, Flávia G. Coreference processing: sentential links and structual parallelism. In: FRANÇA, Aniela I.; MAIA, Marcus (orgs.). *Papers in Psycholinguistics: Proceedings of the first International Psycholinguistics Congress*. Rio de Janeiro: Imprinta, 2010.

______.; RIBEIRO, A.; MAIA, M. Penalidade do nome repetido e rastreamento ocular em português brasileiro. *Revista Linguística/Revista do Programa de Pós-Graduação em Linguística da Universidade Federal do Rio de Janeiro*, v. 8, n. 2, 2012.

______. M. et al. Evidências experimentais do processamento da correferência e dos princípios de ligação em português brasileiro. *Revista da Abralin*, v. 13, n. 1, pp. 289-332, jul./dez. 2014.

LEZAMA, G. C. *The overt pronoun penalty:* a processing delay in Spanish anaphora comprehension. South Carolina: University of South Carolina. Doctoral Dissertation, 2010.

MAIA, J. C.; CUNHA Lima, M. L. *Processamento correferencial de nomes e pronomes plenos em PB*: evidências de rastreamento ocular. *ReVEL*, edição especial, n. 6, 2012.

MAIA, J. C. *O processamento de expressões correferenciais em português*. Belo Horizonte, 2013. Dissertação (Mestrado em Linguística) – UFMG.

MAIA, M. A. R. The processing of object anaphora in Brazilian Portuguese. *Revue Linguistique de Vincennes*, França, v. 26, pp. 151-176, 1997.

NICOL, J.; SWINNEY, D. The role of structure in coreference assignment during sentence comprehension. *Journal of Psycholinguistic Research*, 1989, pp. 5-20.

OLIVEIRA, R.; LEITÃO, M.; HENRIQUE, J. A influência dos antecedentes vinculados e não vinculados no processamento da anáfora "a si mesmo(a)". *Linguística*. v. 8, n. 2, pp. 115-134, 2012.

QUEIROZ, K.; LEITÃO, M. M. Processamento do sujeito anafórico em português brasileiro. Disponível em: <http://www.ufjf.br/revistaveredas/files/2009/12/resumo07.pdf>. *Veredas on-line.* Juiz de Fora: UFJF, 2008, v. 2. Acessado em: 4 mar. 2015.

STURT, P. The time-course of the application of binding constraints in reference resolution. *Journal of Memory and Language*, v. 48, 2003, pp. 542-562.

YANG, C. L. et al. The processing of coreference for reduced expressions in discourse integration. *Journal of Psycholinguistic Research*, v. 30, pp. 21-35, 2001.

YANG, C. L.; GORDON, P. C.; HENDRICK, R.; HUE, C. W. Constraining the comprehension of pronominal expressions in chinese. *Cognition*, v. 86, pp. 283-315, 2003.

Processamento de Palavras

Daniela Cid de Garcia

O que é Processamento de Palavras?

O que se convencionou chamar de Processamento de Palavras em Psicolinguística são todos os processos que ocorrem na mente relacionados à representação e ao reconhecimento de palavras ouvidas e lidas. Estudos em Psicolinguística interessados no Processamento de Palavras buscam entender como estas são armazenadas, percebidas e produzidas. Como a literatura nessa área é bastante vasta, o objetivo deste capítulo é possibilitar um primeiro contato com as questões pertinentes a esse tema, e com as formas de abordar empiricamente essas questões.

Mas qual é a *palavra* que a Psicolinguística estuda? No mundo prático e alheio ao exame minucioso dos construtos da linguagem, é natural considerar a palavra como sendo a unidade linguística mínima provida de sentido. É o que nos induz a concluir uma percorrida breve por qualquer dicionário – quando procuramos o significado de um novo vocábulo ou quando temos uma dúvida de ortografia. As palavras são também as unidades de sentido que aprendemos ao estudar o vocabulário de uma língua estrangeira. Além disso, se pedirmos a qualquer falante de uma língua, criança ou adulto, para identificar as palavras em uma determinada sentença, podemos esperar uma enorme consistência das respostas. Considerando essas pistas, percebe-se que existe uma noção intuitiva do que é uma palavra; ou seja, há um conceito tácito compartilhado pelos falantes sobre o que é essa unidade linguística.

Essa aparente trivialidade, no entanto, disfarça a grande dificuldade que existe em definir teoricamente o que é uma palavra. Isso ocorre porque conhecer uma palavra implica conhecer um conjunto de informações de diferentes naturezas. Basta pensar em tudo que sabemos quando sabemos uma palavra. Para começar, devemos ter alguma informação sobre como a palavra é pronunciada, o que diz respeito às características fonético-fonológicas do item lexical. Além disso, devemos conhecer o significado da palavra, sem o qual sua forma é apenas uma sequência de sons (ou de letras, se o estímulo for visual) – o que diz respeito ao aspecto semântico da palavra. Devemos também saber – ainda que inconscientemente, e não necessariamente dominando a metalinguagem técnica – se a palavra é um nome, um verbo, uma preposição, um advérbio... Essa informação categorial é importante para sabermos como arranjar essa palavra em uma sentença. Conhecer uma palavra, portanto, implica uma orquestração de informações pertinentes a todos os aspectos gramaticais.

Por causa dessa surpreendente, mas compreensível, dificuldade em definir teoricamente a palavra como um objeto estável de estudo, foi preciso dividir o conceito de palavra em diferentes objetos que, ainda que tangenciem a nossa noção intuitiva, não abarcam sua totalidade. Não serão discutidos aqui todos os conceitos de palavra, mas devemos reiterar que alguém interessado em estudar palavras deve delimitar qual desses conceitos de palavra vai ser seu objeto de estudo. Sendo assim, diferentes teorias linguísticas e psicolinguísticas podem enfatizar distintos aspectos relacionados à palavra, fazendo previsões diferentes acerca do papel de cada um desses aspectos nos processos mentais de ativação do item lexical.

Quando se fala em Processamento de Palavras, o objeto geralmente será o que Di Sciullo e Williams (1987) chamam de *listema*, em sua produção clássica chamada *On the definition of word* (Sobre a definição de palavra). O listema é a unidade linguística correspondente a uma entrada lexical; ou seja, é a menor unidade relevante para a computação linguística que se encontra estocada na mente dos falantes. Uma questão pertinente e recorrente nessa área é, por conseguinte: Qual o tamanho do listema? Essa pergunta diz respeito a um aspecto da representação linguística mais central, indagando se o nosso léxico mental é formado por morfemas ou por palavras inteiras. Se o morfema é indicado na teoria como uma unidade possível da computação sintática, é natural que as pesquisas tenham se voltado para estudar o papel do morfema na organização do léxico mental e no reconhecimento de palavras.

O que o Processamento de Palavras estuda?

Uma característica da ciência moderna é adotar uma perspectiva composicional de análise dos fenômenos naturais. Para entender o todo, procuram-se as partes mínimas e estudam-se os mecanismos de interação entre essas partes simples que geram o objeto complexo. Trazendo esse método de análise para o âmbito das palavras, pesquisas em Processamento de Palavras visam buscar também os tijolos mínimos que se encontram estocados no léxico mental. Seriam esses tijolos palavras inteiras, armazenadas como itens individuais e completos? Ou seriam morfemas, desmontando a ideia intuitiva de unidade que as palavras podem carregar? E como é a organização dos itens lexicais? Eles se encontram associados pelo sentido? Pelo som? Pela ortografia, talvez? Quais seriam ainda os critérios para sua recuperação? Seria por meio da ativação dos morfemas?

O que acontece quando reconhecemos uma palavra? Que mecanismos estão em jogo quando se trata desse acontecimento tão essencial e automático da linguagem humana? Esse processo acontece de maneira tão rápida e mecânica que raramente nos damos conta de sua complexidade. Quando lemos ou ouvimos uma palavra, acessamos seu significado de maneira integral e direta ou precisamos realizar operações de decomposição morfológica, concatenação e interpretação composicional? Esse é um tópico bastante debatido em Psicolinguística e deu margem ao surgimento de diversos modelos que procuraram e procuram, de diferentes maneiras, dar conta da questão. A questão, por sua vez, dialoga tanto com teoria linguística quanto com a psicologia, no sentido de refletir sobre o que é mais eficiente: reduzir a base e ampliar as regras composicionais ou ampliar a base e reduzir as regras? É melhor guardar na memória somente o que não pode ser derivado por regras e depender de um mecanismo eficiente de derivação ou armazenar toda e qualquer informação e depender de disponibilidade de espaço e de procedimentos eficientes de acesso?

Uma possibilidade seria pensar que as palavras são organizadas como no dicionário. A comparação foi feita pela autora Jean Aitchison (1987), em seu livro chamado *Words in the Mind* (Palavras na Mente). Segundo ela, ainda que de maneira irrefletida tenhamos o hábito de chamar de "dicionário mental" o conjunto de palavras estocadas na nossa mente, essa comparação é, no mínimo, inexata. Os dicionários são bastante limitados – tanto em abrangência quanto em organização – se comparados ao léxico mental. O modo como as palavras são organizadas nessas listas é excessivamente simplificado, seu conteúdo é fixo e as informações sobre cada item é restrita. Nós, os seres humanos, conhecemos milhares de palavras. Dezenas a centenas de milhares. Ainda assim, não temos problema para encontrar, em uma fração mínima de segundo, aquelas de que precisamos para as nossas conversas do dia a dia. Fazemos isso de forma natural e desenvolta, sem apresentar sinais de cansaço. Para que isso seja possível, esses milhares de palavras não podem estar organizados simplesmente em ordem alfabética. Além disso, assimilamos com velocidade a criação de palavras novas e os novos sentidos que o uso proporciona às palavras antigas, numa fluidez e flexibilidade que contrastam visivelmente com a rigidez do dicionário. A conclusão é fácil: sabemos muito mais sobre as palavras do que sabem os dicionários.

O fato de, por um lado, conhecermos tantas palavras e de, por outro, sermos capazes de recuperá-las tão rapidamente no curso da fala sugere a existência de um sistema de armazenamento extremamente sofisticado e necessariamente estruturado. Informações associadas a um item lexical devem ser detalhadas a ponto de incluírem informação a respeito de relações entre som e significado, relações entre significados e até frequência de uso. Ainda, quando se trata do significado de uma palavra, nossa informação a cerca de todas as relações e implicações que ele pode abarcar é incalculavelmente mais complexa e detalhada do que aquela que o espaço de um verbete pode apreender.

Sendo assim, como deve ser então a organização do nosso léxico mental e quais os processos envolvidos na ativação de um item lexical? Essa é uma pergunta que, em Psicolinguística, deve ter pelo menos dois níveis: 1) quais são os processos perceptuais e intencionais periféricos associados à ativação de uma palavra? e 2) qual o tamanho e a natureza da unidade que será, em última análise, operada pela sintaxe? Essa segunda questão, vinculada a uma perspectiva modular da mente, relaciona-se com uma discussão da teoria linguística. No âmbito da teoria gerativa, há dois tipos de abordagem que explicam de maneiras distintas como se dá a representação das palavras: a vertente lexicalista e a construcionista (ou não lexicalista).

A primeira abordagem advoga a existência de um léxico em que estariam armazenadas todas as palavras que o indivíduo conhece e que entram na numeração, da qual são selecionados os itens vocabulares para a computação sintática. A computação se dá, portanto, no nível supralexical – ou seja, os traços de que as palavras são compostas (fonológicos, formais, lógicos) encontram-se já agrupados no repositório vocabular e a sintaxe opera diretamente com a palavra, que já existe como um todo *a priori* nessa lista. Assim, a abordagem lexicalista considera a palavra como sendo o átomo das categorias gramaticais com que a sintaxe deve trabalhar. Por outro lado, existem também propostas não lexicalistas para explicar a representação e o reconhecimento das palavras, destacando-se, entre elas, a Morfologia Distribuída. Esse modelo propõe que a computação da palavra se dê de forma distribuída, serial e em camadas funcionais.

Assim como há debate na teoria linguística, é também um objetivo do processamento conhecer como as palavras são representadas no léxico mental. Antes de se chegar à ativação da unidade relevante para a linguagem, no entanto, o estímulo ou a intenção deve percorrer caminhos periféricos que codificam informações perceptuais e intencionais com a informação linguística central. Esses estágios são relevantes para o rápido reconhecimento da palavra, e existem estudos verificando o papel de fonemas, sílabas e mesmo traços fonéticos como unidades psicologicamente válidas de análise. Esses processos periféricos devem ser dependentes da modalidade (auditiva ou visual), uma vez que os caminhos que a informação perceptual percorre são ligeiramente distintos. A direcionalidade da informação também deve ser um fator a ser considerado, uma vez que a linguagem tem um caminho de entrada (percepção) e um caminho de saída (produção). Grande parte das evidências disponíveis são de percepção, ou seja, há mais dados sobre o reconhecimento do que sobre a produção de palavras. Esse desequilíbrio é explicável pelo fato de ser muito mais fácil criar experimentos estáveis manipulando-se aspectos relacionados à percepção.

Como estudar alguns desses fenômenos usando o Processamento de Palavras?

A Psicolinguística oferece diferentes paradigmas experimentais para testarmos nossas hipóteses acerca do processamento de palavras, desde métodos mais *off-line* até as mais sofisticadas técnicas de aferição cronométrica. Assim como em qualquer outra área, a pergunta de pesquisa deve definir a técnica a ser usada. Em geral, deve-se procurar usar o método mais simples que seja capaz de detectar as diferenças que se buscam.

Um método muito comum em estudos de Processamento de Palavras é o paradigma de *priming* com decisão lexical. Nessa técnica, os participantes do experimento são orientados a ler ou ouvir pares de palavras e a decidir, geralmente por meio de um aperto de botão, se a segunda palavra da sequência existe ou não na língua. Trata-se de um método *off-line*, uma vez que a medida cronométrica é feita após o processamento do item crítico, por meio de um aperto de botão. A técnica mede o efeito da primeira palavra da sequência na ativação da segunda. Por exemplo, se o tempo de decisão lexical para a palavra "caneta" é menor quando esta é antecedida pela palavra "lápis", comparada ao tempo de decisão quando é antecedida por outra palavra, pode-se concluir que existe alguma relação entre as representações destas duas na mente. O paradigma de *priming* é uma ferramenta bastante útil para estudar os fatores que podem determinar o reconhecimento de palavras, uma vez que possibilita a manipulação de estruturas sublexicais como fonemas, letras, sílabas e morfemas.

Estudos que utilizam o protocolo de *priming* normalmente propõem tarefas em que o *prime* é apresentado por um tempo suficiente para que ele possa ser lido com facilidade pelo sujeito do experimento. Outro desenho que utiliza esse paradigma é o *priming* intermodal, em que o *prime* é um estímulo auditivo e o alvo é um estímulo visual. Uma característica desses experimentos é que eles podem ser sensíveis a certos fatores além da decomposição morfológica. Ou seja, um efeito de *priming* entre palavras complexas relacionadas pode refletir não só efeitos morfológicos, mas uma combinação de efeitos que podem englobar morfologia, fonologia, ortografia e semântica.

Por conta disso, é importante que se encontre um método experimental que seja capaz de enxergar um momento do reconhecimento lexical em que os efeitos encontrados entre palavras morfologicamente relacionadas ocorram na ausência de efeitos de *priming* relacionados a similaridade semântica ou formal (seja de ordem fonológica ou ortográfica). É nesse contexto que ganha destaque o paradigma de *priming* encoberto. Nesse método, o *prime* não pode ser percebido de maneira consciente pelo sujeito, aparecendo na tela por poucos milissegundos. A vantagem sobre os outros desenhos é que o fato de o *prime* aparecer por tão pouco tempo elimina certos elementos episódicos e tardios do curso da derivação lexical, garantindo que os efeitos observados sejam de fato relacionados aos processos que queremos observar. O paradigma de *priming* encoberto passou a ser uma técnica bastante utilizada para se testarem os modelos que divergem sobre a segmentação morfológica no processamento lexical.

Mesmo sendo uma medida mais restritiva, capaz de eliminar julgamentos mais conscientes a respeito do estímulo, o *priming* encoberto é ainda uma medida *off-line*. Isso quer dizer que, ainda que tenha granularidade suficiente para detectar aspectos que ocorrem nos estágios mais iniciais e reflexos do reconhecimento de uma palavra, esse paradigma não é capaz de separar os processos por que passa a informação perceptual, à medida que eles ocorrem no tempo. Os tempos de resposta não nos permitem esse acesso a processos cognitivos específicos, englobando muitas operações que podem ocorrer entre a apresentação do estímulo e a decisão pelo sujeito.

Em estímulos visuais, a técnica de rastreamento ocular permite um mapeamento mais em tempo real dos estágios envolvidos no reconhecimento de uma palavra. Acompanhando os movimentos dos olhos sobre a palavra durante a leitura, é possível estabelecer e testar hipóteses sobre os processos associados a essa modalidade. Além disso, estudos desenvolvidos na última década com a utilização de eletroencefalografia e magnetoencefalografia têm revelado ferramentas importantes para testar hipóteses sobre o processamento da linguagem, sem a interferência de processos estratégicos e dependentes de tarefa. A resolução temporal mais fina dessas novas metodologias traz novos caminhos para o mapeamento de processos cognitivos e sua relação com os tempos de resposta comportamentais, distinguindo estágios específicos durante o reconhecimento de uma palavra.

Poderia me dar um exemplo?

O papel da morfologia no processamento da palavra já foi estudado a partir de diferentes paradigmas experimentais e muitos fatores foram destacados como sendo importantes no reconhecimento das palavras multimorfêmicas. Entre eles, destacam-se a natureza lexical do estímulo (palavra/não palavra), regularidade, transparência semântica, categoria morfológica (palavras flexionadas/palavras derivadas), modalidade do estímulo (visual/auditivo), natureza derivacional do estímulo (palavras sufixadas/palavras prefixadas) e mesmo a frequência de ocorrência.

Uma metodologia comum em estudos sobre o acesso lexical é o uso de não palavras com estrutura morfológica – ou seja, uma sequência de letras que não constitui uma palavra da língua estudada, mas que é composta de morfemas existentes nessa língua. Um exemplo clássico é o estudo de Taft e Forster (1975), considerado o texto seminal da área de Processamento de Palavras. Nesse estudo são comparadas não palavras como *dejuvenate* e *depertoire*, compostas pela substituição da partícula *re-* pela partícula *de-* nas palavras *rejuvenate* e *repertoire* do inglês. A primeira não palavra é um exemplo de não palavra com morfema (*-juvenate* é um morfema) e a segunda é um exemplo de não palavra sem morfema (*-pertoire* não é um morfema). Se a unidade pré-lexical do processamento de palavras é de fato o morfema, os tempos de reação para rejeitar o estímulo como palavra deve ser maior para as não palavras com estrutura morfológica. Os resultados encontrados pelos autores confirmam sua hipótese, que se coaduna aos modelos decomposicionais apresentados na seção a seguir. Estudos posteriores não foram consistentes em replicar os achados de Taft e Forster (1975). De qualquer forma, esse trabalho é citado até hoje e tem a importância de ser o precursor dos estudos sobre a decomponibilidade morfológica no processamento de palavras.

A relevância do morfema no processamento de palavras foi consagrada, por sua vez, em experimentos de *priming* em que se manipulou a prominência de efeitos morfológicos no reconhecimento lexical, e sua dissociação de efeitos fonológicos, ortográficos ou semânticos. Entre os estudos psicolinguísticos mais recentes que examinam o acesso lexical a partir do paradigma de *priming*, pares com semelhança apenas ortográfica apresentam um tempo de reação maior em contraste tanto com pares relacionados morfologicamente quanto com pares não relacionados, indicando haver uma inibição da ativação, provocada pela ortografia. Esses resultados são obtidos em experimentos de *priming* encoberto e em experimentos em que a exposição do *prime* é mais longa.

Com relação a efeitos semânticos, estes também parecem ter um nível de representação independente da morfologia. Nos estudos mais recentes que tratam do processamento lexical, é comum a semântica ser abordada em função do fator transparência semântica entre a raiz e a palavra multimorfêmica. O conceito de transparência semântica diz respeito a quanto pode ser clara a relação entre o significado de uma palavra complexa e o da base de que ela é derivada. Esses estudos destacaram a transparência semântica como sendo um fator determinante no reconhecimento de palavras morfologicamente complexas, e mostraram, ainda, que a transparência semântica afeta de maneiras diferentes o reconhecimento de uma palavra, dependendo do paradigma experimental. Isso ocorre porque diferentes paradigmas são sensíveis a estágios diversos do processamento. As condições experimentais tendem a separar palavras opacas de palavras transparentes. Sendo assim, os resultados obtidos indicam uma gradação dos fatores no curso do reconhecimento lexical, que são diferentes dependendo do tempo de apresentação da palavra usada como *prime*: (1) facilitação generalizada para palavras morfologicamente complexas, independentes de transparência semântica, nos estágios mais iniciais do reconhecimento (nesse momento, os efeitos de facilitação ocorrem tanto em pares como *teach–teacher* quanto em pares como *corn-corner*); (2) facilitação apenas em palavras semanticamente transparentes. O mais comum é não haver efeito apenas semântico quando o *priming* é do tipo encoberto, mas apenas um efeito que ficou conhecido como morfo-ortográfico, o que sugere uma decomposição do estímulo em morfemas da língua, independentemente de esses morfemas serem relevantes para a ativação do sentido da palavra.

Esses resultados mostram haver um momento inicial em que efeitos de facilitação morfológica são captados independentemente do pareamento semântico. Mais tarde, esses efeitos são detectados apenas para pares com relação morfológica semanticamente transparente. Existem, portanto, questões ainda em aberto sobre a natureza da segmentação inicial, sensível à forma dos morfemas, mas não ao seu significado, e sobre os mecanismos que levam ao reconhecimento do item lexical. Se tanto palavras transparentes quanto opacas são decompostas em seus morfemas nos estágios mais iniciais do processamento da palavra, uma questão atual diz respeito aos estágios posteriores que culminam na ativação do item lexical correto. Seriam os morfemas das palavras opacas simplesmente desativados? Por outro lado, os morfemas de palavras transparentes se mantêm ativos e facilitam a ativação da palavra complexa? Essas são questões que podem ser testadas utilizando alguns dos paradigmas experimentais apresentados na seção anterior.

Quais são as grandes linhas de investigação?

Como foi visto nas seções anteriores, estudos em Processamento de Palavras se propõem a entender de que forma o léxico mental é organizado e quais são os processos envolvidos no reconhecimento de uma palavra. Uma questão crucial nesse sentido é se o léxico mental é organizado em morfemas ou em palavras inteiras, de modo que entender o papel da morfologia no reconhecimento de palavras – e sua dissociação de efeitos semânticos e fonológicos – constitui um dos debates mais fervorosos em estudos sobre o processamento da linguagem.

Modelos não decomposicionais defendem a ideia de que palavras morfologicamente complexas seriam átomos em termos de armazenamento e de acesso. Isso significa dizer que existiriam, no léxico mental, representações diferentes para as palavras *fileira* e *fila*, ainda que esses dois itens lexicais compartilhem a raiz morfológica. Em modelos desse tipo, as palavras estão disponíveis para o reconhecimento no léxico com sua morfologia pronta e são acessadas sem passar por operações decomposicionais. Existem ainda modelos não decomposicionais de ordem conexionista, que sugerem uma arquitetura paralela e distribuída para o reconhecimento visual de palavras na qual ocorreriam ajustes nos pesos das conexões entre ortografia e fonologia, permitindo o reconhecimento de palavras de maneira associativa e sem o uso de informação morfológica.

Por outro lado, *modelos decomposicionais* argumentam que unidades morfológicas desempenham sim um papel importante no armazenamento e na ativação lexical. Entre os modelos decomposicionais encontram-se os que propõem um mecanismo de *dupla rota*, atribuindo importância tanto a mecanismos de segmentação morfêmica quanto à ativação direta da palavra em sua forma plena. Alguns desses modelos sugerem que a decomposição morfológica é mais provável quando a relação entre a palavra composta e sua raiz é transparente.

Mantendo um raciocínio semelhante, há também modelos que preveem que as formas regulares (por exemplo, passados formados em *-ed* em inglês) sejam acessadas via concatenação morfológica, ao passo que as irregulares seriam armazenadas plenamente no léxico. Nessa perspectiva, as formas regulares estariam relacionadas à manipulação de regras, ao passo que as formas irregulares demandariam armazenamento individualizado. Sendo assim, haveria necessidade de um modelo dual de representação da informação morfológica. Formas como *walked* (passado regular do verbo "andar", em inglês) seriam acessadas por meio da ativação da raiz *walk-* (parte arbitrária) e da aplicação de uma regra que envolveria a adição do sufixo *-d* [passado] (parte composicional). Esse procedimento não se aplicaria a formas irregulares, como *drove* (passado irregular do verbo "dirigir", em inglês), que deveriam ser representadas em sua forma plena no léxico.

Contrariando esse modelo, existe ainda outra abordagem, que postula um único mecanismo de concatenação morfológica para dar conta tanto de passados irregulares quanto de regulares. A associação morfológica entre a forma simples e a forma flexionada – seja ela regular ou irregular – se dá, nesse caso, por uma relação de identidade. Essa abordagem desafia tanto os modelos não decomposicionais quanto os modelos duais. Aqueles não atribuem um papel para a morfologia no armazenamento e na ativação lexical, afirmando que itens lexicais se relacionam entre si apenas por semelhança fonológica e semântica, e é a esse tipo de semelhança que se reduz o que seria uma associação morfológica entre duas palavras; esses, por sua vez, afirmam que passados irregulares seriam listados separadamente e que passados regulares seriam ativados de maneira composicional. Um modelo inteiramente decomposicional admite um mecanismo que deve distinguir tanto raízes de alomorfes quanto similaridade de identidade. Isto é, nos estágios mais iniciais do processamento lexical, é irrelevante se a raiz se manifesta com flexão regular ou não, uma vez que se trata propriamente da ativação de raiz, e não de alomorfes. Sendo assim, a ativação da forma irregular *taught* (passado irregular do verbo "ensinar", em inglês) ocorreria a partir de um processo que envolveria a ativação da raiz *teach-* (raiz do verbo "ensinar", em inglês) e o morfema funcional que denota o significado gramatical "passado". A relação que justifica facilitação exacerbada entre esses itens, em um experimento de *priming*, seria mais do que uma relação de semelhança; seria ativação da mesma raiz.

A decomposição plena já havia sido sugerida por Taft e Forster (1975), inaugurando as discussões sobre a natureza dos processos envolvidos no reconhecimento lexical. Como vimos, eles argumentavam que haveria um processo obrigatório de decomposição pré-lexical, em que as palavras seriam decompostas em seus morfemas constituintes antes da ativação. O modelo propunha que todos os afixos fossem detectados e retirados da palavra e que o acesso lexical acontecesse a partir da raiz. O reconhecimento de uma palavra envolveria, portanto, três processos distintos: decomposição em raiz e afixos; acesso ao léxico por meio da raiz; retomada da informação contida no prefixo.

Estudos com palavras compostas têm sido destacados como um tipo ideal de teste para contribuir com evidências sobre a segmentação morfológica no reconhecimento lexical, justamente por poder dizer se os efeitos decomposicionais encontrados em inúmeros estudos com palavras derivadas são causados por essa simples identificação e separação de elementos funcionais como prefixos e sufixos. Estudos que analisam esse tipo de formação lexical argumentam que se há efeitos de facilitação por efeito de constituintes em palavras compostas como *teacup* (= xícara de chá; palavra composta do inglês formada pela justaposição das raízes "xícara" e "chá"), isso seria um indicativo de que a segmentação morfológica inicial de fato não é condicionada por um caso de regularidade formal como a presença de afixos. Ao contrário, esses resultados seriam consistentes com a ideia de que há uma prioridade inicial no reconhecimento de palavras em identificar morfemas, mais do que apenas descartar afixos.

Além da transparência semântica e da regularidade, é importante destacar o papel da frequência como um fator determinante na ativação lexical, constituindo um efeito de grande relevância no reconhecimento de palavras. Palavras usadas com frequência são reconhecidas mais rapidamente do que aquelas de baixa frequência. Os autores destacam ainda dois tipos diferentes de índice de frequência, chamando atenção para o fato de que frequência não é um efeito unitário: um deles é a frequência da vizinhança, que pode comprometer resultados experimentais, na medida em que uma palavra de baixa frequência (BF) costuma ter vizinhas de alta frequência (AF). Esse efeito é de ordem sobretudo fonológica, sendo do tipo que aproxima palavras como "camarão" e "macarrão". Outro fator relacionado à frequência é o efeito que contrasta frequência superficial e frequência cumulativa (ou frequência da raiz). Nesse caso, uma palavra de alta frequência pode ter – mais que vizinhos – parentes morfológicos de baixa frequência. Isso pode fazer que o acesso a um item lexical seja determinado não só pela sua própria frequência (frequência superficial), mas também pela frequência dos morfemas presentes no estímulo.

Esses índices podem ser importantes para determinar se o acesso lexical ocorre utilizando a raiz como via principal ou se ele se dá via representação total da palavra. Se forem observados efeitos de frequência cumulativa, esse é um indício em favor de modelos de decomposição plena, que atribuem um papel importante aos morfemas no reconhecimento de palavras. Se, contrastivamente, forem observados efeitos de frequência superficial, esse será um indício em favor de modelos não decomposicionais.

Ao longo de quatro décadas de muito debate, o papel da morfologia se configurou como uma questão importante nos estudos sobre o processamento da linguagem humana. Modelos que querem dar conta do processamento de palavras na mente devem levar em consideração fatores como modalidade do estímulo (visual ou auditivo), direcionalidade (percepção ou produção), tipo de formação da palavra (derivadas, flexionadas ou compostas) e diferentes tipos de frequência de ocorrência.

Desde o trabalho inaugural de Taft e Forster em 1975, evidências em diferentes línguas têm sido reunidas em favor de um sistema de reconhecimento de palavras que leva em conta seus morfemas constituintes. Isso significa dizer que efeitos morfológicos são observados de maneira consistente nos estudos sobre o reconhecimento de palavras. Diferentes estudos já tiveram êxito em dissociar efeitos morfológicos de efeitos fonológicos e semânticos, indicando uma convergência dos resultados em direção aos modelos decomposicionais.

O que eu poderia ler para saber mais?

Aitchison, J. *Words in the mind*: an introduction to the mental lexicon. Oxford: Blackwell, 1987.

Di Sciullo, A. M.; Williams, E. *On the definition of word. Linguistic Inquiry Monographs*. Cambridge, MA: MIT Press, 1987.

Longtin, Catherine-Marie; Segui, Juan; Hallé, Pierre A. Morphological priming without morphological relationship. *Language and Cognitive Processes*, n. 18, 2003, pp. 313-334.

Marslen-Wilson, W. D.; Bozic, M.; Randall, B. Early decomposition in visual word recognition: Dissociating morphology, form, and meaning. *Language & Cognitive Processes*, 2008, n. 23, pp. 394-421.

McQueen, J. M.; Cutler, A. Morphology in word recognition. In: Spencer, A.; Zwicky, A. M. (eds.). *The handbook of morphology*. Oxford: Blackwell Publisher, 1998.

Rastle, Kathleen; Davis, Matthew; New, Boris. The Broth in my Brother's Brothel: Morpho-Orthographic Segmentation in Visual Word Recognition. *Psychonomic Bulletin & Review*, 2004, v. 11, n. 6, pp. 1090-1098.

Taft, M.; Forster, Kenneth I. *Lexical storage and retrieval of prefixed words*. Journal of Verbal Learning and Verbal Behavior, 1975, v. 14, n. 6, pp. 638-647.

Psicolinguística da Aquisição da Linguagem

Cristina Name

O que é Psicolinguística da Aquisição da Linguagem?

Ao acompanharmos o desenvolvimento de uma criança, nos parece muito natural quando ela começa a falar e a entender o que dizemos a ela. Ao mesmo tempo, ficamos sempre maravilhados ao notar, pela primeira vez, que ela nos compreende e produz as primeiras palavras. Não imaginávamos que ela já conhecesse aquelas palavras, entendesse tanta coisa... Isso porque não ensinamos a criança a falar: é um processo que acontece naturalmente, sem necessidade de instrução explícita. Dessa maneira, é mais adequado falarmos em *aquisição*: toda criança *adquire* espontaneamente a língua usada à sua volta nos primeiros anos de sua vida, a menos que tenha algum comprometimento cognitivo que a impeça de desenvolver plenamente essa capacidade. Não importa a modalidade da língua: seja língua oral ou língua de sinais, o processo é o mesmo.

A naturalidade com que uma criança adquire uma língua fica evidente se a compararmos com adolescentes e adultos no processo de aprendizagem de uma segunda língua: precisamos de ensino formal, explícito. Frequentamos escolas, cursos; entramos em contato primeiro com vocabulário e estruturas mais simples, e vamos avançando lentamente em nosso conhecimento da língua. Mesmo quando "mergulhamos" em outra comunidade linguística, *aprendemos* a língua de modo diferente de como uma criança a *adquire*.

Para o behaviorismo, abordagem teórica que se desenvolveu na Psicologia na primeira metade do século XX, tratava-se do mesmo processo; mais do que isso, foi considerado semelhante a qualquer outro tipo de aprendizagem, como andar de bicicleta, por exemplo. Skinner (1957), principal representante do behaviorismo, defendeu que a criança imitaria o adulto, e a língua seria simplesmente um comportamento verbal, *respostas* aprendidas a partir de *estímulos* e *reforço* (positivo ou negativo) recebidos.

Em 1959, Chomsky critica essa visão, chamando a atenção para a especificidade do processo de aquisição da linguagem, que seria decorrente de nossa constituição genética. Chomsky defende uma capacidade linguística inata na espécie humana para explicar o que é conhecido como o "problema de Platão" ou o "argumento da pobreza de estímulo": como a criança adquire um conhecimento da língua que não está explícito nos estímulos linguísticos que ouve, a partir de uma experiência limitada, já que seria inviável ter acesso a todos os enunciados possíveis de serem produzidos naquela língua (Chomsky, 1986).

Essa capacidade inata, inscrita em nosso código genético, depende de amadurecimento ou maturação, como outras funções biológicas, e da inserção do bebê/da criança em uma comunidade linguística para se desenvolver. Lenneberg (1964) comparou a aquisição de uma língua pela criança com nossa capacidade de andar e de aprender a ler/escrever e concluiu que falar e andar são fenômenos biológicos, enquanto aprender a ler e a escrever é cultural. Há culturas ágrafas, sem escrita, mas não há comunidades sem língua.

Lenneberg (1967) também defendeu a hipótese do período crítico: nos primeiros anos de vida, a criança estaria particularmente apta a desenvolver sua capacidade linguística, a adquirir uma ou mais línguas. Exposta naturalmente a enunciados linguísticos, a criança vai paulatinamente identificando as propriedades da(s) língua(s), o vocabulário, criando novas palavras e frases, usando as que ouviu em novos contextos; em outros termos, usando criativamente o conhecimento que adquiriu. Em torno dos 5-6 anos de idade, seu uso da língua é semelhante ao de um adulto. Mas como isso acontece? É o que a Psicolinguística da Aquisição da Linguagem estuda.

Se entendemos Psicolinguística como o estudo dos processos cognitivos envolvidos na aquisição e no uso de uma língua pelas pessoas, a Aquisição da Linguagem, na perspectiva psicolinguística, é concebida como um processo em que habilidades perceptuais e cognitivas desenvolvidas em seus primeiros anos de vida vão permitir à criança reconhecer/identificar as propriedades da língua de sua comunidade e perceber o modo como ela é usada em situações de interação linguística.

O que a Psicolinguística da Aquisição da Linguagem estuda?

Ao estudar a aquisição da linguagem, a Psicolinguística busca responder a algumas questões: quando a aquisição de uma língua começa? O que a criança tem de adquirir – o vocabulário, as estruturas sintáticas, a fonologia, a prosódia da língua? Como, então, ela percebe todas essas características e as apreende? De que maneira ela adquire – que habilidades estão disponíveis no seu aparato perceptual, cognitivo? Qual é o percurso do desenvolvimento linguístico? etc.

Graças a pesquisas desenvolvidas na Psicolinguística, temos evidência de que o feto é capaz de perceber o contorno prosódico dos enunciados produzidos pela mãe e memorizá-lo; de que, com poucos dias de vida, o bebê é sensível a diferenças acústicas entre diferentes consoantes e vogais, entre línguas prosodicamente distintas e entre itens funcionais e itens lexicais; de que, ao longo de seu primeiro ano de vida, é capaz de segmentar a fala em unidades cada vez menores até chegar às palavras, se especializa nos contrastes fonêmicos entres as vogais e as consoantes de sua língua e reconhece o padrão silábico (CV no português) e as combinações mais frequentes de fonemas na sua língua. Estudos sugerem que, em torno de 9 meses, o bebê compreende algumas palavras e, ao final do primeiro ano de vida, produz as primeiras palavras, começando por nomes (substantivos) e, em seguida, verbos. Há evidência, também, de um conhecimento sintático rudimentar em torno de 2 anos, com o reconhecimento da ordem de palavras-padrão da língua (SVO em português) e sua relação com papéis temáticos de agente e paciente. Nesse mesmo período, a criança começa a produzir frases combinando duas palavras (itens lexicais). Entre os 3 e 4 anos, a compreensão e a produção da criança tornam-se cada vez mais complexas, e são frequentes as criações de novas palavras a partir das possibilidades que a morfologia da língua apresenta (p. ex., "eu faz*i*", como em "eu comi"; "um arranh*inho*" para "um arranhão pequenininho"); entre 5-6 anos, demonstra um domínio prosódico, fonológico, lexical, semântico e sintático semelhante ao de um adulto (ver Name, 2011a; Lust, 2006, para revisão).

De modo geral, os estudos psicolinguísticos em Aquisição da Linguagem se fundamentam em teorias linguísticas e em modelos de desenvolvimento e/ou processamento cognitivo. Assim, a título de exemplo, a investigação das propriedades que a criança deve identificar na língua pode se pautar, por exemplo, pela concepção de língua do Programa Minimalista (Chomsky, 1995; Hauser, Chomsky e Fitch, 2002); o modo como a criança mapeia significado a itens do léxico e estruturas pode ser investigado a partir da *Hipótese do Bootstrapping Sintático* (Gleitman, 1990), que deu origem a um modelo de aquisição desencadeada pela sintaxe.

Como estudar algum desses fenômenos usando a Psicolinguística da Aquisição da Linguagem?

Na perspectiva psicolinguística, a pesquisa em Aquisição da Linguagem implica a observação do fenômeno estudado através do método naturalista e/ou do método experimental. No primeiro caso, observam-se manifestações espontâneas da criança em situações rotineiras, naturais, sem interferência deliberada do pesquisador. No segundo caso, cria-se uma situação controlada – uma atividade experimental – na qual serão comparadas duas ou mais condições de observação do comportamento da criança em reação a fatores que podem atuar em um dado fenômeno.

O método naturalista ou ecológico é usado ao se investigar a ocorrência espontânea do fenômeno estudado durante o processo de aquisição de uma língua. Pode ser feita uma observação longitudinal, *i.e.*, com sessões periódicas de observação durante um longo período de tempo, ou transversal, em que as sessões acontecem em diferentes intervalos de tempo. São estudos de caso, realizados com apenas uma ou com poucas crianças, em que se estudam fenômenos diretamente observáveis, como o desenvolvimento fonológico ou a produção da criança. Um exemplo é o famoso estudo de Roger Brown (1973) acompanhando o desenvolvimento linguístico de três crianças, no qual o autor descreve cinco estágios do desenvolvimento linguístico e propõe uma medida do desenvolvimento da linguagem – o MLU (*Mean Length of Utterance*, Extensão Média do Enunciado (EME), em português).

Faz-se uso do método experimental quando se busca evidência de que um ou mais fatores afetam o processamento linguístico, *i.e.*, têm um papel na percepção de propriedades da língua em aquisição, na compreensão ou na produção de enunciados. Parte-se da hipótese de que o fator investigado (chamado *variável independente*) afeta o comportamento da criança diante de estímulos em que esse fator é manipulado. Há diferentes técnicas experimentais e a escolha da técnica decorre do que está sendo investigado e da idade da criança.

Para investigar, por exemplo, se bebês distinguem consoantes vozeadas (/b/) de consoantes desvozeadas (/p/), podemos usar a Técnica de Sucção Não Nutritiva (ver Name e Corrêa, 2006). Essa técnica consiste em apresentar um tipo de estímulo enquanto o bebê chupa uma chupeta ligada a um computador, que registra a taxa de sucção do bebê. Quando a frequência de sucção está estabilizada, apresenta-se ao bebê um novo estímulo, que pode ser igual ou diferente daquele que ele estava ouvindo – p. ex., [pa] e depois outro [pa], produzidos por pessoas diferentes (Condição A), ou [pa] e depois [ba] (Condição B). A atividade é realizada com dois grupos de bebês, sendo cada grupo exposto a uma condição. Comparam-se as médias das taxas de sucção dos bebês ao ouvirem o novo estímulo nas duas condições e, se a taxa média de sucção na mudança para o novo estímulo na Condição B é maior, com uma diferença estatisticamente significativa entre as condições, podemos interpretar essa diferença como evidência de que os bebês perceberam a diferença entre [p] e [b].

Neste exemplo, o fator investigado – a *variável independente* – é o vozeamento, que se manifesta em dois *níveis*: vozeado e desvozeado. Os níveis vão definir as *condições experimentais*: A – estímulos com mesmo tipo de vozeamento; B – estímulos com diferentes tipos de vozeamento. Verifica-se se a variável independente afeta a taxa de sucção do bebê – a *variável dependente* –, *i.e.*, se há um efeito da manipulação do fator vozeamento no comportamento do bebê. Se a hipótese de trabalho é que a diferença de vozeamento é percebida pelo bebê, a previsão será, então, que os bebês vão ter uma taxa de sucção maior na troca de um estímulo de um tipo (vozeado) para outro tipo (desvozeado) do que na troca por estímulos de mesmo tipo (ambos vozeados ou ambos desvozeados). Os resultados são analisados estatisticamente, e se há uma diferença significativa (quando se obtém $p \leq 0.05$), pode-se *rejeitar a hipótese nula*: neste exemplo, a hipótese que a diferença de vozeamento *não* é percebida pelo bebê.

Um experimento semelhante foi realizado por Eimas e colaboradores (1971). Os autores queriam verificar se bebês americanos de quatro meses são capazes de perceber essas consoantes como categorias distintas, como fazem os adultos. A diferença entre [b] e [p] é o vozeamento: a primeira consoante é vozeada, pois há vibração das cordas vocais na sua produção, enquanto a segunda é desvozeada. Quando produzimos essas consoantes, a vibração pode variar, começando mais próxima ou mais distante do início da articulação da consoante (mais precisamente, da explosão inicial), como se produzíssemos [b] com menos voz (a vibração está mais distante do início da explosão) e [p] com algum vozeamento (com uma vibração próxima da explosão). A questão é que, apesar das variações de produção, os adultos percebem – categorizam – os primeiros como /b/ se o tempo decorrido entre a vibração das cordas vocais e o início da explosão do som não ultrapassar 25ms; caso contrário, serão percebidos como elementos da categoria /p/. Os pesquisadores, então, manipularam os estímulos, variando a distância entre o vozeamento e o início de explosão da consoante (VOT em inglês: *Voice Onset Time*). Os bebês foram divididos em três grupos distintos e apresentados a pares de estímulos diferentes. Nos gráficos a seguir, podemos perceber a reação diferente dos bebês em função do estímulo ouvido.

Gráfico 1 – Gráficos com a taxa média de sucção por condição

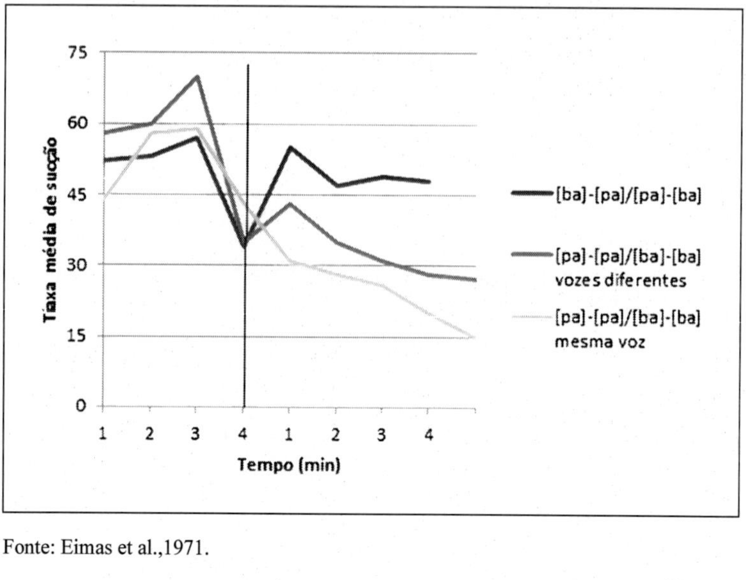

Fonte: Eimas et al.,1971.

A linha vertical marca o momento da troca de um estímulo para outro. O gráfico à esquerda mostra a taxa média de sucção de bebês que ouviram estímulos com VOT que variavam entre duas categorias ([pa] – [ba] ou [ba] – [pa]). Observamos que, depois de quatro minutos ouvindo o primeiro estímulo, a taxa de sucção cai, provavelmente em razão da habituação àquele som. Mas, ao ouvirem o novo som, os bebês voltam a sugar a chupeta rapidamente e assim permanecem. Isso sugere que eles foram sensíveis à diferença de VOT entre os estímulos, já que não houve nenhuma outra diferença senão essa. O gráfico central apresenta a reação dos bebês que ouviram estímulos com variações de VOT dentro da mesma categoria ([pa] – [pa] ou [ba] – [ba]). Vemos que há um pequeno aumento da velocidade quando começam a ouvir o segundo estímulo, mas ela cai rapidamente, indicando desinteresse do bebê pelo estímulo conhecido (embora diferente). O gráfico à direita mostra o comportamento do grupo controle, que ouviu exatamente o mesmo estímulo no primeiro e no segundo momentos. Vemos que a taxa de sucção continua decrescendo após a mudança, não havendo reação dos bebês à apresentação do estímulo já familiar. Juntos, os resultados dos três grupos de bebês são uma evidência de percepção categorial, *i.e.*, de tratamento de estímulos com variação de VOT em dois fonemas distintos.

Dois pontos devem ser destacados para entendermos o uso do método experimental: primeiro, a percepção dos bebês às diferenças entre os estímulos e sua capacidade de categorização não podem ser verificadas diretamente. Por isso, usamos uma técnica experimental para que possamos observar essas habilidades indiretamente, através do comportamento do bebê. O outro ponto é que a técnica tem de ser adequada à faixa etária da criança. Bebês de quatro meses não falam, não apontam para imagens... Chupar a chupeta é uma *tarefa* adequada a essa idade e a variação no ritmo de sucção pode ser um índice de percepção do bebê a uma mudança no ambiente.

Poderia me dar um exemplo?

Ilustraremos o estudo psicolinguístico da Aquisição da Linguagem com uma pesquisa desenvolvida no Núcleo de Estudos em Aquisição da Linguagem e Psicolinguística (Nealp) da UFJF. Investigamos o papel da prosódia na Aquisição da Linguagem.[1] A fala é organizada em constituintes prosódicos organizados hierarquicamente e há uma relação, ainda que imperfeita, entre constituintes prosódicos e constituintes morfológicos e sintáticos (Nespor e Vogel, 1986).

Figura 1 – Domínios prosódicos

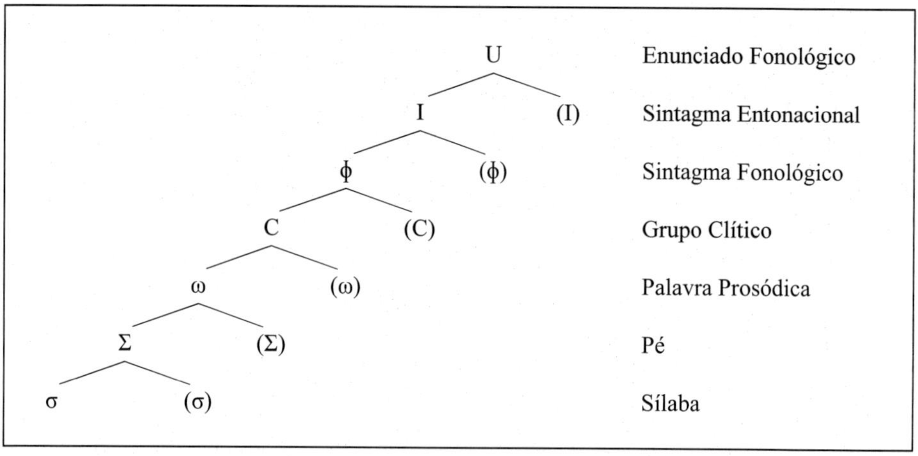

Fonte: Nespor e Vogel, 1986, apud Bisol, 2001.

Na figura 1, vemos que o nível mais alto na hierarquia prosódica é o enunciado fonológico. Em seguida, temos o sintagma entoacional e o sintagma fonológico, níveis em que se estabelece a interface entre prosódia e sintaxe. Dizemos que a relação entre prosódia e sintaxe não é perfeita porque a fronteira de sintagma fonológico sinaliza uma fronteira de constituinte sintático, mas nem sempre uma fronteira sintática coincide com uma fronteira prosódica. De toda forma, as pistas de fronteiras prosódicas podem auxiliar o bebê a segmentar o fluxo de fala em unidades menores e facilitar o reconhecimento de domínios sintáticos.

O sintagma entoacional (I) se constitui por um ou mais sintagmas fonológicos, é formado por contorno entoacional e seu fim coincide com posições em que pausas podem ser inseridas. Esse constituinte prosódico pode sofrer processos de reestruturação, determinados por fatores como o tamanho da frase, a velocidade da fala, o estilo do falante e a proeminência relativa. O padrão entoacional também é considerado na caracterização do sintagma entoacional (Pierrehumbert, 1980; Ladd, 2008), com eventos tonais, precisamente, tons de fronteira marcando seus limites.

Assumimos, de acordo com a Hipótese do *Bootstrapping* Prosódico (Morgan e Demuth, 1996; Christophe et al., 1997; 2008), que as propriedades acústicas do sinal de fala podem sinalizar propriedades morfológicas e sintáticas e, portanto, a análise acústica dos enunciados facilita a aquisição da língua pelo bebê. Se o bebê é sensível a marcadores acústicos de fronteiras de sintagma entoacional, pode usá-los como pista para segmentar os enunciados em unidades sintáticas. Na literatura, há evidência dessa sensibilidade em bebês adquirindo outras línguas; investigamos se bebês brasileiros também são capazes de identificar as pistas delimitadoras de fronteira de sintagma entoacional no português brasileiro (PB).

Desenvolvemos um experimento usando a Técnica de Olhar Preferencial (*Visual Fixation Procedure*, Cooper e Aslin, 1990, ver Name, 2012). Nessa técnica, o bebê é habituado a um tipo de estímulo durante certo tempo na fase de *Familiarização* (ou *Habituação*) e, na fase de *Teste*, é exposto a estímulos compatíveis com o que ouviu na fase anterior (*condição congruente*) ou não (*condição incongruente*). A ideia é que o bebê reage se percebe diferença entre os estímulos apresentados, escutando mais tempo os estímulos de sua preferência. Os estímulos auditivos são apresentados acompanhados de um estímulo visual, que é sempre o mesmo em todas as fases, apresentado na tela em frente ao bebê. Enquanto ele estiver olhando para a tela, o som é emitido; se desviar a cabeça da direção do som/da tela por mais de 2 segundos, o som para e um novo estímulo começa (semelhante ou diferente do que foi ouvido anteriormente). A variável dependente, portanto, é o tempo de escuta/olhar.

Mas como investigar a sensibilidade de bebês à fronteira de sintagma entoacional? Partimos de trabalhos com adultos (Alves, 2010; Alves e Name, 2010; Christophe et al., 2004) e criamos duas situações: uma em que a fronteira prosódica coincidia com uma palavra e outra em que a fronteira prosódica "caía" no meio da palavra. Um grupo de bebês ouviu na Familiarização, durante dois minutos, a palavra *BARCO* em diferentes contornos prosódicos. O outro grupo ouviu durante o mesmo tempo a palavra *BAR*. Na fase de teste, os dois grupos ouviram os mesmos estímulos – sentenças como as dos exemplos a seguir:

Condição BARCO (I): [A sócia do nosso **BARCO**] **I** [fechou contrato com turistas]. Condição BAR (I) CO: [A sócia do nosso **BAR**] **I** [**co**chila durante o trabalho].

Na primeira sentença, a palavra *BARCO* aparece imediatamente antes da fronteira de sintagma entoacional; na segunda, é a palavra *BAR* que antecede a fronteira, mas o verbo que a sucede começa com a sílaba **co**-, de modo que *BARCO* está virtualmente presente na frase, se a fronteira de sintagma entoacional não for percebida. A variável independente *fronteira de sintagma entoacional* é manipulada na sua posição, levando a duas condições. Nossa hipótese de trabalho é que o bebê é sensível às pistas acústicas que sinalizam uma fronteira de sintagma entoacional. Assim, tínhamos previsões diferentes sobre o comportamento dos bebês em função da Familiarização. Os bebês familiarizados com *BARCO* reconheceriam essa palavra nas sentenças da condição BARCO, havendo diferença estatisticamente significativa entre os tempos médios de olhar/escuta das duas condições. Isso porque as pistas da fronteira de I seriam fortes o suficiente para impedir que o bebê identificasse *BARCO* na condição em que a palavra estaria presente apenas virtualmente (condição BAR). Os bebês familiarizados com *BAR* poderiam reconhecer essa palavra nas duas condições, pois essa sílaba é anterior à fronteira de I em ambos os tipos de sentença (*BAR* e *BARCO*) e não tem o seu reconhecimento bloqueado em nenhum deles (seriam o grupo controle).

Os estímulos foram gravados por uma falante nativa do PB evocando a fala dirigida à criança (FDC). A análise acústica das frases do teste revelou presença de pausas (com média de duração de 260ms) em todas as fronteiras de I analisadas, alongamento da sílaba tônica pré-fronteira, tom de fronteira baixo (L%) e elevação da curva de frequência fundamental pós-fronteira. A duração da sílaba *bar* também foi medida e a média do tempo de duração da sílaba *bar* como palavra isolada foi maior do que a média do tempo de duração de *bar*- como primeira sílaba de *BARCO*. Essa diferença decorre da concentração de informações prosódias em *BAR* como palavra, uma vez que, além se der portador do acento tonal, o vocábulo carrega o tom de fronteira.

Dezesseis bebês brasileiros de 13 meses (idade média) foram testados, divididos em dois grupos (familiarizados com *bar* ou com *barco*). Os tempos médios de reação (em segundos) dos bebês de cada grupo podem ser vistos no gráfico a seguir.

Gráfico 2 – Média dos tempos de reação (em segundos) dos dois grupos nas condições congruente e incongruente

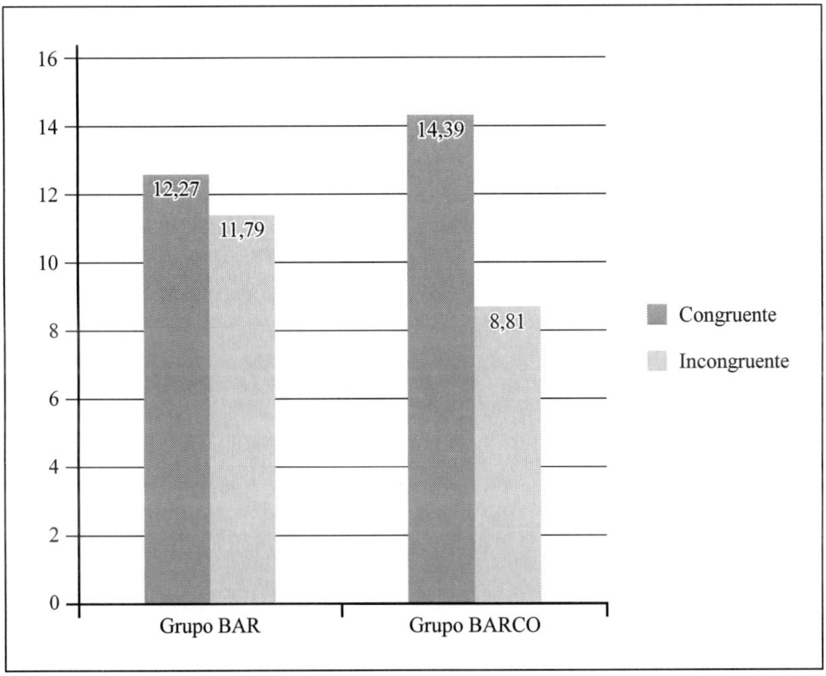

Os bebês familiarizados com BARCO escutaram mais tempo as frases contendo essa palavra (14,39s) do que as frases com as duas sílabas separadas por fronteira de I (... O BAR] I [COmeça...) (8,81s). Já os bebês familiarizados com BAR não apresentaram preferência de escuta por um tipo ou outro de frases, como esperado (12,27s *vs.* 11,79s).

Os dados foram submetidos a ANOVA de medidas repetidas com design fatorial 2 x 2. Os fatores verificados foram: Categoria (congruente *versus* incongruente) como fator intrassujeitos e Familiarização (Bar *versus* Barco) como fator dentre sujeitos. Houve um efeito principal de Categoria: $F(1, 14) = 11,3$, $p = 0.0046$. Não houve efeito significativo do fator Familiarização: $F(1,14) = 0,076$, $p = 0.787468$. Ainda, a interação entre os fatores foi significativa ($F(1,14) = 7,95$, $p < 0.013$).

Foram realizadas, ainda, análises estatísticas por grupo (teste-t). No grupo BARCO, foi encontrada diferença estatisticamente significativa entre as médias de tempo de escuta/olhar das duas condições ($t(7) = 5,63$ $p = 0.0008$). Ao analisarmos as médias dos tempos de reação por bebê, observamos que todos os bebês desse grupo preferiram ouvir a condição congruente. Bebês familiarizados com a palavra BAR preferiram ouvir sentenças da condição BAR, mas a diferença entre as médias das duas condições não foi significativa (t(7) = 0,32 p = 0.7559). Quando observamos os tempos de reação por bebê, notamos que metade deles preferiu ouvir sentenças congruentes (BAR) e metade preferiu ouvir as sentenças incongruentes (BARCO).

Os resultados do experimento sugerem que as propriedades prosódicas sinalizadoras de fronteira de I foram fortes o suficiente para impedir que os bebês do grupo BARCO reconhecessem essa palavra nas sentenças em que sua presença era apenas "virtual", *i.e.*, na condição em que as sílabas *bar* e *co* estavam separadas por uma fronteira de I. Esses resultados sugerem que bebês de 13 meses adquirindo o PB são sensíveis a tais propriedades, utilizando-as como pistas para a segmentação do fluxo da fala.

Quais são as grandes linhas de investigação?

São muitos os temas de interesse em Aquisição da Linguagem na perspectiva da Psicolinguística. Aquisição da fonologia e aquisição da sintaxe são grandes áreas com um conjunto expressivo de pesquisas já desenvolvidas, mas que continuam produtivas, nos cenários mundial e brasileiro. Observa-se um aumento de pesquisas nas interfaces entre níveis linguísticos (prosódia-sintaxe, prosódia-sintaxe-semântica), assim como entre domínio linguístico e outros domínios cognitivos (cognição numérica, espacial, Teoria da Mente etc.). Em termos mais amplos, o papel da interação e de habilidades sociais e pragmáticas no processo de aquisição tem sido revisitado, despertando grande interesse.

Nota

1 O estudo apresentado faz parte da dissertação de mestrado de Ícaro Oliveira Silva (2014). A dissertação foi desenvolvida no âmbito de projetos de pesquisa coordenados pela autora do capítulo, apoiados pelo CNPq (Processos nºs. 485171/2012-0 e 401510/2010-7) e aprovados pelo Comitê de Ética em Pesquisa/UFJF (Pareceres no. 254.263/2013 e 100/2011, respectivamente).

O que eu poderia ler para saber mais?

A Aquisição da Linguagem é uma importante área da Psicolinguística no Brasil, com uma produção bibliográfica significativa. Destaquem-se as pesquisas desenvolvidas pelas professoras Leonor Scliar-Cabral (http://buscatextual.cnpq.br/buscatextual/visualizacv.do?id=K4781530E6), Ester Scarpa (http://buscatextual.cnpq.br/buscatextual/visualizacv.do?id=K4787114D1), Letícia Sicuro Corrêa (http://buscatextual.cnpq.br/buscatextual/visualizacv.do?id=K4783549D3) e, particularmente sobre aquisição fonológica, Regina Lamprecht (http://buscatextual.cnpq.br/buscatextual/visualizacv.do?id=K4728488T6) e Carmen Matzenauer (http://buscatextual.cnpq.br/buscatextual/visualizacv.do?id=K4793259H1). O leitor também deve procurar no *site* do Grupo de Trabalho (GT) de Psicolinguística da Anpoll (Associação Nacional de Pós-Graduação em Linguística e Letras) referências de outros pesquisadores brasileiros da área e informações sobre suas pesquisas.

Além das referências citadas ao longo deste capítulo e de outras sugestões de leitura, listadas a seguir, selecionamos *sites* de alguns laboratórios de pesquisa psicolinguística em Aquisição da Linguagem:

ALVES, D. P. *Pistas prosódicas no acesso lexical on-line de falantes adultos do português brasileiro*. Juiz de Fora, 2010. Dissertação (Mestrado) – Universidade Federal de Juiz de Fora.

______.; NAME, M. C. Prosodic boundaries facilitate lexical access. In: FRANÇA, Aniela Improta; MAIA, Marcus. (orgs.). *Papers in Psycholinguistics*. Rio de Janeiro: Imprinta, 2010, v. 1, pp. 336-340.

Bisol, L. Os constituintes prosódicos. In: BISOL, L. (org.). *Introdução a estudos de fonologia do português brasileiro*. 3. ed. Porto Alegre: Editora da Pucrs, 2001, pp. 113-130.

BROWN, R. *A First Language*. Cambridge, MA: Harvard University Press, 1973.

CAVALCANTE, M. C. B. *Da voz à língua*: a prosódia materna e o deslocamento do sujeito na fala dirigida ao bebê. Campinas, 1999. Tese (Doutorado) – Universidade Estadual de Campinas.

______.; BARROS, A. T. M. C. *Manhês*: qualidade vocal e deslocamento na dialogia mãe-bebê. *Veredas*, n. especial, pp. 25-39, 2012.

CHOMSKY, N. "Review of B. F. Skinner's 'Verbal Behavior'." *Language* v. 35, n. 1, pp. 26-58, 1959.

______. *Knowledge of Language*: Its Nature, Origin and Use. New York: Praeger Publishers, 1986.

______. *The Minimalist Program*. Cambridge: MIT Press, 1995.

CHRISTOPHE, A. et al. Reflections on phonological bootstrapping: its role for lexical and syntactic acquisition. *Language and Cognitive Processes*, v. 12, n. 5/6, pp. 585-612, 1997.

______.; et al. Phonological phrase boundaries constrain lexical access: I – Adult data. *Journal of memory and language*, v. 51, pp. 523-547, 2004.

______.; et.al. Bootstrapping Lexical and Syntactic Acquisition. *Language and speech*, v. 51, n. 1-2, pp. 61-75, 2008.

COOPER, R. P.; ASLIN, R. N. Preference for infant-directed speech in the first month after birth. *Child Development*, v. 61, n. 5, pp. 1584-1595, 1990.

CORRÊA, L. M. S. O desencadeamento (bootstrapping) da sintaxe numa abordagem psicolinguística. In: QUADROS, R. M. *Teorias de aquisição da linguagem*. Florianópolis: Ed. da UFSC, 2008, pp. 169-220.

______. Aquisição e processamento da linguagem: uma abordagem integrada sob a ótica minimalista. *Gragoatá*, UFF, v. 30, n. 1, pp. 55-7, 2011.

______.; AUGUSTO, M. R. A. A Aquisição da Linguagem no Arcabouço Minimalista sob uma Perspectiva Psicolinguística. In: FERRARI-NETO, J.; SILVA, C. R. T. (orgs.). *Programa minimalista em foco*: princípios e debates. Curitiba: CRV, 2012, pp. 271-295.

EIMAS, P. et al. Speech Perception in Infants. *Science*, v. 171, pp. 303-306, 1971.

GERKEN, L. Phonological and distributional cues to syntax acquisition. In: MORGAN, J.; DEMUTH, K. (eds.). *Signal to syntax*: bootstrapping from speech to grammar in early acquisition. Mahwah: Lawrence Erlbaum Associates Inc., 1996, pp. 411-425.

GLEITMAN, L. The structural sources of verb meanings. *Language Acquisition*, v. 1, pp. 3-55, 1990.

GOUT, A.; CHRISTOPHE, A. O papel do bootstrapping prosódico na aquisição da sintaxe e do léxico. In: CORRÊA, L. M. S. (org.). *Aquisição da linguagem e problemas do desenvolvimento linguístico*. Rio de Janeiro: Ed. PUC-Rio; São Paulo: Loyola, 2006, pp. 103-127.

HAUSER, M.; CHOMSKY, N.; FITCH, W. T. The Faculty of language: what is it, who has it, and how did it evolve? *Science*, 298, pp. 1569-1579, 2002.

JUSCZYK, P. W. *The discovery of the spoken language*. Cambridge: MIT Press, 1997.

LADD, D. R. *Intonational Phonology*. Cambridge: Cambridge University Press, 2008.

LENNEBERG, E. The Capacity for Language Acquisition. In: FODOR, J.; KATZ, J. (eds.). *The Structure of Language*. Englewood Cliffs, NJ: Prentice Hall Inc., 1964.

______. *Biological Foundations of Language*. New York: J. Wiley and Sons, 1967.

LUST, B. *Child Language Acquisition and Growth*. Cambridge: Cambridge Univ. Press, 2006.

MORGAN, J. L.; DEMUTH, K. Signal to syntax: An overview. In: MORGAN, J. L.; DEMUTH, K. (eds.). *Signal to syntax*: Bootstrapping from speech to grammar in early acquisition. Mahwah, NJ: Lawrence Erlbaum Associates Inc., 1996, pp. 1-22.

NAME, M. C.; CORRÊA, L. M. S. Explorando a escuta, o olhar e o processamento sintático: metodologia experimental para o estudo da aquisição da língua materna em fase inicial. In: CORRÊA, L. M. S. (org.). *Aquisição da Linguagem e problemas do desenvolvimento linguístico*. Rio de Janeiro: Ed. PUC-Rio; São Paulo: Loyola, 2006, pp. 79-100.

______. Aquisição da linguagem sob a ótica do processamento. In: CAVALCANTE, M.; DE FARIA, E.; LEITÃO, M. (orgs.). *Aquisição da linguagem e processamento linguístico* – perspectivas teóricas e aplicadas. João Pessoa: Ideia/Ed. Universitária,. 2011a, pp.173-196.

______. Descobrindo novas palavras no fluxo da fala: o impacto da prosódia na aquisição lexical. *Gragoatá*, UFF, v. 30, pp. 77-88, 2011b.

______. O que nos dizem os resultados experimentais sobre a percepção da fala pelo bebê. *Veredas*, n. especial, pp. 282-295, 2012.

NESPOR, M.; VOGEL, I. *Prosodic Phonology*: with a new foreword. Dordrecht-Holland: Foris Publications, 1986.

PIERREHUMBERT, J. *The phonology and phonetics of English intonation*. PhD Thesis. Massachussets: MIT, 1980.

SCARPA, E.; FERNANDES-SVARTMAN, F. Entoação e léxico inicial. *Veredas*, n. especial, pp. 40-54, 2012.

SILVA, I. O. *A sensibilidade de bebês brasileiros a fronteiras de sintagma entoacional*: a prosódia nas fases iniciais da aquisição da linguagem. Juiz de Fora, 2014. Dissertação (Mestrado). Universidade Federal de Juiz de Fora.

SKINNER, B. F. *Verbal behavior*. Acton, MA: Copley Publishing Group, 1957.

Sites

https://sites.google.com/site/anpollgtpsicolinguistica/
http://www.lapal.letras.puc-rio.br/
http://www.ufjf.br/nealp/
http://www.lscp.net/BabyWeb/
http://www.tpsycho.uqam.ca/nun/D_pages_Profs/D_GRL/
http://infantstudies.psych.ubc.ca/

Produção da Linguagem

Erica dos Santos Rodrigues

O que é Produção da Linguagem?

Produção da Linguagem é um processo altamente complexo, que ocorre de forma automática, podendo se dar num ritmo de duas a três palavras por segundo. Na vida cotidiana, contudo, em geral só nos damos conta da complexidade desse processo quando o sistema falha, originando lapsos dos mais variados tipos, que podem envolver desde unidades fônicas, em trocas semelhantes às induzidas em brincadeiras de trava-língua como em *Prata o vidro* para *Parta o vidro* (N85),[1] até elementos da morfossintaxe, como nos chamados "erros de concordância" – por exemplo, em *O estudo dos lapsos de fala geraram...*; ou mesmo trocas de ordem semântica como a que se observa no sintagma *perdas e danos*, quando o falante desejava dizer *perdas e ganhos*.

A análise desses lapsos, bem como resultados de experimentos, têm permitido a construção de modelos psicolinguísticos acerca do tipo de representação e dos processos mentais envolvidos na produção da fala. A seguir, será apresentado um esquema da Produção da Linguagem segundo uma abordagem de caráter serial, em que cada componente atua de modo independente, sendo o resultado do processamento de um nível encaminhado ao nível seguinte.

Figura 1 – Arquitetura funcional do sistema de Produção da Linguagem

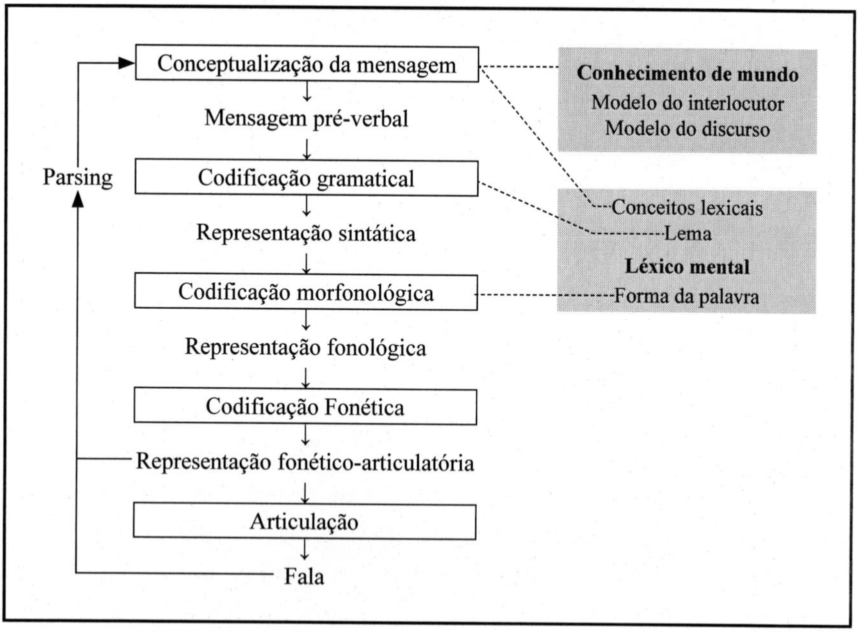

Para termos uma ideia mais concreta do processo de produção, vamos imaginar uma situação em que alguém deseja comunicar que *o pai de x deu um carro novo para x*. No nível da mensagem, o conteúdo a ser expresso precisa ser estruturado em algum formato específico, por exemplo, uma representação de natureza proposicional. Além de informação relativa ao tipo de ação e ao número de elementos envolvidos (o objeto *carro* e dois personagens – *o pai* e *o filho*), será necessário especificar o papel temático de cada elemento: o *carro* seria o tema; *o pai*, o agente; *o filho*, o beneficiário. Isso, contudo, ainda não é suficiente; será preciso definir a perspectiva a partir da qual a situação será apresentada, o que terá implicações para etapas posteriores como a da seleção lexical e a de codificação gramatical. No exemplo em questão, pode-se tanto apresentar a situação a partir da perspectiva do pai – *O pai deu um carro novo para o filho* – ou da perspectiva do filho – *O filho ganhou um carro novo do pai.*

O resultado do processamento nesse nível – uma mensagem pré-verbal – será então submetido à formulação linguística propriamente dita. Nessa fase é realizada uma busca no léxico mental – nossa memória para palavras – para selecionar os itens que correspondam aos conceitos que se deseja expressar. Segundo o modelo de Levelt, Roelofs e Meyer (1999), a representação de uma palavra envolve três camadas distintas: uma camada associada ao conceito; outra associada à informação de natureza gramatical, chamada de lema (por exemplo, se é um substantivo ou um verbo, qual o gênero da palavra, número etc.); e uma terceira associada à forma da palavra. Os lemas selecionados a partir de informação conceitual serão, então, utilizados na montagem das estruturas sintáticas que irão organizar hierarquicamente o material linguístico. Ao processo de construção sintática das sentenças dá-se o nome de codificação gramatical (Levelt, 1989; Bock e Levelt, 1994), a qual tem sido caracterizada em termos de dois estágios – o processamento funcional, em que algo equivalente a papel gramatical/função sintática é especificado, e o processamento posicional, em que é definida a ordenação linear dos constituintes.

O resultado da codificação gramatical é uma representação sintática que será codificada morfofonologicamente. Nesse momento, informação relativa à forma das palavras pode ser incorporada à estrutura em construção, o que irá permitir a geração de uma representação fonológica correspondente, com vistas à posterior construção de uma representação fonética e à articulação propriamente dita do enunciado.

Considerando que o falante é também ouvinte de sua própria fala, é necessário postular um sistema de automonitoramento, que permite ao produtor verificar se o resultado do processo de formulação é consistente com suas próprias intenções de fala. Uma possibilidade é considerar que o próprio sistema de compreensão executa esse papel. De acordo com Levelt (1989), o sistema de compreensão pode ter acesso tanto ao produto da codificação fonética quanto ao produto final, à fala aberta.

Ao longo deste capítulo, vamos examinar em mais detalhes os componentes e tipos de operações realizadas em cada etapa. Veremos também métodos e técnicas experimentais que têm sido usados nas pesquisas sobre a produção da linguagem e as principais linhas de investigação nessa área de estudo. Ao final, iremos sugerir leituras adicionais, para aprofundamento em questões específicas abordadas neste capítulo.

O que a Produção da Linguagem estuda?

Nesta seção, veremos alguns fenômenos que têm sido investigados por pesquisadores da área. Serão comentados exemplos relacionados aos três principais componentes do sistema de produção.

No que tange ao componente da conceptualização da mensagem, questões relativas à natureza das representações geradas e à incrementalidade na passagem deste nível para o seguinte são tópicos importantes de pesquisa. Em relação ao tipo de representação, discute-se, por exemplo, se a forma como a mensagem é concebida é ou não influenciada pela língua em que esta será codificada. Repare-se que não se trata de ressuscitar uma versão forte da hipótese whorfiana acerca da relação entre linguagem e pensamento, mas, sim, de discutir se existiria um pensamento para falar – *thinking for speaking* (Slobin, 1996) –, o qual seria diferente de outros tipos de pensamento, voltados para outras finalidades. Essa discussão ultrapassa as fronteiras da Psicolinguística e interessa também aos psicólogos cognitivos e filósofos da mente.

Acerca do curso temporal na passagem de informação do componente conceptual para o da codificação gramatical, discute-se se a formulação linguística propriamente dita poderia ou não ter início antes de uma representação completa de natureza conceptual ter sido construída. Discutiremos esse tópico na seção "Poderia me dar um exemplo?".

A questão da incrementalidade também é debatida quando se considera a passagem de informações do nível da codificação gramatical para o da codificação morfofonológica, havendo autores que sugerem ser o processo moderadamente incremental – isto é, a informação só seria encaminhada para o nível seguinte quando uma relação sintática entre sujeito e verbo tivesse sido estabelecida (Ferreira, 2000).

Outro tópico de investigação diz respeito ao modo como se dá a construção de estrutura sintática. É possível identificar na literatura duas classes de modelo – modelos de orientação lexical, em que a construção da estrutura sintática é lexicalmente guiada, e modelos segundo os quais a estrutura sintática independente de informação lexical específica.

Levelt (1989) e Bock e Levelt (1994) assumem o modelo de gramática de Kempen e Hoenkamp (1987) e propõem que a construção da estrutura sintática se daria a partir de operações de unificação de informações codificadas nos lemas selecionados durante a codificação gramatical. Ferreira (2000), por sua vez, trabalha com a ideia de unificação, mas a partir do formalismo conhecido como Tree-Adjoining Grammar (Joshi e Schabes, 1997), segundo o qual palavras de conteúdo conteriam árvores elementares (espécies de *frames* sintáticos), que seriam unificadas a partir de operações de substituição e adjunção. Assim, por exemplo, uma árvore de um verbo como "ler" teria uma posição para o complemento verbal e especificaria uma projeção para a flexão (IP) e para o complementizador acima da flexão (CP).

Tais modelos diferem de abordagens em que a estrutura sintática não está especificada nos itens lexicais em si, mas esses são acoplados à árvore sintática. Uma proposta como a de Yngve (1960), citado por Bock e Levelt (1994), segue essa orientação. O autor concebe um modelo de geração de sentenças em que as estruturas sintagmáticas são construídas de modo *top-down* (descendente), da esquerda para a direita, a partir de um algoritmo baseado em regras, e com a inserção de itens lexicais.

O modo como se realiza a concordância entre sujeito e verbo também tem atraído a atenção dos pesquisadores. Examina-se a interferência de fatores semânticos, sintáticos, morfológicos e fonológicos no processamento da concordância. O objetivo é verificar se a informação não sintática pode afetar a operação da concordância, o que pode trazer elementos para uma discussão relativa a abordagens modulares *vs.* interativas no processamento sintático (ver Rodrigues, 2006).

Em relação ao momento da codificação morfofonológica, interessa aos pesquisadores identificar quais as unidades de processamento desse nível e quais os passos envolvidos nessa etapa da produção. Resultados de análises de lapsos bem como trabalhos experimentais demonstram que os falantes geram formas fonológicas a partir da recuperação de segmentos individuais (correspondentes a fonemas) e do posicionamento destes em estruturas métricas, as quais são recuperadas em paralelo aos segmentos. Após esse passo, ocorre o processo de codificação fonética, com vistas à articulação da palavra (Levelt, Roelofs e Meyer, 1999).

Como estudar alguns desses fenômenos usando a Produção da Linguagem?

A investigação experimental dos processos envolvidos na produção da linguagem tem se apresentado como um desafio de natureza metodológica para os psicolinguistas. Diferentemente do que ocorre nas pesquisas em compreensão, no estudo da produção não se tem acesso direto ao ponto de partida do processo, o que dificulta o controle e a manipulação de variáveis na condução de experimentos (Rodrigues, 2009).

Diante desse cenário, é possível entender o papel que os lapsos de fala tiveram na construção dos primeiros modelos acerca da produção da linguagem.[2] Os lapsos de fala fornecem pistas acerca do tipo de representação e dos processos envolvidos na produção da fala. Trocas de palavras – "Onde está o dinossauro?" (Alvo: "Onde está o dicionário?") e fusões (espectagnífico, fusão de espectacular com magnífico, N67) podem ser informativos sobre o modo como as palavras estão representadas e são acessadas no léxico mental; lapsos em que apenas determinados tipos de morfema trocam de posição – "você caixou a guarda?" (Alvo: "Onde você guardou a caixa?") podem esclarecer como informação lexical e gramatical são inseridas na estrutura sintática etc.

Além dos lapsos de fala, disfluências também são relevantes fontes de informação sobre o processamento linguístico. As disfluências dizem respeito às situações em que a fala fluente é interrompida por pausas, hesitações, estruturas sintáticas incompletas, repetições de unidades linguísticas etc.

Os pesquisadores têm procurado caracterizar os diferentes tipos de disfluência, os pontos do enunciado em que ocorrem, os processos em que os diferentes tipos de interrupção estão envolvidos. Verifica-se, por exemplo, que há um maior número de disfluências antes da introdução de referentes novos no discurso (Arnold et al., 2003), que determinados elementos preenchedores de pausa, como *uhm*, *eh*, variam em função do processo de que a pausa é indicativa (por ex., planejamento de fala ou monitoração/revisão de enunciado produzido) etc. (Clark e Fox Tree, 2002).

O problema de se trabalhar exclusivamente com dados de produção espontânea é que os fenômenos que se deseja investigar podem ocorrer em número pouco expressivo no *corpus* considerado. Além disso, há situações em que é difícil isolar o fator que determinou um dado erro ou uma pausa. Por exemplo: Em "Pranto, não chores" (Alvo: "Pronto, não chores" (N117)), tanto similaridade fônica entre "pronto" e "pranto" como proximidade semântica entre "pranto" e o verbo "chores" poderiam explicar o lapso.

Entre os paradigmas experimentais mais comumente empregados na área, tem-se o de produção induzida de erros. A técnica Spoonerisms of Laboratory Induced Predisposition (SLIP) é uma expressão desse paradigma e é usada na investigação de processos fonológicos.[3] Apresentam-se ao participante, na tela de um computador, pares de palavras como *bash door*; *bean deck*; *bell dark*, seguidos de um item em que os sons iniciais das palavras do par aparecem em ordem trocada em relação aos itens previamente vistos – *darn bore*. A tarefa do participante consiste em repetir o último par ouvido, o que, em geral, tem como resultado a produção de um lapso (*barn dore*), dada a interferência provocada pelo padrão dos sons iniciais dos pares anteriores.

No estudo da concordância também se faz uso de procedimento de indução de lapsos. A técnica consiste na apresentação prévia de preâmbulos que deverão ser empregados na posição de sujeito de uma sentença a ser construída. A continuidade da sentença pode ser livre, ou podem ser indicados verbos ou adjetivos (reais ou pseudopalavras) com os quais o preâmbulo deverá ser combinado (Rodrigues, 2006).

Figura 2 – Representação esquemática de experimento de produção induzida de lapsos

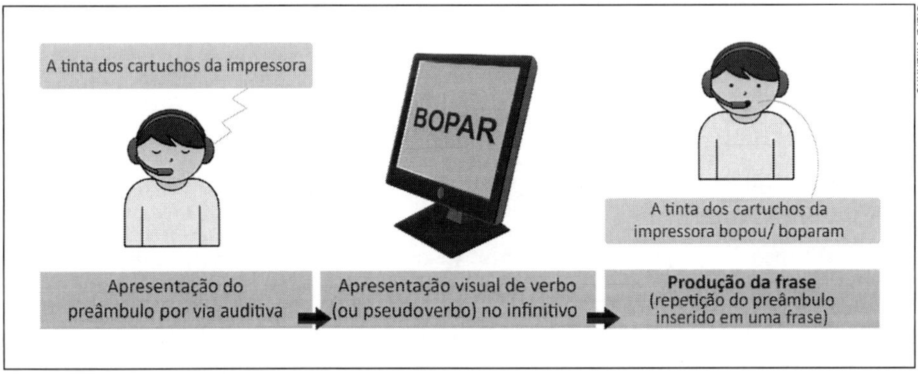

Clara Villarinho

Outro procedimento experimental bastante adotado envolve a nomeação de imagens ou a descrição de figuras. A vantagem desse tipo de técnica é que o experimentador pode restringir o conteúdo do que será produzido, sem prover, contudo, uma forma linguística prévia. A seleção dos estímulos visuais irá depender do que se deseja investigar. Por exemplo, podem ser manipulados elementos da cena, com vistas a verificar efeitos de animacidade, de pluralidade etc.

É bastante comum a associação desse procedimento com o de *priming* sintático/estrutural. O termo *priming* refere-se a um efeito de memória implícita, relacionado à influência que a exposição a um dado estímulo (chamado *prime*) pode gerar em termos de reconhecimento ou produção de outro (alvo).

No estudo do processamento sintático, o experimentador pode ler em voz alta uma sentença com um dado padrão estrutural (*e.g.*, ativa ou passiva) e, em seguida, solicitar ao participante que descreva uma imagem. A ideia é verificar se a sentença ouvida pode afetar a probabilidade de o participante usar uma sentença com a mesma estrutura sintática para descrever a figura. Bock (1986), uma das primeiras a empregar essa técnica, obteve efeitos robustos de *priming* estrutural, os quais têm sido replicados desde então, com efeitos, inclusive, entre línguas distintas (para uma revisão, ver Pickering e Ferreira, 2008).

Poderia me dar um exemplo?

Para que você tenha uma ideia mais concreta de como se dá a investigação na área de Produção da Linguagem, veremos como tem sido examinada experimentalmente a incrementalidade na passagem do nível da conceptualização da mensagem para o nível da codificação gramatical.

O conceito de incrementalidade aponta para o caráter gradual do processamento da fala, ou seja, um componente do sistema de produção pode começar a trabalhar a partir de um *output* ainda incompleto enviado pelo componente anterior.[4]

Conforme já apontado na seção "O que a Produção da Linguagem estuda?", discute-se em que medida a formulação linguística do enunciado ocorre concomitantemente à conceptualização da mensagem, guiada por elementos individuais (proeminentes no discurso ou no contexto visual), ou se só teria início após a construção de uma estrutura conceptual completa de um evento.

Bock et al. (2004) referem-se a esse debate como hipótese do ponto inicial e observam ser um tópico que já comparece nos primeiros momentos da Psicologia como ciência, no contraste entre as posições de Wundt e Hermann Paul. Enquanto para Wundt (1900) a fala só teria início após a construção de uma representação completa do conteúdo a ser expresso, para Paul (1880), o conteúdo da mensagem seria planejado em unidades menores, intercaladas com a codificação linguística.

Essa questão de pesquisa, contudo, só recentemente tem sido explorada experimentalmente de forma mais efetiva, com o emprego da técnica de rastreamento ocular. Os pesquisadores empregam uma tarefa de descrição de cenas e monitoram alterações nos pontos de fixação do olhar à medida que o falante planeja a mensagem e durante o processo de enunciação propriamente dito. A lógica por trás dos experimentos é buscar verificar se escolhas linguísticas (por ex., ativas ou passivas) são determinadas pela ordem inicial de fixação em elementos isolados da cena (agente ou paciente) ou por uma apreensão global da cena (*the gist of the scene*), que ocorreria nos 300ms de análise inicial de uma imagem. Os resultados obtidos até o momento são conflitantes.

Griffin e Bock (2000), em estudo no qual procuraram eliciar a produção de ativas e de passivas, não observaram relação entre ordem de menção (com consequente seleção de uma dada estrutura sintática) e primeiras fixações. No estudo em questão, um dos grupos testados deveria descrever a cena junto com a imagem, e o outro, apenas quando esta desparecia. Foi verificado que nos dois casos os participantes realizavam uma apreensão geral da cena, com o olhar movendo-se do agente para o paciente, semelhante ao padrão observado em um terceiro grupo que tinha a tarefa de localizar a pessoa ou coisa sobre a qual a ação representada na cena recaía (o paciente), tarefa essa que exige a extração/análise da estrutura causal do evento.

Gleitman et al. (2007) replicaram o experimento de Griffin e Bock, porém com o emprego de um recurso de manipulação da atenção visual – um pequeno quadrado posicionado na região da tela do computador onde em seguida seria exibido um dos elementos da cena. O quadrado permanecia na tela por 60 a 75ms e só então o estímulo visual era apresentado. Além de sentenças ativas e passivas, também foram eliciadas estruturas com verbos de perspectiva (por ex., *fugir vs. perseguir*), sintagmas nominais coordenados (*o gato e o cão vs. o cão e o gato*) e também predicados simétricos (por ex., *cumprimentar*). Apenas nas imagens que eliciariam verbos de perspectiva não foi utilizado o recurso visual.

Foi verificado efeito significativo do recurso de manipulação atencional no que tange ao tipo de estrutura linguística produzida: os elementos que receberam as primeiras fixações também foram mencionados inicialmente. Esses resultados apontam para um caráter incremental do processamento da fala.

Em trabalho de caráter exploratório com 30 falantes de português brasileiros (Rodrigues et al., 2013),[5] adotando recurso atencional com duração de 500ms e figuras que permitiam induzir ativas e passivas, houve, independentemente do elemento focalizado (agente ou paciente), preferência por estruturas ativas. A despeito dessa preferência, verificou-se um incremento na produção de passivas quando o recurso atencional estava direcionado para o paciente ($p = 0,007$).

Em termos dos movimentos oculares, resultados preliminares são compatíveis com os de Griffin e Bock (2000): não se observou relação entre o elemento inicialmente fixado e a estrutura produzida; houve, não obstante, relação entre o elemento fixado no *onset* da resposta verbal e o tipo de sentença produzida. A figura a seguir ilustra o movimento ocular de um participante durante a tarefa de descrição de cenas.

Figura 3 – Imagens retiradas dos vídeos gerados pelo rastreador ocular Tobii Studio TX300. Os círculos representam as fixações. Nesse caso, a primeira fixação foi no instrumento; essa foi seguida por fixações no agente e logo depois no paciente. No início da resposta verbal, o participante fixava o agente.

Clara Villarinho

Quais são as grandes linhas de investigação?

Podemos apontar três grandes linhas de investigação nos estudos acerca da Produção da Linguagem, determinadas pelas seguintes perguntas: (i) O sistema de produção da linguagem apresenta uma arquitetura modular ou interativa? (ii) Quão incremental é o processamento linguístico na produção? (iii) Em que medida as unidades e operações linguísticas propostas no âmbito de modelos formais de gramática encontram correspondência no processamento?

No que tange à primeira questão, conforme apontam Vigliocco e Hartsuiker (2002), o sistema de produção é considerado um exemplo paradigmático de sistema modular (Levelt, 1989). Os autores, contudo, buscam verificar em que medida se observam para a produção duas propriedades típicas de sistemas modulares – a de *input* mínimo, isto é, se o fluxo de informações entre níveis envolve o mínimo de informação necessária, e a de que o fluxo informacional seria estritamente unidirecional, isto é, não haveria, retroalimentação. A partir de evidências experimentais, reportadas na literatura na área, consideram que, diferentemente do que se esperaria em um sistema modular, há amplo suporte empírico para a ideia de *input* máximo, mas não para a ideia de fluxo bidirecional.

Relacionado à questão da arquitetura do sistema de produção, tem-se também o debate acerca da natureza paralela e serial do processamento nos vários componentes do sistema de produção. Melinger et al. (2014) questionam se as pessoas constroem uma representação única em cada estágio ou se consideram alternativas em paralelo – por exemplo, haveria mais de uma estrutura sintática candidata a expressar uma dada ideia, mais de uma palavra candidata a preencher uma posição numa sentença? Com base em uma ampla revisão da literatura, os autores afirmam que há evidência de processamento paralelo em vários estágios: por exemplo, no nível lexical e no nível sintático. Não é claro, contudo, se o sistema de produção construiria estruturas em paralelo sempre que possível ou apenas em alguns casos.

Em relação à segunda pergunta, este é um tópico cuja investigação tem se desenvolvido mais recentemente, em especial com a possibilidade de associar paradigmas mais tradicionais (por ex., descrição de imagens) com técnicas mais recentes – o rastreamento ocular. Várias questões, contudo, estão longe de ser totalmente clarificadas, por exemplo: qual a menor unidade de processamento em cada nível, que fatores podem influenciar o escopo do planejamento linguístico (fatores conceptuais, linguísticos, cognitivos – memória) etc. Conforme sugerem os trabalhos de Wheeldon (2012) e Konopka e Brown-Schmidt (2014), há muito o que se examinar nessa direção.

A terceira pergunta está numa relação de interface com a segunda. Qualquer modelo formal de gramática que procure dialogar com modelos de processamento deve incorporar a propriedade da incrementalidade (Levelt, 2008; Rodrigues, 2014). Isso explica por que Levelt (1989) incorpora explicitamente a proposta da Incremental Procedural Grammar de Kempen e Hoenkamp (1987), modelo de gramática concebido para dar conta da geração incremental de sentenças pelo falante, seguindo a direcionalidade da esquerda para a direita. Mais recentemente, conforme vimos, o formalismo da Tree-Adjoining Grammar tem sido considerado como uma alternativa para dar conta do processo de construção de estruturas sintáticas (Ferreira, 2000). Neste volume, no capítulo de Corrêa, avalia-se a possibilidade de um diálogo entre processamento e teoria gerativista. No âmbito mais especificamente da Morfologia, cumpre apontar para trabalho recente de Pfau (2000), que visa mostrar que a Morfologia Distribuída se apresenta como uma teoria gramatical psicologicamente plausível que não só explica as evidências disponíveis como também pode fazer previsões sobre lapsos possíveis e impossíveis.

Por fim, pode-se indicar não propriamente uma questão de pesquisa, mas caminhos de investigação novos a partir do diálogo da Psicolinguística com as Neurociências. Esse diálogo pode representar avanços para as duas áreas tanto no que tange à verificação de hipóteses cognitivas a partir de dados neurais quanto no que diz respeito à compreensão das funções computacionais das regiões do cérebro e estruturas envolvidas na produção da linguagem (Rapp e Miozzo, 2011). Esse tipo de pesquisa certamente ajudará a clarificar um conjunto de questões teóricas (por ex., relativas a processamento bilíngue), e terá implicações de ordem prática, entre as quais, intervenções terapêuticas.

Notas

1 Os lapsos produzidos por falantes de português europeu foram transcritos de Nóbrega (2010) e serão identificados pela letra N seguida do número registrado no apêndice da referida dissertação. Os lapsos de falantes de português brasileiro integram o banco de dados da autora deste capítulo e não receberão indicação especial. Para exemplos de lapsos em várias línguas, ver *The Fromkin speech error database*, no *site* do Instituto Max Planck, disponível em <http://www.mpi.nl/cgi-bin/sedb/sperco_form4.pl >. Acesso em: 22 nov. 2014.

2 Não se deve confundir lapso com erro (no sentido normativo). Uma sentença como *Os menino chegou tudo atrasado* produzida por um falante da variedade não padrão do português não seria exemplo de lapso, visto que se trata de uma forma licenciada pelas regras da gramática internalizada desse indivíduo.

3 O nome dessa técnica remete a um tipo de lapso conhecido como spoonerismo – referência a William Archibald Spooner (1844-1930), reverendo britânico, que, segundo relatos, cometia muitos erros envolvendo trocas de sons entre duas palavras.

4 A ideia de incrementalidade não é incongruente com modelos que assumem estágios de processamento. Segundo Levelt (1989), não é possível iniciar a formulação de sentenças sem algum grau de planejamento conceptual e não pode haver articulação sem um plano fonético prévio, mas os processos que ocorrem em cada um dos componentes responsáveis por esses processos – conceptualização, formulação e articulação – podem ocorrer em paralelo.

5 O experimento citado foi desenvolvido no âmbito do projeto de pesquisa *Processamento linguístico e incrementalidade* – Programa Jovem Cientista do Nosso Estado (Faperj Nº 17/2012).

O que eu poderia ler para saber mais?

Além das indicações bibliográficas feitas ao longo deste capítulo, com destaque para Levelt (1989), obra de referência na área, cumpre citar os livros *Aspects of Language Production*, organizado por Wheeldon (2000) e, mais recentemente, *The Oxford Handbook of Language Production* (Goldrick, Ferreira e Miozzo, 2014). Esse manual se diferencia pelo seu caráter multidisciplinar, ao reunir abordagens comportamentais e computacionais da Psicolinguística, bem como visões da Linguística Teórica e da Neurociência Cognitiva.

Para acompanhar os desenvolvimentos mais recentes das pesquisas na área, pode-se consultar o periódico *Language, Cognition and Neuroscience* (antes *Language and Cognitive Processes*), que desde 2006 tem publicado números especiais dedicados aos trabalhos apresentados nas edições do *International Workshop on Language Production* (http://www.lang-prod.org/#).

ARNOLD, J. E.; FAGNANO, M.; TANENHAUS, M. K. Disfluencies signal theee, um, new information. *Journal of Psycholinguistic Research*, v. 32, n.1, 2003 , pp. 25-36.

BOCK, J. K. Syntactic persistence in language production. *Cognitive Psychology*, v. 18, 1986, pp. 355-387.

______.; LEVELT, W. J. M. Language production: grammatical encoding. In: GERNSBACHER, M. A. (ed.). *Handbook of Psycholinguistics*. San Diego, CA: Academic Press, 1994, pp. 945-984.

______.; IRWIN, D. E.; DAVIDSON, D. J. Putting first things first. In J. M. Henderson & F. Ferreira (eds.), *The interface of language, vision, and action*: Eye movements and the visual world. New York: Psychology Press, 2004.

CLARK, H. H.; FOX TREE, J. E. Using uh and um in spontaneous speaking. *Cognition*, v. 84, 2002, pp. 73-111.

FERREIRA, F. Syntax in language production: An approach using tree- adjoining grammars. In L. Wheeldon (ed.). *Aspects of Language Production*. Philadelphia: Psychology Press/Taylor & Francis, 2000, pp. 291-330.

GLEITMAN, L. R. et al. On the give and take between event apprehension and utterance formulation. *Journal of Memory and Language,* v. 57, 2007, pp. 544-569.

GOLDRICK, M.; FERREIRA, V.; MIOZZO, M. (eds.). *The Oxford Handbook of Language Production*. Oxford: Oxford University Press, 2014.

GRIFFIN, Z. M.; BOCK, K. What the eyes say about speaking. *Psychological Science*, v. 11, 2000, pp. 274-279.

JOSHI, A. K.; SCHABES, Y. Tree-adjoining grammars, In: ROSENBERG, G.; SALOMAA; A. (eds.). *Handbook of Formal Languages*. New York: Springer-Verlag, 1997, v. 3, pp. 69-123.

KEMPEN, G.; HOENKAMP, E. An incremental procedural grammar for sentence formulation. *Cognitive Science*. v. 11, pp. 201-258, 1987.

KONOPKA, A. E.; BROWN-SCHMIDT, S. Message Encoding. In: GOLDRICK, M.; FERREIRA, V.; MIOZZO, M. (eds). *The Oxford Handbook of Language Production*. Oxford University Press, 2014, pp. 3-20.

LEVELT, W. J. M. *Speaking*: From intention to articulation. Cambridge: MIT Press, 1989.

______.; ROELOFS, A.; MEYER, A. S. *A theory of lexical access in speech production*. Behavioral and Brain Sciences, 1999, v. 22, pp. 1-75.

______. *What has become of formal grammars in linguistics and psycholinguistics?* Postscript. Formal Grammars in linguistics and psycholinguistics. Amsterdam: Benjamins, 2008 [1974].

MELINGER, A.; BRANIGAN, H. P.; PICKERING, M. J. Parallelism in language production. *Language, Cognition and Neuroscience*, v. 29, n. 6, pp. 663-683, 2014.

NÓBREGA, BRUNA F. de S. *Os lapsus linguae e o léxico mental*. 2010. Dissertação (Mestrado em Patologias da Linguagem) – Universidade Católica Portuguesa/Instituto de Ciências da Saúde.

PAUL, H. The sentence as the expression of the combination of several ideas. In: BLUMENTHAL, A. L. (ed. and trans.) *Language and psychology*: historical aspects or psycholinguistics. New York: Wiley, 1970 [1880], pp. 34-37.

PFAU, R. *Features and categories in language production*. 2000. Ph.D. dissertation – Johann Wolfgang Goethe-Universität.

PICKERING, M. J.; FERREIRA, V. S. Structural Priming: A critical review. *Psychological Bulletin*, 2008, v. 134, n. 3, pp. 427–459.

RAPP, B.; MIOZZO, M. Introduction to papers from the 5th Workshop on Language Production: The neural bases of language production. *Language and Cognitive Processes*, v. 26, n. 7, 2011, pp. 869-877.

RODRIGUES, E. dos S. *Processamento da Concordância de número entre sujeito e verbo na produção de sentenças*. Rio de Janeiro, 2006. Tese (Doutorado), Departamento de Letras – PUC-Rio.

______. O estudo psicolinguístico da produção da linguagem: uma breve apresentação de métodos empregados na investigação do processamento adulto. *Linguística*, v. 5, n. 1, pp. 110-128, 2009.

______.; FORSTER, R.; BARCELLOS, J. S. *Formulação conceitual e codificação gramatical:* questões de incrementalidade investigadas a partir da interface linguagem-visão. Comunicação apresentada no II Eipa (Encontro Internacional do GT de Psicolinguística da Anpoll), UFPB, 30/9 a 5/10/2013.

______. Explorando o processamento linguístico: Psicolinguística e Teoria Linguística em diálogo. In: HERMONT, A. B.; XAVIER, G. do C. (orgs.). *Gerativa: (inter)faces de uma teoria*. Florianópolis-SC: Beconn/Produção de conteúdo, 2014, pp. 109-146.

SLOBIN, D. I. From "thought and language" to "thinking for speaking". In: GUMPERZ, J.; LEVINSON, S. C. (eds.). *Rethinking linguistic relativity*. Cambridge: Cambridge University Press, 1996.

VIGLIOCCO, G.; HARTSUIKER, R. J. The interplay of meaning, sound, and syntax in sentence production. *Psychological Bulletin*, v. 128, n. 3, 2002, pp. 442-472.

WHEELDON, L. R. Producing Spoken Sentences: The Scope of Incremental Planning. In: FUCHS, S.; et al. (eds.). *Speech production and perception*, volume1: Speech planning and dynamics. Peter Lang. Germany, 2012, pp. 97-118.

WUNDT, W. *Vdlkerpsychologie*: Eine Untersuchung der Entwicklungsgesetze von Sprache, Mythus, und Sitte (10 vols.). Leipzig: Engelmann, 1900.

YNGVE, Victor H. A model and an hypothesis for language structure. *Proceedings of the American Philosophical Society*, v. 104, n. 5, pp. 444-466, 1960.

Distúrbios da Linguagem

Lilian Cristine Hübner

O que são Distúrbios da Linguagem?

Distúrbios da Linguagem são alterações manifestadas na linguagem do indivíduo, que podem ocorrer tanto na produção da fala ou da escrita quanto na compreensão oral ou na leitura. Os distúrbios, os quais são gerados por causas genéticas ou adquiridas, podem se manifestar em qualquer idade em que a pessoa já empregue linguagem, ou seja, podem ter seu início tanto na infância quanto na adolescência ou na vida adulta.

Algumas alterações levam a perdas gradativas das funções cognitivas, incluindo a linguagem, como é o caso das doenças neurodegenerativas, dentre as quais a doença de Alzheimer é a mais frequente. Em outros casos, como nas afasias, que são distúrbios da linguagem causados por lesão cerebral focal, há uma possibilidade de recuperação da linguagem e das demais funções cognitivas, dependendo de fatores como o impacto da lesão.

Na infância, os distúrbios de linguagem mais comuns têm em sua etiologia questões genéticas (como no caso da Síndrome de Down e do autismo – este, no entanto, pode ter ainda outras causas além de genéticas), tumores cerebrais ou traumatismo cranioencefálico (TCE). Os tumores e traumatismos podem originar afasias ou ainda problemas de articulação da fala – as chamadas disartrias (distúrbio no controle muscular do mecanismo da fala) ou apraxias (distúrbios na articulação da fala devido à redução ou perda da capacidade de programar a posição da musculatura para produzir fonemas ou palavras). Dependendo da localização ou da gravidade da lesão, vários aspectos da linguagem podem estar comprometidos.

A linguagem é um dos componentes da cognição humana. Mas, afinal, o que é cognição? Apesar de ser um termo amplamente empregado, não há consenso quanto à sua definição. Em sua etimologia, o termo tem origem na palavra latina *noscere*, que significa "saber, conhecer", com o prefixo *com*, "junto". Uma definição que parece abrangente e clara é a de que cognição compreende um conjunto de habilidades cerebrais/mentais necessárias para a obtenção de *conhecimento* sobre si mesmo e sobre o mundo. Tais habilidades envolvem pensamento, raciocínio, abstração, linguagem, memória, atenção, criatividade, planejamento, capacidade de resolução de problemas, monitoramento de ações, entre outras funções. Assim sendo, o conceito de cognição engloba habilidades desenvolvidas desde a infância, como numa espiral crescente, sem esgotar-se jamais enquanto vivemos. Ressalta-se que cognição tem a ver com conhecimento, com *aprendizagem*. É impossível que algo passe a fazer parte de nossas memórias sem que tenhamos *aprendido*. Destaca-se ainda que é a capacidade de conhecer, de aprender, que nos permite a *adaptação* a novas situações, de modo a nos inserirmos de forma funcional no ambiente social a que pertencermos.

Dentre os componentes da cognição, encontram-se as memórias (classificadas quanto a seu tempo de duração em de curta ou de longa duração; ao seu conteúdo em procedimental ou declarativa; e à sua função em memória de trabalho, aquela que integra elementos de memórias já armazenadas a elementos novos para possibilitar a geração de novos conhecimentos) e as funções executivas (as quais são responsáveis pelo planejamento, controle e monitoramento de ações, pela flexibilidade mental necessária, por exemplo, para se alterar um procedimento em função de uma mudança nas regras de um jogo, ou ainda pelo controle inibitório necessário para selecionar uma resposta e inibir outra, competidora). Todos esses componentes da cognição humana encontram-se altamente relacionados, a ponto de um déficit em um deles acarretar uma defasagem no desempenho dos outros. Por exemplo, os problemas de memória observados em pacientes acometidos pela doença de Alzheimer relacionam-se igualmente com a linguagem, aspecto observado quando, por exemplo, solicita-se a um participante de pesquisa que nomeie algumas figuras de objetos e animais.

O que a Psicolinguística dos Distúrbios da Linguagem estuda?

Os Distúrbios da Linguagem têm sido investigados por clínicos e pesquisadores em especial da Fonoaudiologia e da Neuropsicologia. Mais recentemente vêm sendo alvo de estudos na área de Linguística, incluindo a Psicolinguística e a Neurolinguística. Enquanto a Psicolinguística se interessa em "como" se dá o processamento da linguagem, incluindo seus distúrbios, a Neurolinguística agrega a isso o interesse em "onde" esse processamento ocorre. Em outras palavras, a Psicolinguística se preocupa em analisar como a linguagem se dá em seus variados níveis (fonológico, morfossintático, léxico-semântico, pragmático-discursivo), em suas variadas modalidades (oral-auditiva e viso-espacial – na qual se encontram as línguas de sinais, como a Libras), em suas variadas manifestações (fala, escrita, leitura e escuta), englobando tanto os processos de produção (de fala ou escrita) quanto os de compreensão (auditiva ou leitora). Já a Neurolinguística, ou Neuropsicolinguística, termo preferido por alguns pesquisadores, estuda essas mesmas questões, agregando a elas o interesse em analisar a relação entre seu processamento e o local onde isso ocorre no cérebro humano. Assim, a área dos distúrbios linguísticos tem em sua agenda de estudos as mesmas questões linguísticas, levantadas anteriormente, que são alvo dos estudos com pessoas sem algum tipo de distúrbio.

Como pode ser depreendido, a avaliação dos déficits de linguagem e de comunicação é bastante complexa, envolvendo os tradicionais aspectos de linguagem (fonologia, morfossintaxe, semântica e discurso) e a inter-relação com outras alterações cognitivas como a memória e a atenção. A partir dos anos 1980, a literatura na área dos déficits começou mais fortemente a se preocupar também com os estudos da pragmática e, a partir dos anos 1990, com o estudo do papel do hemisfério direito na comunicação. Isso ocorreu uma vez que uma atenção maior passou a ser dada a esse hemisfério devido à verificação em estudos comportamentais de sua participação em aspectos discursivos e pragmáticos, bem como semânticos relacionados ao sentido figurado, à polissemia. Outro motivo para que os estudos envolvendo o hemisfério direito fossem impulsionados nos anos 1990, conhecidos como a "década do cérebro", foi o incremento, naquela época, das pesquisas com técnicas de neuroimagem, demonstrando o envolvimento desse hemisfério cerebral em tarefas pragmático-discursivas, em estudos sobre o processamento cerebral da ironia, da teoria da mente (teoria sobre o "colocar-se no lugar do outro", tentando compreender o que ele sente ou pensa a respeito de uma situação), das metáforas, dentre outros aspectos pragmáticos. Esse envolvimento ficou demonstrado em estudos com lesados de hemisfério direito, cuja lesão ocorreu devido a um traumatismo cranioencefálico, um acidente vascular encefálico (AVE), um tumor. Essa população pode ter déficits no processamento de alguns desses aspectos pragmáticos devido a um mau funcionamento de locais na região do hemisfério direito.

É importante notar que os primeiros estudos na área da Neurolinguística foram os de afasiologia, ou seja, o estudo da linguagem na afasia. A American Speech-Language Hearing Association (Asha) define afasia como um distúrbio de linguagem decorrente de lesão neurológica focal. O neurologista francês Paul Broca, em 1861, foi o primeiro a descrever um caso de afasia em um paciente que demonstrava dificuldade na emissão da fala, com uma compreensão relativamente preservada. O exame *post mortem* do cérebro revelou uma lesão no giro frontal inferior, o que definiu essa região, posteriormente denominada área de Broca em homenagem ao neurologista francês, como centro motor da fala. Em 1873, o neurologista alemão Karl Wernicke apresentou um caso de um paciente com uma deficiência grave de compreensão, cuja fala não parecia prejudicada, nem mesmo em termos de prosódia. No entanto, o paciente produzia uma fala com conteúdo praticamente incompreensível, sem sentido, com inclusão de palavras inventadas. Sua lesão localizava-se no giro temporal superior esquerdo, denominado região de Wernicke, em homenagem ao neurologista. Esses dois estudos incitaram uma visão localizacionista das funções cerebrais, concebendo-se que uma determinada área do cérebro seria responsável por uma dada função, tarefa.

A visão de que a linguagem seria processada de modo distribuído, não como uma faculdade isolada, surge com Luria (1980), que propõe que o cérebro funciona de maneira dinâmica. Essa concepção ajuda a explicar por que nem sempre um determinado sintoma se manifesta, apesar de esperado devido à região cerebral afetada; ou seja, nem sempre há uma correlação vis-à-vis entre uma dada área e o sintoma apresentado pelo paciente; no entanto, certas áreas são conhecidas por serem recorrentemente associadas a determinado tipo de processamento linguístico.

Como mencionado, há uma gama de distúrbios linguísticos a serem investigados. Nesta seção, devido à necessidade de delimitar-se um escopo, trataremos de apenas uma delas, as afasias. O indivíduo afásico demonstra uma dissociação entre os sintomas de distúrbios linguísticos; por exemplo, ele pode ou não apresentar graus de acometimento em alguns aspectos como compreensão auditiva e visual, fluência verbal, leitura, escrita, nomeação; pode ou não demonstrar parafasias (substituições de palavras ou de seus morfemas ou fonemas), anomias (dificuldade ou incapacidade de nomear), apraxias de fala (desordem neurológica que causa dificuldade para executar movimentos e gestos precisos, necessários à fala). Devido a essa dissociação, pode-se inferir sobre como se dá o processamento de cada um dos níveis linguísticos (sintaxe, semântica, discurso...) e relacionar cada tipo de processamento às áreas cerebrais que seriam por eles responsáveis, uma vez que quando uma área está afetada, como no caso de lesões que acarretam afasias, o fato de estarem acometidas poderá ocasionar determinado tipo de distúrbio na linguagem. No entanto, como já mencionado, cabe muita cautela ao se pretender estabelecer uma relação biunívoca entre área cerebral e padrão de processamento linguístico, uma vez que nem sempre essa relação é evidente.

Há muitas classificações das afasias, motivadas pelas variadas síndromes verificadas nos indivíduos afásicos. Alguns testes administrados, incluindo os de fala espontânea, compreensão, repetição e nomeação, auxiliam na classificação. Apesar da singularidade de cada paciente no que tange aos sintomas afásicos, certos padrões de desempenho linguístico permitem agrupá-los de acordo com o tipo de afasia preponderante. Em linhas gerais, as síndromes afásicas foram classificadas em três tipos: emissivas (maiores problemas na produção de fala e escrita, como na afasia de Broca), receptivas (maiores problemas na compreensão oral e escrita, como na afasia de Wernicke) e mistas (problemas tanto de emissão quanto de produção, em níveis semelhantes). Dentre as principais manifestações das síndromes afásicas encontram-se as paráfrases, as anomias, as estereotipias, as perseverações, os neologismos, os circunlóquios, os agramatismos e as reduções ou supressões. Essas manifestações apresentadas podem ocorrer tanto isoladamente, no nível da palavra, quanto em frases ou no discurso. Neste encontram-se alterações a serem investigadas para a obtenção de um quadro geral das habilidades preservadas e para o auxílio na recuperação das afetadas, agregando-se o manejo de estratégias comunicativas para diminuir a dificuldade de comunicação. Nesse nível, pode-se analisar a coesão, a coerência, a manutenção de tópico, a organização da sequência do discurso no tempo, a informatividade, os níveis de compreensão do tema solicitado, dentre outros aspectos.

Como estudar algum desses fenômenos usando a Psicolinguística dos distúrbios da linguagem?

Em linhas gerais, há duas formas de se estudar os fenômenos linguísticos nos casos com distúrbios: podem-se desenvolver estudos comportamentais ou estudos com equipamentos para medir o metabolismo cerebral ou a atividade cerebral associada ao processamento linguístico. Em ambos os tipos, o processamento linguístico pode ser analisado a partir de grupos (experimentais e controles), grupos de casos múltiplos ou ainda de estudos de caso. No primeiro caso, comparam-se dois ou mais grupos; em um ou dois, por exemplo, podem-se manipular variáveis cujos efeitos busca-se compreender, por exemplo, ao se estudar o processamento no nível sintático de um grupo afásico bilíngue (o grupo experimental) comparado ao processamento de um grupo bilíngue não afásico (o grupo de controle). O segundo tipo, grupos de casos múltiplos, permite a análise de questões linguísticas na comparação entre pequenos grupos unidos por algum critério, como, por exemplo, o local da lesão, no caso de populações com traumatismo cranioencefálico (TCE). Finalmente, os estudos de caso permitem uma análise de um determinado componente linguístico (ou mais, de acordo com o objetivo da pesquisa) em um ou mais sujeitos, cujo desempenho pode ser analisado longitudinalmente, isto é, por um período mais longo de tempo, verificando-se a evolução do progresso ou do declínio nos aspectos linguísticos de interesse. Esse tipo de estudo disponibiliza uma riqueza de dados, com uma análise qualitativa aprofundada.

Os estudos comportamentais podem apresentar os estímulos para serem lidos no papel ou na tela de um computador, ou ainda de forma auditiva, quando o participante ouve fonemas, palavras, frases ou pequenos textos. Esses estudos fornecem-nos pistas sobre as características do processamento linguístico dos participantes de pesquisas e/ou pacientes. Por exemplo, o tipo de processamento linguístico pode nos indicar qual o tipo de demência ou de afasia, o que, neste caso, fornece indícios sobre a melhor forma de tratamento a ser dada. Os estudos comportamentais mensuram a acurácia (isto é, o desempenho em termos do número de acertos e erros do participante ao resolver uma tarefa) e o tempo de resposta (TR) (ou seja, o tempo necessário para o fornecimento da resposta solicitada pelo estímulo). Em termos da mensuração do TR, o pesquisador pode optar por começar a mensurar o tempo incluindo ou não a leitura ou escuta do estímulo. Finalmente, há duas formas de se agruparem as apresentações dos estímulos: por bloco ou por eventos. Na apresentação por blocos, as condições a serem analisadas são apresentadas em blocos separados (por exemplo, uma condição agregando frases com ou sem problema de concordância verbal em alguns blocos – O menino plantaram árvores* –, e outros blocos contendo apenas frases com ou sem problema semântico em relação à adequação do verbo empregado – Os meninos voaram árvores*). Já na condição de apresentação de estímulos por evento, as condições a serem analisadas pela pesquisa são apresentadas de forma misturada, em geral aleatória.

Anteriormente, discutimos brevemente como são desenvolvidos estudos comportamentais. O segundo tipo de estudo a ser aqui apresentado é o que envolve o uso de alguma técnica capaz de fornecer evidências sobre o processamento da linguagem no cérebro. As técnicas mais comuns empregadas nos estudos objetivando relacionar áreas cerebrais à atividade de processamento linguístico podem ser divididas, em linhas gerais, em três grupos: as técnicas eletromagnéticas de neuroimagem funcional, as técnicas hemodinâmicas de neuroimagem funcional e a estimulação magnética transcraniana. No primeiro grupo encontra-se a técnica bioelétrica de Evento Potencial Relacionado (ou Event-Related Potentials, em inglês), desenvolvida a partir do EEG (eletroencefalografia), que foi o primeiro método de neuroimagem empregado para investigar correlações entre linguagem e o cérebro atuando *on-line*; além do ERP, inclui-se nesse grupo a técnica conhecida como magnetoencefalografia, que mede os impulsos eletromagnéticos liberados pelo cérebro ao executar uma tarefa linguística. No segundo grupo, das técnicas hemodinâmicas de neuroimagem funcional, as mais empregadas são a Imagem por Ressonância Magnética Funcional (fMRI em inglês, functional Magnetic Resonance Imaging) e a Tomografia por Emissão de Pósitron (PET em inglês, Positron Emission Tomography). Finalmente, outra técnica é a de Estimulação Magnética Transcraniana (TMS em inglês, Transcranial Magnetic Stimulation), por meio da qual são enviados impulsos magnéticos que estimulam ou paralisam uma dada região cortical cerebral, podendo, por exemplo, simular uma lesão ao desencadear uma paralisação da atividade na região estimulada.

Dependendo das perguntas de pesquisa determinadas para estudos com pessoas com algum tipo de distúrbio de linguagem, pode se tornar necessário associar outros tipos de avaliação a fim de se obter um quadro mais detalhado. Assim, pode ser necessária a cooperação entre um grupo multidisciplinar a fim de melhor explicar o processamento linguístico. Por exemplo, um médico neurologista ou um psicólogo poderiam dar um diagnóstico de depressão, inviabilizando a coleta de dados junto à pessoa diagnosticada. Sabe-se que a depressão – uma doença bem comum em diversas faixas etárias –, quando não tratada pode influenciar os dados de uma pesquisa, uma vez que o desempenho em alguns tipos de tarefa linguística pode ser inferior ao esperado para uma dada faixa de idade e escolaridade. Ou seja, um quadro depressivo pode, em certos casos, gerar um desempenho comparável ao de uma pessoa com baixa escolaridade ou com demência.

Além disso, pode ser necessário agregar uma investigação sobre a habilidade de leitura e hábitos de leitura e de escrita. Isso é necessário, uma vez que muitas pesquisas incluem casos de analfabetismo, analfabetismo funcional ou inabilidade no nível de decodificação das palavras. Igualmente, deve-se investigar o número de línguas que o participante de pesquisa ou paciente emprega, ou seja, se é mono-, bi- ou multilíngue, pois o conhecimento de mais de uma língua pode influenciar a forma como resolve as tarefas propostas, tanto no nível comportamental quanto no de neuroimagem.

Outro ponto muito importante a destacar é o fato de atualmente enfatizar-se cada vez mais a visão do ser humano como holístico, concepção esta que vem atingindo a todos os ramos da pesquisa com humanos. Se o objetivo é investigar a linguagem, deve-se ter em mente que a linguagem é apenas um dos componentes cognitivos de um ser que deve ser visto de forma holística. Ou seja, é importante verificar, em especial nos casos de distúrbios da linguagem, os vários fatores que concorrem para a saúde e o funcionamento geral do paciente, incluindo alimentação, hábitos de saúde e de higiene, prática de exercícios físicos, engajamento em atividades sociais, tipo de profissão exercida, grau de escolaridade, acesso a bens culturais, domínio de ferramentas computacionais, apenas para enumerar alguns deles. Questões como essas são importantes, uma vez que determinantes para uma avaliação mais precisa do desempenho linguístico. A título de ilustração, quando a avaliação do processamento da linguagem se dá por meio de tarefas em computador, o fato de o indivíduo não estar habituado a utilizá-lo pode impactar na sua forma de responder às questões, afetando os resultados caso se meçam o tempo de resposta e a acurácia nas respostas. Igualmente, verificar o tipo de profissão desenvolvida pelo indivíduo (antes da aposentadoria, se for o caso) relaciona-se com uma maior ou menor afinidade com tarefas acadêmicas requeridas, por exemplo, ao se solicitar a definição de uma palavra, o reconto de uma história ou a produção de uma narrativa. Outra variável já bastante reconhecida como influente no desempenho linguístico é a escolaridade. Em tarefas como a narração de histórias a partir de cenas de figuras, observa-se a variação no desempenho dos participantes de acordo com o nível de escolaridade, com uma tendência de a narrativa produzida por pessoas com maior escolaridade ser mais rica em detalhes, mais bem organizada considerando-se os passos de um texto narrativo e mais complexa em termos de vocabulário e de complexidade das sentenças empregadas (por exemplo, com períodos mais extensos, incluindo subordinação e coordenação), na comparação com pessoas com baixa escolaridade. Como brevemente ilustram essas exemplificações, é evidente a necessidade de se considerarem questões não só linguísticas ao se avaliar a linguagem, mas também complementá-las com uma visão mais holística do paciente ou participante de pesquisa com o qual interagimos.

Poderia me dar um exemplo?

A fim de ilustrar o tipo de pesquisa psicolinguística desenvolvida na área dos distúrbios da linguagem, apresentamos um exemplo sobre processamento da linguagem num caso de afasia. Afasia, como já mencionado, é um distúrbio no processamento linguístico, observado na fala, na escrita, na compreensão auditiva e/ou na compreensão da leitura. Passaremos agora a apresentar dados mais gerais, necessários para o adequado desenvolvimento da pesquisa, para depois, ao final da seção, discutirmos questões específicas da pesquisa em afasia.

Tão importante quanto delimitar a pergunta de pesquisa e os objetivos, são a definição e a formulação das tarefas e a escolha do método de coleta e avaliação dos dados. Além disso, como já explicado, vários fatores se inter-relacionam com a linguagem, devendo, portanto, ser igualmente examinados no estudo.

Tanto em estudos comportamentais quanto naqueles com dados do envolvimento cerebral no processamento linguístico, um dos pontos cruciais é o desenvolvimento de tarefas capazes de avaliar as questões lançadas nos objetivos da pesquisa. Em outras palavras, em estudos experimentais, as tarefas têm de ser elaboradas de tal modo que permitam investigar o que os objetivos da pesquisa almejam. Por exemplo, tem de se ter em mente o tipo de processamento que se quer avaliar (se compreensão ou produção, se no nível da fala ou da escrita, ou ainda a comparação entre eles) e desenvolver tarefas que alcancem o propósito determinado. Após essa definição do tipo de tarefa, passa-se a uma questão mais específica, que é a elaboração dos estímulos linguísticos que comporão cada tarefa. Aqui entra a necessidade da aplicação de critérios psicolinguísticos rigorosos na elaboração ou adaptação de tarefas. Sem sua aplicação, pode-se incorrer no fato de se encontrarem dados não confiáveis, de se chegarem a conclusões errôneas devido à inconsistência dos estímulos. No caso da adaptação de tarefas usadas em países estrangeiros, é importante ir para além da tradução; ou seja, os estímulos têm de ser adaptados à nossa realidade sociocultural, bem como às questões linguísticas inerentes ao português brasileiro. No caso da elaboração de tarefas, vários são os critérios psicolinguísticos a serem observados, nas três tipologias de estímulos: no nível da palavra, da frase ou do texto. No nível da palavra, é necessário observarem-se questões como frequência da palavra (pois palavras menos frequentes tendem a ser mais difíceis de recuperar da memória), concretude, imageabilidade, prototipicalidade, extensão, tonicidade, classe de palavra, grau de polissemia, dentre outras. Já no nível da frase, devem-se observar a complexidade do período (se formado por mais de uma oração, se formado por coordenação, subordinação ou misto), a complexidade do vocabulário, o uso de voz passiva, a localização e o tipo de referenciação, dentre outros aspectos. Finalmente, no nível do discurso, devem ser observados aspectos como o gênero escolhido, o grau de especificidade do tema tratado no texto, sua extensão, seu nível de complexidade de estrutura sintática e semântica, dentre outros.

Um aspecto muito particular dos estudos sobre os distúrbios da linguagem é a necessidade de, antes de se iniciar o estudo, fazer um levantamento na literatura disponível, tanto nacional quanto internacional, a fim de se verificar quais os tipos de tarefa usados mais frequentemente e mais sensíveis para identificar as peculiaridades do processamento linguístico de uma dada população (por exemplo, na doença de Alzheimer, no autismo, na Síndrome de Down, na afasia). A título de ilustração, é sabido que, na doença de Alzheimer, o indivíduo demonstra dificuldade em tarefas de nomeação e de categorização semântica; mais especificamente, a literatura tem mostrado que, nessa população, à medida que o quadro demencial evolui, há perdas gradativas da noção dos traços que distinguem entidades (como animais, objetos) ou que as agrupam (traços comuns a categorias, como "voar" para "pássaros"). Nota-se, por exemplo, que os traços associados a categorias que representam seres animados (como animais, vegetais, frutas) são mais rapidamente perdidos do que os traços associados a categorias que representam seres inanimados (artefatos criados pelo homem, como objetos).

Especificamente no caso da afasia, todos os aspectos arrolados anteriormente nesta seção, com o objetivo exemplificar como se dá a investigação do processamento linguístico num distúrbio da linguagem, devem ser igualmente observados. Além deles, destacam-se outros dados que são incluídos ao se estudar esta população. Antes de se iniciarem os estudos, administra-se um questionário para identificar a classe social do participante (em inglês, *socioeconomical status* – SES). Isso é importante, pois indica o grau de acessibilidade a bens culturais, ao uso de computadores e internet, variáveis com provável impacto no desempenho do indivíduo. Outro levantamento importante é o referente a hábitos de leitura e escrita. Observa-se que, em alguns casos, mesmo que a pessoa declare ter baixa escolaridade em termos de anos de estudo formal, o fato de gostar de ler, de buscar informação em rádio, jornal, televisão, bem como o uso regular da escrita na internet, em cartas, bilhetes, demonstra um contato rico e frequente com leitura e escrita, o que implicará uma maior desenvoltura do participante do que a normalmente esperada em casos de reduzidos anos de escolaridade. Ainda para avaliar a leitura, muitos grupos de pesquisadores, tanto no país quanto no exterior, buscam complementar os dados sobre hábitos de leitura e escrita e de ensino formal com uma tarefa que mensure a habilidade de leitura, do nível da palavra ao da frase, ou apenas no nível da palavra. Esses pequenos testes compreendem a leitura de palavras (ou frases) incluindo palavras de leitura regular, fácil, com palavras de leitura irregular (como "êxito", "hóspede", "táxi") ou pseudopalavras (como "nabor", "cavermo"). Há testes disponíveis, com normas para a população brasileira em diferentes faixas etárias, construídos a partir de critérios psicolinguísticos bem definidos, incluindo extensão, tonicidade e frequência das palavras.

Finalmente, no caso específico da população afásica, além de se criarem as próprias tarefas e estímulos, específicos à pesquisa pretendida, pode-se ainda optar pela administração concomitante de baterias de avaliação linguística (como Bateria MAC Breve, de Casarin et al., 2014, e Bateria Montreal-Toulouse-Brasil, MTL-Brasil, de Fonseca et al., no prelo), as quais avaliam um espectro bem abrangente de habilidades linguísticas desde o nível da palavra até o pragmático-discursivo, tanto em termos de compreensão (oral e leitora) quanto de produção (de fala e de escrita). O conjunto de subtestes que compõem baterias como as citadas tem como objetivo compreender quais processamentos foram afetados e quais se mantêm inalterados após a lesão cerebral. A partir da avaliação, uma equipe especializada pode tomar decisões sobre quais tratamentos são mais adequados na busca da recuperação da linguagem e no desenvolvimento de estratégias compensatórias.

Quais são as grandes linhas de investigação?

Os distúrbios de linguagem podem ser investigados em populações de idades variadas, desde a infância ao envelhecimento. Certos distúrbios podem ser relacionados a qualquer idade, enquanto outros são mais recorrentes em populações idosas, como as demências e o comprometimento cognitivo leve (CCL). Na infância, são comuns os estudos envolvendo atrasos e desvios da linguagem, relacionando-os às questões de aprendizagem, uma vez que a linguagem é a principal ferramenta para o acesso ao conhecimento e à aprendizagem; ou seja, a presença de um déficit na linguagem da criança pode se caracterizar como um atraso (a progressão da aquisição da linguagem é mais lenta, semelhante à de uma criança de idade mais baixa) ou como um desvio (a aquisição da linguagem ocorre de forma qualitativamente anômala, como no caso do espectro do autismo). Os desvios ou atrasos podem comprometer a aprendizagem da leitura, da escrita e do raciocínio lógico-matemático.

Outras duas grandes esferas de estudos relacionam-se à etiologia do distúrbio linguístico: se gerado por questões genéticas e que, portanto, em geral acompanham o indivíduo desde o nascimento e se manifestam junto com o desenvolvimento da fala, da compreensão auditiva, da leitura ou da escrita, como no autismo, na gagueira, na epilepsia infantil, nos distúrbios específicos de linguagem (DEL) – problema caracterizado por limitações linguísticas significativas que não podem ser atribuídas à perda auditiva, a déficit cognitivo ou a alterações da estrutura e função fonadora; na dislexia, caracterizada pela dificuldade específica na realização da leitura e da escrita, sendo classificada em dislexia de desenvolvimento (gerada por déficits cognitivos, fatores neurológicos, prematuridade e baixo peso no nascimento ou por influência genética ou ambiental) ou dislexia adquirida (quando a habilidade de leitura ou escrita se perde por motivo de lesão cerebral).

Pode-se também ter um enfoque em populações de acordo com o número de línguas que dominam (se monolíngues, bilíngues ou multilíngues). O fato de o indivíduo manejar mais de uma língua tende a impactar na forma como ele processa cada língua individualmente, uma vez que as línguas interagem no cérebro e influenciam umas às outras, de modo que a interferência da outra língua na fala ou na escrita enquanto uma delas é selecionada pode, por exemplo, gerar dificuldade no recrutamento de palavras em tarefas de nomeação.

Em termos de linhas de pesquisa, verificam-se variadas formas de abordar os fenômenos linguísticos: alguns pesquisadores se atêm ao estudo do processamento no nível do fonema ou da palavra (ou seja, níveis mais "locais"), ao passo que outros pesquisadores dirigem sua atenção ao nível da frase ou do texto. Dentro desta última linha, a do texto, verificam-se duas abordagens: uma relacionada ao processamento linguístico em si, em que se observam as estruturas textuais em termos micro e macroestruturais do texto, com base em teorias psicolinguísticas, ou ainda uma abordagem mais discursiva, em que importa analisar a interação entre os locutores e o papel dessa interação na construção cooperativa do texto, como é o caso da abordagem da Neurolinguística Discursiva – abordagem adotada por grupos de pesquisadores do Instituto de Estudos da Linguagem (IEL) da Unicamp, por exemplo, em que muitas vezes o examinador da pesquisa atua como um facilitador da interação linguística, fornecendo um suporte à construção da compreensão e/ou da produção linguística pelo indivíduo com déficit de linguagem.

Como já discutido na seção anterior, os estudos podem ser comportamentais, integrando ou não a eles o uso de técnicas de neuroimagem, as quais fornecem informações sobre questões biológicas e funcionais relacionadas à circuitaria cerebral subjacente aos processos linguísticos. Nesse caso, pode-se ter como objetivo, por exemplo, verificar o papel de determinadas regiões ou circuitos de regiões no processo de um aspecto linguístico, bem como verificar o papel de um determinado hemisfério cerebral na linguagem.

Todos os tipos de estudos mencionados neste capítulo podem ou não ser desenvolvidos de forma multidisciplinar, ou seja, preocupando-se estritamente com questões de fundo linguístico, ou agrupando a elas avaliações e contribuições multidisciplinares, advindas de áreas como a Neurologia, a Psiquiatria, a Fonoaudiologia, a Psicologia Cognitiva.

Este capítulo versou sobre questões relacionadas aos distúrbios da linguagem. Ao concluí-lo, é importante ressaltar que, ao estudar a linguagem em qualquer um dos tipos de populações apresentados ao longo do capítulo, o pesquisador ou clínico não deve ter em mente apenas as limitações, apenas os distúrbios; ele deve ter clareza de que a linguagem, essa ferramenta complexa e maravilhosa de que dispomos para nos conhecermos e ao mundo e nele interagirmos com funcionalidade e eficiência, é composta por inúmeras facetas, o que permite que em populações com distúrbios linguísticos haja também os aspectos preservados. Esses aspectos devem ser avaliados, reconhecidos, a fim de serem mantidos e reforçados (até onde for possível, nas demências, ou com o intuito de aprimorá-las ainda mais). Além disso, o indivíduo com distúrbios linguísticos deve ser auxiliado no sentido de desenvolver estratégias comunicativas compensatórias para alcançar, dentro de suas limitações, a funcionalidade em seu meio social, familiar e de trabalho, se ainda for o caso.

O que eu poderia ler para saber mais?

Os textos a seguir referenciados permitem aprofundar o conhecimento das questões discutidas no presente capítulo.

ADROVER-ROIG, D. et al. Bilingual aphasia: neural plasticity and considerations for recovery. In: GITTERMAN, M.; GORAL, M.; OBLER, L. (orgs.). *Aspects on multilingual aphasia.* New York: Multilingual Matters, 2012, v. 1, pp. 16-32.

CASARIN, F. et al. Adaptação do Protocole MEC de Poche e da Bateria MAC Expandida: Bateria MAC Breve. *Psico (PUCRS. online)*, 2014, v. 44, pp. 288-299.

LEVELT, W. J. M. *A History of Psycholinguistics.* New York: Oxford University Press, 2014.

LURIA, A. R. *Fundamentos de neurolinguística.* Barcelona: Editora Masson; 1980.

______. *Pensamento e linguagem*: as últimas conferências de Luria. Porto Alegre: Artes Médicas, 1986.

MORATO, E. M. Neurolinguística. In: MUSSALIM, Fernanda; BENTES, Anna Christina (orgs.). *Introdução à Linguística*: domínios e fronteiras. 8. ed. São Paulo: Cortez, 2012, v. 2, pp. 167-200.

NOVAES-PINTO, R. C. Cérebro, linguagem e funcionamento cognitivo na perspectiva sócio-histórico-cultural: inferências a partir do estudo das afasias. *Letras de Hoje*, 2012. v. 47, n. 1, pp. 55-64.

ORTIZ, K. Z. (org.). *Distúrbios neurológicos adquiridos:* linguagem e cognição. Barueri: Manole, 2010.

SCLIAR-CABRAL, L. (ed.). *Psycholinguistics:* scientific and technological challenges. Porto Alegre: Edipucrs, 2010.

SCHERER, L. C. A neurolinguística: delimitação do campo de estudos, desafios e perspectivas. In: FIGUEIREDO, Débora de Carvalho. et al. (orgs.). *Sociedade, cognição e linguagem*: apresentações do IX Celsul. Florianópolis: Insular, 2012, v. 1, pp. 235-249.

STEMMER, B.; Whitaker, H.A. *Handbook of the Neuroscience of Language.* New York: Elsevier, 2008.

Psicolinguística e alfabetização

Leonor Scliar-Cabral

O que é Psicolinguística aplicada à alfabetização?

A Psicolinguística aplicada à alfabetização seleciona a teoria que melhor explique os processos envolvidos na aprendizagem inicial e no funcionamento dos sistemas de escrita e depois a utiliza para a elaboração da metodologia nos experimentos que confirmem ou desconfirmem hipóteses de trabalho.

De um modo mais específico, a Psicolinguística aplicada à alfabetização, ao investigar o objeto da aprendizagem, que são os sistemas de escrita – por exemplo, o sistema alfabético –, procura assinalar quais são as características de tais sistemas. Isso é particularmente importante para que se possam evidenciar quais serão os maiores desafios que o aprendiz deverá enfrentar, quais os métodos e material pedagógico mais adequados ao ensino-aprendizagem e, finalmente, quais os conteúdos essenciais à formação de quem ensina, o mediador.

Passarei a fundamentar o que a Psicolinguística aplicada à alfabetização estuda.

O que a Psicolinguística aplicada à alfabetização estuda?

O primeiro objeto de estudo da Psicolinguística aplicada à alfabetização provém de uma ciência chamada Gramatologia, que estuda os sistemas de escrita: eles foram inventados muito recentemente.

A invenção dos sistemas de escrita se dá tardiamente: o protocuneiforme e os hieróglifos egípcios, os mais antigos sistemas de escrita conhecidos, datam ambos do final do quarto milênio a.C. A escrita chinesa data da segunda metade do segundo milênio a.C. e a escrita maia mais antiga foi atestada em Oaxaca, na região costeira do Golfo do México e na região montanhosa da Guatemala, datando entre 500 a 150 a.C. A evolução dos sistemas de escrita demonstra não uma mudança nos genes que processam as línguas naturais, mas uma adaptação crescente aos limites dos circuitos neurais que processam a palavra escrita (Dehaene, 2012).

O protocuneiforme foi inventado sob a pressão de necessidades comerciais: registrar de forma permanente o conteúdo, a quantidade e os valores dos produtos contidos em recipientes transportados a lugares distantes: surge, então, a escrita cuneiforme, posteriormente cunhada em tabletes de argila, secos ao sol. O outro sistema de escrita, o hieroglífico, teve motivação distinta, pois se tratava de registrar de forma permanente os feitos faraônicos. Só bem mais tarde, com a invenção do sistema protoalfabético no Monte Sinai, em 1400 a.C., é que o sistema de escrita passa a aproximar-se do oral, começando a representá-lo: junto com os sistemas de escrita silábicos, são denominados de sistemas fonográficos. A escrita chinesa foi registrada primeiro em oráculos, possivelmente, com fins comerciais em registros que se perderam. A finalidade precípua da escrita maia foi para registrar o calendário, com dados da astronomia e dos ciclos da vida.

Dada a incipiência do sistema sinaítico, os gêneros eram limitados: destinava-se, de início, a registrar de forma permanente textos religiosos, como as inscrições bilíngues (em protossinaítico e hieróglifos), gravadas na pequena esfinge de arenito em louvor da deusa Hathor, datadas de 1400 a.C. Os limites do sistema se deviam ao fato de só representar as consoantes e de ser acronímico: só registrava o fonema inicial de cada palavra.

Foram os gregos que aperfeiçoaram a representação das vogais, iniciada pelos fenícios, e o registro das palavras por inteiro. Tal aperfeiçoamento possibilitou o surgimento do gênero filosófico, do científico e do histórico, pois somente um sistema permanente enseja a reflexão mais complexa, a metalinguagem e a metacognição. A cosmovisão grega dá um salto gigantesco, ao ultrapassar a visão mítica consignada nos textos homéricos orais: a permanência, sobrepondo-se aos limites de processamento da memória imediata e de trabalho, permite a transposição de argumentos encadeados e complexos a períodos com vários encaixes, precedendo e/ou sucedendo a oração matriz, característicos do registro da modalidade escrita. Surgem as bibliotecas como a de Alexandria (desafortunadamente incendiada), nas quais as obras de Aristóteles, de Heródoto, de Safo, de Dioscórides estariam disponíveis para as gerações vindouras. O arquivamento, pois, dos conhecimentos produzidos socialmente e sua transmissão às novas gerações deixaram, por um lado, de estar limitados pela capacidade de registro da memória permanente de um só indivíduo e, por outro, pela capacidade de codificação oral do narrador e de decodificação do(s) ouvinte(s).

Constatar que os sistemas de escrita são uma invenção, corroborado pelos experimentos da neurociência de que os neurônios da leitura não são geneticamente programados para o reconhecimento da palavra escrita, tem profundas repercussões sobre a Psicolinguística aplicada à alfabetização, pois tal processo decorre da aprendizagem, de modo algum simples: não só a alfabetização não é compulsória e espontânea como ocorre com a aquisição do sistema oral, como ela esbarra com processos que vão de encontro a como os neurônios da visão processam o sinal luminoso e a como a fala é percebida.

Por um lado, a medida que foram se aperfeiçoando os sistemas de escrita, mais se aproximaram da arquitetura organizacional do sistema oral. Por outro, dado o fato de ser uma invenção cultural cuja característica fundamental é garantir a permanência textual – portanto, o acúmulo e a universalização dos conhecimentos e, em consequência, o surgimento de novos gêneros, com complexidades cognitivas e de processamento –, houve a necessidade de criar novos traços invariantes a serem automatizados, para o reconhecimento das letras, cujo processamento vai de encontro àquilo para o que os neurônios da visão foram biopsicologicamente programados. Esses neurônios, situados na região occipitotemporal ventral esquerda, deverão aprender (ser reciclados) e automatizar o reconhecimento da direção, da posição (aspectos topológicos) e do número (aspectos matemáticos) de traços que entram na composição das letras.

Os neurônios da visão para reconhecer rostos, artefatos, casas ou demais entidades da natureza foram programados geneticamente para desprezar a posição e direção de uma dada entidade no espaço: tanto faz uma porta estar fechada ou aberta, abrir para a direita ou para a esquerda, será, sempre, reconhecida como uma porta; um copo pode estar emborcado sobre a mesa, ou com a boca para cima, mas será, sempre, reconhecido como um copo. Esse mecanismo de reconhecimento é extremamente útil para que as respostas do organismo aos estímulos sejam rápidas e eficientes.

Mas com os sistemas de escrita, invenção cultural, isso não ocorreu.

Para que se entenda melhor tal conflito, é preciso compreender como funciona a arquitetura dos sistemas linguísticos.

Os níveis mais baixos de tal arquitetura se caracterizam por paradigmas fechados, constituídos de um número muitíssimo limitado de elementos, ou seja, de traços invariantes que, no caso da leitura e da escrita, são gráficos. Diferentemente, porém, dos traços que integram o fonema, não têm a função de distinguir significados, e sim a função de contrastar as letras entre si (no caso da escrita manuscrita, um número limitado de esquemas motores é automatizado para produzir os traços das letras minúsculas e maiúsculas, inclusive as ligaduras entre elas, para tornar a escrita fluente).

Quanto mais baixo o nível menor o número de elementos e mais fechado o paradigma, para garantir a automatização eficiente e o processamento rápido, não dependente de escrutínio consciente e assim liberar os níveis mais altos para os processos cognitivos criativos e conscientes.

Para ficar bem claro que a percepção e a produção de tais elementos em número fechado e limitado têm que estar automatizadas, vou dar um exemplo da comunicação oral. Ao produzir a palavra "teto", você não precisa pensar que tem que colocar a ponta da língua contra os alvéolos para emitir as duas consoantes, nem que tem de abaixar o queixo para que saia a primeira vogal, ou arredondar os lábios para a segunda: os dois gestos silábicos foram automatizados no processo de aquisição da linguagem a fim de que você pudesse voltar sua atenção para traduzir seu pensamento em palavras combinadas em frases, inteligíveis pelo seu interlocutor. Mas, para que haja a automatização de tais gestos, torna-se necessário que o elenco de tais gestos fonoarticulatórios não seja amplo demais ou aberto, a ponto de ultrapassar a capacidade da memória motora de arquivá-los e de evocá-los.

A evolução dos sistemas de escrita, desde os quase icônicos, os ideográficos, os silábicos, até os alfabéticos, conduz à aproximação gradativa para representar a comunicação oral, em que os níveis mais baixos devem possuir um elenco com um número pequeno de elementos, a fim de serem automatizados. Assim, enquanto na escrita hieroglífica e chinesa o leitor e o redator tinham que memorizar centenas de milhares de símbolos, o que restringia o acesso aos sistemas a uma minoria de letrados, os sistemas alfabéticos possibilitaram, junto com a escolarização e, posteriormente, com o advento da imprensa, a socialização do saber escrito.

A introdução nos sistemas alfabéticos de um novo nível na arquitetura, o da segunda articulação, isto é, o nível em que uma ou mais letras se constituem em grafemas e, tal como os fonemas nos sistemas orais, passam a distinguir o significado entre as palavras escritas, implica a diminuição do número de símbolos a serem memorizados: os traços que diferenciam as letras entre si, conforme a seguir, os valores condicionados ou não pelos respectivos contextos e as palavras irregulares.

Tal economia tem, porém, um preço: dominar os traços que entram na composição das letras, como requisito para reconhecer e produzir esses símbolos, vai de encontro a como os neurônios da visão processam o sinal luminoso, conforme mencionado. Essa é uma das razões pelas quais a alfabetização não ocorre de forma espontânea e compulsória, pois os neurônios de uma área específica da região occipital (a caixa das letras) precisam ser reciclados.

Como, pois, se estudam os tópicos da Psicolinguística aplicada à alfabetização? É o que veremos a seguir.

Como estudar esses fenômenos usando a Psicolinguística aplicada à alfabetização?

Darei um exemplo, demonstrando como a Psicolinguística aplicada à alfabetização procede para descrever os traços invariantes que diferenciam as letras de imprensa entre si.

Eis o paradigma do alfabeto em letras de imprensa:

A B C D E F G H I J K L M N O P Q R S T U V W X Y Z
a b c d e f g h i j k l m n o p q r s t u v w x y z

Os traços mais elementares que constituem as letras são as retas e as curvas, cujo reconhecimento, em suas formas invariantes, não é privilégio da espécie humana. Porém, o que caracteriza a utilização dessas formas invariantes na estruturação de um sistema alfabético é o desdobramento em pequenas diferenças, o modo como se articulam e o acréscimo de outros traços diferenciais: a relação com uma linha real ou imaginária (somente nas minúsculas), a direção para cima ou para baixo, e para a direita ou para a esquerda (esse último, o mais complexo dos traços, pois vai de encontro à programação natural dos neurônios para buscar a simetria na informação visual).

Algumas letras são formadas por um só traço, como em I, C, O, maiúsculos; l, c, o, minúsculos.

Já mencionei que os traços mais elementares que constituem as letras são as retas e as curvas, que se desdobram em pequenas diferenças:

- *posição da reta*: vertical, horizontal ou inclinada. Por ex., na letra E, observam-se uma reta vertical e três horizontais, enquanto na letra V, observam-se duas retas inclinadas;
- *tamanho da reta*: note-se que os traços horizontais são sempre menores que os verticais (sempre do mesmo tamanho, numa mesma fonte). Compare, por exemplo, esses tamanhos nas letras E, F, H, L, T.
- *relações entre os traços numa mesma letra*: as relações podem ser entre retas (em qualquer das posições), entre curvas ou mistas, variando o local onde os traços menores se colocam em relação ao eixo principal e quantos são. Assim, a única diferença entre E/F está no fato de E ter um traço horizontal a mais na base, e de ambos se diferenciarem de L porque esse só possui um traço horizontal na base. Já na letra T, o traço vertical tange bem ao meio o traço horizontal que está no topo, enquanto no H é o traço horizontal que liga no meio duas retas paralelas. Observe, pois, que essas cinco letras maiúsculas articulam exatamente os mesmos traços, diferenciando-se apenas pelas relações que estabelecem entre si: L, T, F, E, H.

Encontramos um exemplo de relação entre curvas na letra maiúscula S e minúscula s, mas essa letra, além das grandes dificuldades do grafema por apresentar valores fonológicos diferentes, conforme o contexto gráfico, possui uma dificuldade ainda maior, pelo fato do duplo espelhamento da curva c de cima para baixo e da esquerda para a direita.

O que ocorre mais são as relações mistas. Uma pequena curva combinada com o traço vertical (na verdade, seu prolongamento), ou o inverso, aparece em letras maiúsculas e minúsculas, como J, a, f, g, h, j, m, n, r, t, u. Uma combinação mais complexa ocorre no estilo *Times New Roman*, usado para g minúsculo. Uma outra combinação mista ocorre entre a curva c e a reta, acrescida de uma das dificuldades maiores no reconhecimento das letras, a direção para a direita ou para esquerda, e para cima ou para baixo (espelhamento), conforme as letras: B, D, P, R, nas maiúsculas; b, d, p, q, nas minúsculas.

- *direção para a direita ou para esquerda, e para cima ou para baixo (espelhamento)*: deixamos para o final a maior dificuldade para o reconhecimento das letras, ou seja, a diferença entre a direção do traço para a esquerda ou para a direita e, em menor escala, a diferença entre a direção do traço de cima para baixo ou o inverso: o *espelhamento*. Como já afirmado, a percepção dessa diferença vai de encontro à programação natural dos neurônios para buscar a simetria na informação visual, daí a grande dificuldade de aprendizagem. Essa diferença é a única que existe entre os seguintes pares: b/d, p/q (diferença para a direita ou para a esquerda) e entre M/W, n/u, b/p, d/q (diferença de cima para baixo ou o inverso) e, em menor grau, entre A/V, S/Z, a/e, s/z, f/j.

Neste passo, examinei o nível mais baixo da arquitetura do sistema escrito. Mas recorde que, em cada nível, as unidades do nível anterior vão sendo estruturadas numa ordem de complexidade e quantidade crescente: o primeiro nível é o dos traços combinados simultaneamente, e não em cadeia, para formar cada letra, que acabei de examinar; o segundo nível é o do grafema, realizado por uma ou duas letras, *associado ao fonema que representa* e *cuja função é distinguir a significação básica* das unidades puramente gramaticais ou das que se referem à significação externa; o terceiro nível é o das unidades cuja função é referenciar a significação puramente gramatical ou externa; o quarto nível é o das frases, com função nominal, verbal ou preposicional; o quinto nível é o das orações, cuja função é proposicionar; o sexto nível é o dos períodos, cuja função é combinar as proposições e o sétimo ou último nível é o do texto, cuja função é combinar as ideias, de modo coerente, em torno de uma unidade temática.

Traduzir, no entanto, o texto oral ao escrito implicava (e ainda implica) outros desafios, pois a comunicação oral, em virtude de sua transitoriedade, caracteriza-se pela variação determinada por inúmeros fatores, criando-se o seguinte paradoxo: como representar enunciados em constante mutação por outros que se caracterizam pela *permanência*? Responder a essas questões suscita as grandes linhas de pesquisa da Psicolinguística aplicada à alfabetização que você verá a seguir, ilustradas com exemplos.

Quais são as grandes linhas de investigação?

Examinarei, em primeiro lugar, a variação sociolinguística e fonética, condicionada pela coarticulação.

O dilema que se apresentou aos linguistas do início do século XX, graças ao desenvolvimento sem precedentes da tecnologia instrumental da física acústica, resumia-se na pergunta: "Como as pessoas pertencentes a uma mesma comunidade linguística se entendem, se os sons relativos a uma mesma palavra apresentam propriedades acústicas divergentes de indivíduo para indivíduo?" E como explicar que os aclives e declives dos formantes de uma consoante oclusiva percebida como tal fossem distintos, dependendo da vogal que a seguisse?

Teoricamente, tal dilema foi resolvido com o conceito de fonema, a pedra angular da reviravolta linguística do início do século XX: a unidade mínima distintiva. Assim, se um falante do interior mineiro realiza o terceiro segmento da palavra "parte" como uma retroflexa e um carioca o realiza como fricativa velar surda, ambas não são realizações de fonemas distintos, pois não houve mudança de significado: jamais serão encontrados no português brasileiro (PB) contextos idênticos, substituindo um segmento retroflexo por uma fricativa velar surda, em que haja mudança de significado. Trata-se de variantes fonéticas (sons), ou realizações de um mesmo fonema, entidade psíquica de natureza abstrata.

O conceito de fonema passou por desdobramentos, como o de feixe de traços distintivos, em que não o fonema na sua totalidade, mas, sim, um ou mais de seus traços têm a função de distinguir significados.

A intuição dos inventores dos sistemas alfabéticos sobre a invariância dos fonemas e sua representação aproximada nos sistemas de escrita alfabéticos pelos grafemas vieram ao encontro da necessidade pragmática de registrar de forma permanente as informações e assim difundi-las por vastos espaços geográficos a uma mesma comunidade linguística. Dada a maior complexidade dos textos escritos, com seus léxicos especializados, urgia evitar ambiguidades, como é o caso dos homófonos: passou-se, então, a utilizar além da correspondência fonema/grafema, o critério etimológico, mantendo-se a grafia original do radical primitivo. Surgiram, então, os homófonos não homógrafos, fonte de grandes dificuldades para os redatores avessos à leitura. Um exemplo, no contexto brasileiro atual, é o de nossos alunos que não sabem por que ascender (subir) se escreve com "sc" e acender (fazer fogo) se escreve com "c".

No entanto, pelo fato de os sistemas orais se modificarem continuamente, cria-se uma distância entre eles e sua representação gráfica, maior ainda, nos países onde não se realizam reformas ortográficas periódicas, como os países anglo-saxões e a França.

Outra diferença diz respeito aos sinais de pontuação convencional, em número diminuto, para assinalar os constituintes sintáticos tais como sintagmas nominais e preposicionais coordenados, orações e períodos, bem como os marcadores discursivos e, de modo muito escasso, as manifestações expressivas. Na primeira função, não coincidem sempre com as pausas dos enunciados orais, as quais são muitas vezes determinadas pelo planejamento, como ocorre na separação entre a informação conhecida (sujeito) e a nova (predicado). Na segunda função, para marcar as emoções, não conseguem dar conta de toda a gama revelada paralinguisticamente pelas expressões faciais, pelos movimentos corporais e pelos matizes da voz.

A intuição que os inventores dos sistemas alfabéticos tiveram sobre a realidade psicológica dos fonemas os levou a um dos maiores feitos culturais de que se tem notícia, indo de encontro a como a cadeia da fala é percebida pelos ouvintes, ou seja, conseguiram desmembrar a sílaba, recobrindo a consoante inicial, fossem quais fossem as variantes fonéticas que apresentasse, por um símbolo escrito, revelando outra intuição de um princípio essencial às teorias de reconhecimento, o de invariância (Dehaene, 2012: 151 e segs.), outra importante linha de pesquisa.

Discorrerei sobre alguns princípios gerais para o reconhecimento dos dados da fala ou da escrita, colhidos em primeira instância pelos receptores sensoriais de que somos dotados e a seguir processados rapidamente pelos neurônios das respectivas áreas primárias: uma primeira triagem é realizada, reduzindo redundâncias e parametrizando os dados primários a traços acústicos e visuais invariantes, fixados, os primeiros, durante o processo de aquisição da variedade sociolinguística pela criança e os segundos, quando o aluno se alfabetiza. O produto (*output*) deste primeiro processamento é enviado respectivamente à região secundária temporal esquerda (no caso dos traços acústicos) e à região occipital ventral esquerda (no caso dos traços das letras), se o indivíduo já aprendeu a ler. O reconhecimento ocorre emparelhando o produto (*output*) deste primeiro processamento com as representações armazenadas na memória fonêmica e na dos traços invariantes das letras. Existem, hoje, evidências empíricas provindas da neurociência que comprovam tal princípio, inclusive quando se trata do reconhecimento de palavras manuscritas (Qiao et al., 2010).

Do ponto de vista epistemológico, o princípio da invariância da representação mental das unidades linguísticas, postulado pelo estruturalismo europeu e, também, sob outro enfoque, por correntes norte-americanas, ao oporem o nível ético ao êmico, hoje confirmado pela neurociência, esteia-se na impossibilidade gnosiológica de termos em nossas memórias as representações de todos os fenômenos do devir espaçotemporal e histórico, para reconhecê-los. Como se explicaria a possibilidade de decodificar e compreender textos manuscritos, uma vez que cada indivíduo possui um estilo idiossincrático de manuscrever?

Outra linha de investigação de que se ocupa a Psicolinguística aplicada à alfabetização diz respeito à consciência fonêmica.

Em virtude da característica fundamental de o processamento da cadeia da fala ser como um contínuo, não há pausas entre as palavras que a constituem, nem contrastes entre os sons que realizam os fonemas.

Em decorrência, se observam os seguintes aspectos:

- as fronteiras que delimitam o final e o início das palavras são muitas vezes opacas, particularmente no que diz respeito aos clíticos (vocábulos átonos) e quando o vocábulo termina por uma consoante e o seguinte inicia por vogal, ou quando há o encontro de duas vogais átonas: dá-se, então, o fenômeno da juntura fechada externa, também conhecida como sândi externo, como no exemplo /u´zinuzezeku´taduS/→ "os hinos executados". Observe, também, a ressilabação. No francês, tal fenômeno é conhecido como *liaeson.*
- quando a criança chega à escola, seu léxico fônico não coincide com aquele do sistema escrito: grande parte das crianças, ao invés de « olhos », terá no seu léxico mental « zoio ». Isto explica por que, no início, a escrita infantil apresenta tanta infrassegmentação de palavras, como, por exemplo, « agente », ao invés de « a gente », « zovido », « simbora », ou suprassegmentações, uma vertente da hipercorreção, como em « canta-mos ». Somente o ensino-aprendizagem consciente, sistemático e lúdico poderá levar a criança a refazer, aos poucos, os limites de seu léxico, inclusive, dos clíticos.

Como o nosso sistema de escrita é alfabético, além dos desafios anteriormente apontados, o alfabetizando deverá aprender a relacionar os grafemas (constituídos no português brasileiro escrito por uma ou duas letras, conforme já examinado) aos respectivos fonemas representados. A condição para tal aprendizagem é saber segmentar as unidades que constituem a sílaba, um dos maiores desafios no processo da alfabetização. Para vencê-lo, o aprendiz deverá, paralelamente, desenvolver a consciência fonêmica, pois, embora todo ouvinte/falante de qualquer língua tenha um conhecimento para o uso dos fonemas de sua língua, somente os alfabetizados possuem um conhecimento consciente.

Cabe, em primeiro lugar, definir o que vem a ser consciência fonêmica e, se tal consciência é sobre unidades fonêmicas, o estatuto de tais unidades.

A consciência metalinguística e a consciência fonêmica na qual ela se insere decorrem de o ser humano poder se debruçar sobre um objeto, no caso, a linguagem, de forma consciente, utilizando uma linguagem. No caso particular da consciência fonêmica, o objeto sobre o qual você se debruça conscientemente são os fonemas, e a linguagem utilizada é o alfabeto.

Portanto, uma primeira distinção a ser feita é entre conhecimento para o uso, não consciente, dos fonemas de uma língua, que todo o falante-ouvinte nativo tem, independentemente ou não de ser alfabetizado, pois utiliza com propriedade, quer quando escuta, quer quando fala, a diferença entre /ˈbala/ e /ˈmala/, e o conhecimento consciente dos fonemas, ou consciência fonêmica que se desenvolve lado a lado com a aprendizagem do sistema alfabético da respectiva língua.

Se o objeto da consciência fonêmica é o fonema, é preciso também ter claro o conceito de fonema, pois muitos confundem fonema com som, ou colocam, dentro do objeto da consciência fonêmica, outras capacidades de lidar com os sons.

Então, o que é o fonema? A definição clássica, estabelecida pelo linguista Jakobson (Jakobson e Halle, 1972), é: o fonema é um feixe de traços distintivos.

Vou clarear, ponto por ponto, o que está implícito nessa definição:

- O fonema tem uma função distintiva, isto é, serve para distinguir um significado básico de outro, como no já citado exemplo de /ˈbala/ e /ˈmala/. Veja bem, o fonema não tem significado: serve para distinguir significados. Quer dizer que /b/ e /m/ não significam nada, mas, trocando um pelo outro no contexto /ˈ_ala/, o significado se altera.
- Se você observar bem, vai notar (e agora vou mencionar os traços que constituem os dois fonemas) que:
  1º traço: ambos são consoantes [+cons];
  2º traço: /b/ é [+obstruinte], isto é, uma oclusiva, pois há um obstáculo à saída do ar pelo trato vocal e /m/ é [-obstruinte], uma vez que o ar sai pelas narinas, sem encontrar obstáculo;

3º traço: /b/ não é contínuo [-cont], e sim momentâneo, isto é, não pode perdurar na prolação (e, por isso, não pode ser produzido isoladamente) enquanto /m/ é [+cont], pois pode perdurar na prolação;
4º traço: [+nasal], pois as moléculas de ar ressoam nas fossas nasais em /m/ e ressoam no trato bucal em /b/;
5º traço: em ambos as pregas vocais vibram, por isso eles são sonoros [+son], embora esse traço seja redundante nas consoantes nasais;
6º traço: ambos são anteriores, [+ant], pois são articulados na parte mais anterior do trato vocal, ou seja, com os lábios fechados;
7º traço: ambos não são coronais, [-cor], pois não são articulados com a coroa da língua contra os alvéolos ou parte anterior do palato duro.

Conforme se pode verificar, a diferença entre /b/ e /m/ não é *in totum*, e sim apenas entre os traços [+obstruinte], [-cont] de /b/ contra [-obstruinte], [+cont] e [+nasal] de /m/.

O feixe de traços de /b/ é constituído de [+cons], [+obstruinte], [-cont], [+son], [+ant] e [-cor]. Ele se diferencia de /p/, apenas porque esse fonema é [-son] e de /d/, apenas porque esse é [+cor].

- Por que o fonema não é som? Porque o fonema é uma entidade psíquica: assim como você não pode colocar uma cadeira dentro de sua cabeça, as moléculas de ar que se comprimem e rarefazem para produzir as ondas acústicas também não entram dentro dela. Lembra-se dos traços invariantes das letras? Pois bem, o fonema é um feixe de traços invariantes, de natureza abstrata, que são reconhecidos por sua função de distinguir significados, permitindo que as pessoas se comuniquem através da linguagem verbal. Não importa como as pessoas pronunciem o terceiro segmento que aparece na palavra carta, pois o som que o carioca produz só tem de parecido com o que um gaúcho de Bagé diz pelo fato de que ambos são consoantes, e só! MAS O FONEMA É O MESMO!

Quando o bebê nasce, os neurônios das áreas primárias são sensíveis para discriminar as diferenças categoriais entre quaisquer sons que possam existir em qualquer língua, mas, obviamente, não se trata de fonemas, pelas seguintes razões:

> 1ª – conforme expliquei anteriormente, o fonema serve para distinguir significados. Ora, ao nascer, o bebê ainda não está com as conexões neurais estabelecidas com as áreas que processam as significações básicas, nem tampouco teve experiência suficiente com a variedade linguística materna, para reorganizar as pautas acústicas pertinentes a tal variedade. São precisos alguns meses para que se estabeleçam conexões entre as várias áreas do sistema nervoso central, pois "certas áreas associativas específicas e não específicas do córtex, bem como as conexões axônicas que as ligam", jogam um papel principal nos aspectos semânticos da linguagem receptiva e produtiva, em particular, o lóbulo parietal inferior.

Conforme se pode depreender, o fato de o infante ser capaz de, após condicionamento, dar respostas diferenciadas a estímulos categoriais, no chamado paradigma HAS (high-amplitude sucking), ou de ser capaz de emitir uma gama bastante rica de sons (inarticulados), não significa, no primeiro caso, que ele já esteja demonstrando qualquer tipo de consciência fonêmica, ou, no segundo, que ele já esteja produzindo gestos fonoarticulatórios de uma dada língua.

Decorrem destas evidências muitas implicações para o que se considera pertinente no desenvolvimento da consciência fonêmica:

- o desenvolvimento da consciência fonêmica pode ajudar o alfabetizando a vencer a dificuldade em segmentar a sílaba;
- tal desenvolvimento depende do domínio gradativo do sistema alfabético, pois, para desenvolver a consciência fonêmica, o indivíduo necessita de uma linguagem e essa linguagem é o alfabeto;
- não se deve confundir consciência fonêmica com habilidades para discriminar diferenças entre sons, pois o fonema é uma entidade que tem a função de distinguir as significações básicas.

Decorre do exposto que a consciência fonêmica deve ser trabalhada simultaneamente com a apreensão dos grafemas, realizados por uma ou duas letras no português brasileiro escrito. Neste sentido, um exemplo de aplicação da Psicolinguística à alfabetização é dado pelo Sistema Scliar de Alfabetização (Scliar-Cabral, 2013; 2014a, 2014b): para ensinar os neurônios da leitura a reconhecer os traços das letras, o aprendiz é chamado a acompanhar com o dedo a direção dos traços de cada letra que constitui uma palavra de um texto a ser lido interativamente pelo professor (palavras não negritadas) e pela criança (palavras em negrito); simultaneamente ao traçado, o aprendiz emite o som, correspondente à realização do fonema representado pelo respectivo fonema (desenvolvimento da consciência fonêmica). Tais práticas ampliam o âmbito da convocação do máximo de sentidos na aprendizagem, defendido por Montessori.

A última linha de pesquisa de que tratarei diz respeito ao levantamento exaustivo dos valores dos grafemas numa dada língua.

Os métodos fônicos que melhores resultados apresentaram até hoje foram aqueles que propuseram a alfabetização pelos valores dos grafemas, e não pelos nomes das letras. Isto é particularmente relevante em sistemas de escrita mais transparentes, como é o caso do português brasileiro. A seguir, um exemplo de como se alfabetiza por esses valores (Scliar-Cabral, 2014b):

O único valor do grafema RR rr

Começarei com o valor do grafema RR rr, porque ele é único: só pode ocorrer entre grafemas que representam vogais ou semivogais, com o valor do fonema /R/, como em carro.

Os dois valores do grafema R r

O grafema R r pode ter dois valores: o fonema /R/ ou o fonema /r/. O grafema R r tem o valor do fonema /r/, que se realiza com uma batidinha do dorso da língua contra os alvéolos, nas seguintes posições: a) entre grafemas que representam vogais ou semivogais, como em caro, feira; b) nos encontros consonantais, como em prato, bronca. O grafema R r tem o valor do fonema /R/ que apresenta muitas variantes, conforme as variedades geográficas, como é o caso de [x] do carioca, [r] da fronteira do Rio Grande do Sul, ou o retroflexo da variedade caipira, nas seguintes posições: a) em início de vocábulo (obrigatória), como em roda; b) em final de vocábulo, não seguido de vocábulo que inicie por grafema que represente vogal, como em mar, mas a tendência é o apagamento desta consoante em posição final, salvo se o vocábulo for monossílabo. Caso o vocábulo seguinte comece por vogal, o fonema que ocorre é o /r/, que se realiza com uma batidinha, além de haver uma reanálise silábica, como você pode verificar se contar as sílabas ao dizer de forma fluente a frase comer uva → co –me –´ru – va. Em final de sílaba interna o valor como /r/ ou como /R/ é opcional. Exemplo: CARTA carta. É um desafio explicar tudo isto para uma criança. Vamos tentar?

Para uma alfabetização eficaz, não basta, porém, o desenvolvimento paralelo da consciência fonêmica e do reconhecimento dos traços que distinguem as letras entre si: torna-se necessário trabalhar também outros aspectos da consciência metalinguística, como a do vocábulo, particularmente dos vocábulos átonos, refazendo os limites obscurecidos pelo processamento da cadeia da fala como um contínuo. De não menor importância, urge ensinar a atribuição do acento de intensidade para o reconhecimento da palavra escrita, pois o português é uma língua de acento variável.

Neste capítulo, propus-me definir o que é a Psicolinguística aplicada à alfabetização. Expliquei, dando exemplos, o que ela estuda, ou seja, os processos envolvidos na aprendizagem da leitura e da escrita, a começar pela automatização do nível do domínio dos traços invariantes de que se compõem as letras e dos valores que os grafemas têm, quer sejam dependentes ou não do contexto.

Demonstrei que os sistemas de escrita são uma invenção tardia que evolui, gradativamente, até aproximar-se da representação da fala, nos sistemas alfabéticos.

Mostrei que, embora os sistemas alfabéticos contemplem o requisito da economia, para possibilitar uma automatização eficiente, há um preço no fato de que todos os sistemas de escrita vão de encontro à forma como os neurônios da visão são programados para descartar informações não pertinentes, pois os sistemas de escrita exigem a assimetrização da informação. Os sistemas alfabéticos, em específico, ainda vão de encontro ao tratamento da cadeia da fala, ao exigirem o desmembramento da sílaba.

Tudo isso requer um ensino-aprendizagem sistemático, apoiado nos avanços das ciências que se ocupam do processamento da linguagem verbal oral e escrita, a fim de garantir metodologias adequadas, a produção de material pedagógico condizente e, sobretudo, a formação básica e contínua do mediador responsável pela alfabetização.

O que eu poderia ler para saber mais?

Os neuropsicólogos que mais têm contribuído para a aplicação dos conhecimentos científicos à alfabetização no contexto da língua portuguesa são José Morais (1996) e Morais (2013). O livro de Stanislas Dehaene (2012) contém capítulos especialmente dedicados à alfabetização. Cardoso-Martins (1991) publicou resultados de pesquisa sobre consciência fonológica, e Soares (2004) tem esclarecido a interdependência entre letramento e alfabetização. O Sistema Scliar de Alfabetização (Scliar-Cabral, 2013; 2014a; 2014b) aplica os avanços da neurociência para erradicar o analfabetismo funcional no Brasil.

Recomendamos as seguintes leituras:

CARDOSO-MARTINS, C. A consciência fonológica e a aprendizagem inicial da leitura e da escrita. *Cadernos de pesquisa*, v. 76, pp. 41-9, 1991.

DEHAENE, S. *Os neurônios da leitura*. Trad. e supervisão de L. Scliar-Cabral. Porto Alegre: Penso, 2012.

JAKOBSON, R.; HALLE, M. *Fundamentals of language*. The Hague: Mouton, 1972.

MORAIS, J. *A arte de ler*. São Paulo: Editora da Unesp, 1996.

MORAIS, J. *Criar Leitores*: para professores e educadores. Barueri: Minha Editora, 2013.

______.; KOLINSKY, R. Literacy and cognitive change. In: GOSWAMI, U. et al. (orgs.). *The Science of Reading*: a handbook, 2008, pp. 188-203.

QIAO, E.; et al. *Unconsciously deciphering handwriting*: Subliminal invariance for handwritten words in the visual word form area. Neuroimage, v. 49, n. 2, pp.1786-99, 2010.

SCLIAR-CABRAL, L. *Sistema Scliar de Alfabetização:* fundamentos. Florianópolis: Lili, 2013.

______. *Aventuras de Vivi*. Florianópolis: Lili, 2014a.

______. *Sistema Scliar de Alfabetização:* roteiros para o professor, 1° ano. Florianópolis: Lili, 2014b.

SOARES, M. Letramento e alfabetização: as muitas facetas. *Rev. Bras. Educ.*, n. 25, pp. 5-17, abr. 2004.

Psicolinguística e leitura

José Morais
Régine Kolinsky

O que é a Psicolinguística da leitura?

É função da escrita representar a linguagem oral e, em particular, é função das escritas fonográficas codificar a fala. A função inversa da escrita é realizada pela leitura, que decodifica o que aquela codifica.

Palavras são as formas fonológicas aceitáveis em uma língua, ou seja, que respeitam as suas regras fonotáticas, e às quais está associado algum significado. Resultam da coarticulação de unidades elementares abstratas (sem correspondência acústica invariante), designadas pela linguística como fonemas. É característica dos alfabetos representar os fonemas. Porém, os fonemas e suas combinações na fala podem não ser iguais nas várias línguas que utilizam um mesmo alfabeto e, por razões históricas, podem não estar sempre associados aos mesmos caracteres escritos.

A habilidade específica à leitura é a que permite processar as palavras escritas de uma língua de tal maneira que o leitor, utilizando o conhecimento explícito ou implícito que adquiriu do respetivo código ortográfico, possa com rapidez e exatidão reconhecer ou identificar as palavras orais correspondentes. Na leitura também se utilizam outras capacidades, as quais são necessárias para analisar, compreender, interpretar, avaliar e memorizar o que é comunicado por escrito ou oralmente.

A língua adquire-se por exposição durante a infância e não requer ensino sistemático. Não poderá ser adquirida mais tarde, ou só de maneira muito imperfeita. Pelo contrário, a aquisição da leitura e da escrita depende de instrução, ou pelo menos de estimulação orientada, e pode se dar em qualquer idade a partir da pequena infância (com eficiência crescente entre 3 e 6 anos).

A análise científica da leitura tem suas origens na criação do primeiro laboratório de psicologia experimental por W. Wundt em 1879. Pouco depois, Cattell (1886) e outros publicaram trabalhos relevantes sobre o reconhecimento das palavras. Cattel, em particular, observara que as letras são mais bem identificadas quando fazem parte de palavras do que de sequências que não são palavras. Em 1969, Reicher mostrou que este efeito de "superioridade das palavras" não se deve ao fato de as letras em palavras poderem ser parcialmente inferidas a partir do seu contexto. McClelland (1979) explicou este fenômeno: as palavras são identificadas como resultado da ativação e retroativação automáticas de uma hierarquia de níveis de processamento ("detecção" dos traços das letras, das letras e das palavras). Antes dessa época, apesar da rejeição do estudo dos processos mentais pelo behaviorismo dominante, já tinha sido descoberto o "efeito Stroop": é mais demorado indicar a cor da tinta com que aparece escrita uma palavra, e faz-se mais erros quando a palavra designa outra cor (*e.g.*, "vermelho" escrita em verde) do que cor nenhuma. Esse efeito revelou uma característica essencial do processamento que conduz à identificação das palavras escritas: ele é automático e irrepressível (ler Rayner et al., 2012).

A Psicolinguística da leitura examina os mecanismos cognitivos de processamento da informação durante a leitura e o faz recorrendo ao método experimental característico das ciências da natureza, em particular criando situações (paradigmas) tais que, a partir do comportamento registrado, se possam inferir os processos utilizados. Esses paradigmas, na sua maioria também empregados no estudo do reconhecimento da linguagem oral, são adaptados às características visuais e espaciais do material escrito e à natureza dos processos envolvidos (nomeadamente, a extração em paralelo da informação presente em uma região limitada do campo visual). Um deles baseia-se no efeito de *priming*, ou seja, da influência que o processamento de um estímulo tem sobre o de outro, geralmente apresentados em sucessão. As tarefas dos participantes são variadas. Assim, a de decisão lexical consiste em responder se o estímulo-alvo é ou não palavra. Registra-se a correção da resposta e o tempo de reação (latência entre a apresentação do estímulo-alvo e o início da resposta).

Há cerca de 40 anos é utilizada uma técnica de registro dos movimentos oculares que permite, por meio de um programa de computador, manipular o texto durante a sua leitura a fim de pôr em evidência o que é processado em cada fixação em função do tipo de estímulo fixado ou projetado próximo do ponto de fixação. Esses estudos têm nos mostrado de maneira detalhada o comportamento de leitura e informam-nos sobre, por exemplo, como se articulam no tempo a extração de informação visual superficial e da mais abstrata (independentemente da forma física da mesma letra) ou a extração da informação ortográfica e fonológica relativa às palavras do texto, ou ainda como procede o sistema de controle dos movimentos oculares (movimentos sacádicos progressivos e regressivos de amplitude variável) ao longo das linhas do texto.

A Psicolinguística da leitura, sendo cognitiva (estuda os processos mentais de processamento da informação) e experimental (utiliza o método que consiste em comparar os efeitos, no comportamento, de variáveis experimentais entre elas e/ou relativamente a uma situação de controle), recorre também a outros métodos desde os anos 1980. Um deles é a modelização em computador dos processos envolvidos na leitura. Os resultados de tais modelizações, embora não permitam provar como funciona a mente do leitor humano, têm sugerido pistas importantes para compreendê-la e, assim, suscitar novas pesquisas experimentais. O outro tipo de método aproveita os instrumentos de observação e medida das ativações que têm lugar no cérebro durante a leitura. Incluem a eletroencefalografia (registro das modificações, suscitadas pelas manipulações experimentais, dos componentes dos potenciais evocados pelos estímulos), a ressonância magnética nuclear e a magneto-encefalografia (registro das graduações de ativação em diferentes regiões cerebrais e da dinâmica da sua interconectividade), e a estimulação de regiões predeterminadas do cérebro por correntes elétricas ou magnéticas muito breves, mas repetidas em alta frequência.

Convém ter em conta que, desde os fins do século XIX, os estudos neurológicos de pacientes afetados por lesões cerebrais nos trouxeram muitas informações relevantes sobre as regiões do cérebro envolvidas na leitura. A partir da década de 1960, houve uma intensa corrente de estudos sobre a leitura na área da Neuropsicologia Cognitiva. Muitas descobertas importantes foram feitas comparando casos individuais de déficit de leitura como consequência de lesão cerebral em adultos que eram previamente bons leitores, suscitaram teorizações sobre os mecanismos e tiveram muita influência no desenvolvimento ulterior do que hoje chamamos a "ciência da leitura" (Snowling e Hulme, 2005).

O que a Psicolinguística da leitura estuda?

Em uma fração de segundo, podemos reconhecer qualquer palavra escrita entre muitas dezenas de milhares, qualquer que seja o formato de letra (minúscula *vs.* maiúscula, em diferentes fontes), em escrita impressa, manual ou cursiva, e apesar da variedade das escritas individuais. Essa proeza está acima das capacidades do melhor computador. É, portanto, enorme o desafio que se coloca à Psicolinguística da leitura.

Hoje sabemos que não adivinhamos as palavras contidas nos textos e que a nossa compreensão dos textos assenta, independentemente dos processos próprios à atividade de compreensão, na identificação rápida e automática das palavras escritas. Como as identificamos, como as reconhecemos? Não temos consciência de processar cada letra contida em cada palavra e, no entanto, as pesquisas têm nos mostrado que o reconhecimento ou a identificação da palavra escrita passa pelo processamento em paralelo das letras. Enquanto o leitor principiante decodifica a palavra processando as letras de maneira intencional, sequencial, direcional, da esquerda para a direita no nosso sistema de escrita, nós, leitores hábeis, dispomos de um mecanismo que opera de maneira não intencional e não direcional. Não tendo consciência desse mecanismo, só a pesquisa cientifica pode informar-nos sobre como processamos as letras e, a partir delas, as palavras escritas.

Segundo uma teoria, as letras são processadas por bigramas, incluindo "bigramas abertos": por exemplo, os bigramas "co", "oi", "ci", "is", "ia", "sa" são todos consistentes com a palavra "coisa" ("c_i" e "i_a" são bigramas abertos). Assim, seriam processadas as menores combinações de letras que respeitam a sua ordem, mas não necessariamente a sua posição. A harmonização e a redundância entre essas sequências, processadas ao mesmo tempo, garantiriam uma alta probabilidade de reconhecimento rápido e correto. Segundo outra teoria, durante a leitura são ativadas em paralelo, ou quase, representações ortográficas e fonológicas que correspondem a estruturas sublexicais tais como o grafema-fonema (simples, por ex. "b" – /b/, ou complexo, por ex., "ou" – /o/), o ataque (por ex., a consoante ou o grupo consonântico iniciais de "golo" e "grilo"), a rima ("-olo" e "-ilo", /olu/ e /ilu/), a sílaba ("bo"-"lo", /bo/-/lu/, e "gri"-"lo", /gri/-/lu/) e até fonogramas maiores do que a sílaba ("para-", "- ação", "-mente"). Ambas as teorias têm sido apoiadas por evidências experimentais, que serão ilustradas na seção seguinte, podendo até pensar-se que as duas sejam pertinentes em níveis diferentes do processo de reconhecimento da palavra.

Outra questão relativa ao reconhecimento das palavras escritas diz respeito ao estágio do processamento em que a informação fonológica é ativada. Duas certezas balizam a pesquisa: a informação fonológica não pode ser ativada sem que alguma informação sobre as letras tenha sido alcançada, e ela tem de estar disponível em memória de trabalho para as operações de processamento sintático e semântico das frases e dos seus constituintes. As interrogações incidem sobre (1) a relação temporal entre o processamento ortográfico e o processamento fonológico (até que ponto o primeiro precede o segundo) e (2) o fato de o processamento fonológico ser pós-lexical (ocorrer depois do reconhecimento da palavra) ou, alternativamente, pré-lexical (precedê-lo e talvez contribuir para o próprio reconhecimento da palavra). Adiante veremos um estudo que mostra que é extremamente curto o intervalo temporal entre o começo do processamento da informação fonológica e da informação ortográfica e que a ativação de ambos os tipos de informação é pré-lexical no sentido de que ela não depende do fato de a sequência de letras formar uma palavra.

Sabemos que o reconhecimento das palavras é influenciado pela sua familiaridade. Sendo difícil medir a familiaridade individualmente, nos experimentos controla-se sistematicamente a frequência de uso das palavras escritas na língua para que a interpretação dos resultados não seja contaminada por esta variável. Outras variáveis lexicais que devem ser controladas são o comprimento da palavra, a complexidade da sua estrutura (ortográfica e fonológica), o número de vizinhos ortográficos e fonológicos (que diferem da palavra-alvo por uma só letra ou um só fonema), e na medida em que a palavra é susceptível de evocar uma imagem. Certos tipos de informação semântica podem também influenciar o reconhecimento.

Note-se que a apresentação da palavra em texto, em vez de isolada, não afeta a natureza do processamento, mas pode acelerar o seu reconhecimento e pode até, como mostra a observação dos movimentos oculares, fazer que o leitor não precise fixar e processar certas palavras (é o caso de palavras curtas e muito frequentes e/ou altamente previsíveis dado o contexto anterior). Quanto às questões relativas à compreensão na leitura de textos, muitas delas não são específicas da leitura, colocam-se também para a compreensão do discurso oral e de sequências de imagens (como os filmes). No entanto, a leitura de texto coloca problemas específicos. A complexidade sintática e informacional é muito maior na linguagem escrita do que na oral. Em contrapartida, salvo durante a escuta repetida de uma gravação, a compreensão de texto pode fazer-se através de sucessivas releituras ou de retornos. Note-se que, ao longo da aprendizagem da leitura, o índice que revela a melhoria mais tardia é a taxa de movimentos oculares de regressão na linha. Segundo um estudo norte-americano, as crianças do 5° e do 6° ano já fazem pouco mais do que uma fixação por palavra em média (1,17 e 1,06, respectivamente), aproximando-se dos adultos (0,94), o que é um grande progresso relativamente às crianças do 1° ano (1,91); assim, a taxa de regressões oculares, entre o 1° e o 5° ano, é alta e estável (26-28%) e só no 6° ano começa a descer (22%), embora continue muito mais alta do que a dos 14% dos adultos. Esse progresso tardio na redução da taxa de regressões oculares é revelador de quanto a leitura mais avançada se caracteriza por uma mais eficiente capacidade de integração cognitiva da informação processada em linha.

Até aqui, todas as questões enunciadas referem-se à leitura hábil. A leitura constitui uma criação cultural recente da humanidade e requer, para a sua reprodução em cada indivíduo, ensino institucionalizado e sistemático, vários anos de treinamento, uma longa prática cotidiana. Muitas crianças experimentam dificuldades consideráveis para adquiri-la e uma parte delas, talvez 3% da população, apresenta um transtorno específico, ou quase, da aprendizagem da leitura – a *dislexia*. As principais questões que a aprendizagem da leitura e a dislexia suscitam são pertinentes para a compreensão não só dessa aquisição, mas também da aprendizagem em geral. O que tem a aprendizagem da leitura de específico? Ou seja, em que se diferencia de outras aprendizagens visuais como a do reconhecimento dos objetos ou de outros símbolos e como a do processamento do espaço e das relações espaciais, ou de aprendizagens auditivas como a da música? Quais são as consequências da aprendizagem da leitura para a organização mental e cerebral das funções? Em que medida ela desencadeia uma *competição* e reorganização das funções preexistentes e dos seus substratos neurais, e em que medida, de maneira produtiva, ela tem um efeito de estimulação, expansão e *potencialização* de outras funções específicas, como por exemplo a resolução de problemas matemáticos, ou transversais, como por exemplo a memória e o raciocínio?

Relativamente à aprendizagem da leitura, importa determinar em que medida depende de capacidades linguísticas, em particular fonológicas, e das características do sistema de escrita. Está hoje demonstrado que a via mais eficaz para aprender a ler em um sistema alfabético de escrita é a que promove explicitamente desde o começo a compreensão do princípio desse sistema (o "princípio alfabético"), o que inclui a tomada de consciência dos fonemas, a sua associação às letras e aos grafemas, e o desenvolvimento das habilidades para operar mentalmente com representações fonêmicas e, mais geralmente, fonológicas. No entanto, ainda há pouca pesquisa rigorosa sobre os meios mais eficientes para atingir tais resultados. Também ainda falta saber mais detalhadamente como se pode desenvolver melhor a habilidade de decodificação, a qual já permite uma leitura autônoma, e, sobretudo, como estimular, a partir desta, a leitura hábil, automática, baseada na ativação de representações lexicais ortográficas consolidadas em uma forma de memória a longo prazo. O desenvolvimento das habilidades de leitura depende de muitas variáveis mediadoras, tais como a atenção, a memória, o conhecimento do vocabulário e a sua estruturação e organização, e por sua vez contribui para melhorar e aprofundar tais capacidades. Toda essa interação complexa tem de ser mais bem compreendida para se poder elaborar uma pedagogia da leitura e formas mais eficazes de ajudar os alunos em dificuldade.

Enfim, não fazendo parte da Psicolinguística da leitura propriamente dita, mas beneficiando-se desta, há também todas as questões humanas e sociais que a literacia e a sua difusão levantam e que devem ser tratadas tanto de maneira científica como segundo uma perspectiva axiológica e ética. Em particular, como promover a literacia no mundo de hoje, caracterizado por grandes desigualdades? E como estabelecer uma relação interativa positiva entre o movimento direcionado a uma literacia mais vasta e aprofundada e o movimento direcionado a um maior controle democrático da sociedade, ou seja, de autogoverno popular?

Como estudar alguns desses fenômenos usando a Psicolinguística da leitura?

O exame de questões como as que vimos tem conduzido à evidenciação de fenômenos que, por sua vez, requerem novos estudos para circunscrevê-los mais precisamente e assim permitir melhores explicações deles. Tais explicações, fazendo avançar a compreensão, suscitam novas questões que até aí não podiam ser formuladas. Utilizando uma metáfora mecânica, o motor da psicolinguística da leitura, como ciência experimental que é, não são os fenômenos, mas, sim, as questões e os pressupostos teóricos que, através de experimentos (as provas), fazem aparecer os fenômenos (padrões de desempenho). A fim de ilustrar a aplicação de paradigmas experimentais para estudar questões e suscitar e analisar fenômenos observados durante a leitura, consideremos a alternativa (seção anterior) entre processamento das letras das palavras baseado em bigramas e processamento baseado em unidades linguísticas. A teoria dos bigramas foi testada, entre outras maneiras, realizando experimentos em que se examinava o desempenho na tarefa de decisão lexical sobre palavras-alvo quando estas eram precedidas de um *prime* que era (1) essa mesma palavra, (2) uma sequência constituída pelas mesmas letras, mas mudando a sua posição relativa por transposição (*e.g.*, cholocate – chocolate), ou (3) outra palavra constituída por substituições de letras. Segundo a hipótese simples de bigramas abertos, os efeitos de *priming* por transposição, comparando com a condição de *prime* idêntico, deveriam ser os mesmos independentemente de a transposição ocorrer no início, no interior ou no fim da palavra. Isso não se verifica. O efeito de *priming* em condição de transposição só se aproxima do efeito de *priming* pela mesma palavra quando a transposição tem lugar no interior dela. Essa constatação favorece modelos teóricos mais sofisticados que imponham limites à flexibilidade do bigrama aberto. A natureza das letras transpostas, consoante ou vogal, também é pertinente: de fato, "caniso" ativa "casino", mas "anamil" não ativa "animal", o que abre a possibilidade que o estatuto fonológico da letra e o seu papel funcional condicionem desde muito cedo o processamento da estrutura da palavra.

Por seu lado, a hipótese segundo a qual a palavra escrita é reconhecida mediante sua análise em unidades linguísticas de diferente natureza e tamanho também suscitou manipulações suscetíveis de revelar a intervenção de tais unidades. Com o objetivo de pôr em evidência unidades intrassilábicas como o ataque e a rima, vários estudos utilizaram o princípio experimental de *interferência*, por exemplo, introduzindo no interior da sílaba um símbolo perturbador como //. Assim, a palavra inglesa *bright* é identificada com mais dificuldade, tanto nos adultos como nas crianças a partir do 3° ano da escola primária, quando se lhes apresenta "b//right" ou "bri//ght" do que quando se lhes apresenta "br//ight". O ataque e a rima são unidades de tratamento importantes e a identificação da palavra é menos prejudicada quando a integridade dessas unidades é preservada do que quando é destruída.

Para pôr em evidência o papel da sílaba em uma situação que evitasse o emprego de estratégias, Alvarez et al. (2004) apresentaram uma máscara visual entre o *prime* e o alvo, impedindo assim a identificação consciente do *prime* sem afetar, pelo menos até certo ponto, o seu tratamento perceptivo. Eles observaram que a identificação de palavras escritas precedidas de pseudopalavras mascaradas foi mais rápida em 42 ms quando o *prime* e o alvo partilhavam a primeira sílaba ("ju.nas" – "JU.NIO") do que quando partilhavam exatamente o mesmo número de letras iniciais, mas não a primeira sílaba ("jun.to" – "JU.NIO"). Repare-se que, sendo o *prime* apresentado em minúsculas e o alvo em maiúsculas, eles não partilham a forma física das letras, mas apenas a sua *identidade abstrata*. Outra experiência desse mesmo estudo, aproveitando o fato de B e V se pronunciarem do mesmo modo em espanhol, mostrou que aquele efeito se deve à sílaba enquanto unidade fonológica.

Combinando a ideia de que sequências elementares do tipo bigrama e sequências que formam unidades linguísticas intervêm no reconhecimento das palavras escritas, é possível admitir que dois tipos de representação ortográfica lexical podem ser ativados: um seria uma representação de grande precisão posicional (*fine-grained*) que codifica as combinações de letras frequentes (grafemas complexos, radicais, afixos – às quais deveríamos juntar as unidades linguísticas desde a consoante/vogal até à sílaba), e o outro seria uma representação de pouca precisão (*coarse-grained*) que preserva a identidade e a ordem, mas não a posição na palavra. Este último tipo de representação teria em princípio a vantagem de acelerar o reconhecimento, enquanto o primeiro asseguraria uma identificação mais precisa. Esses dois tipos de representação, provavelmente presentes no leitor hábil, poderiam ter-se desenvolvido em fases diferentes do processo de aprendizagem: o mecanismo de pouca precisão posicional, indexado pelo efeito de transposição de letras, parece aumentar do 1° para o 2° ano de instrução da leitura e diminuir a partir do 4° ano, enquanto o mecanismo de alta precisão, indexado pelo efeito de pseudo-homofonia (pior desempenho quando se lê uma pseudopalavra que se lê como uma palavra, por exemplo "tassa", do que quando se lê uma pseudopalavra que não se lê como uma palavra, por exemplo, "tossa"), foi maior no 1° ano e em seguida diminui progressivamente (Grainger et al., 2012). Uma questão que ainda aguarda novos estudos experimentais é a de saber até que ponto se trata de dois mecanismos independentes com percursos evolutivos diferentes ou, alternativamente, da substituição de um mecanismo, a decodificação fonológica (responsável pelo efeito precoce de pseudo-homofonia), por outro cuja precisão aumenta progressivamente (fazendo diminuir o efeito de transposição quando se atinge um nível considerável de automaticidade).

Poderia me dar um exemplo?

Como anunciado, o experimento descrito em seguida tratou da questão da relação entre o processamento ortográfico e fonológico durante o reconhecimento das palavras escritas pelo leitor hábil. Rayner et al. (1995) utilizaram o paradigma de *priming* juntamente com a técnica dita da fronteira, na qual a apresentação do estímulo visual é contingente aos movimentos oculares do leitor. Uma frase, por exemplo, "the birds prefer beech-trees for nesting", devia ser lida na tela de um computador. Quando o leitor, depois de ter fixado "birds", fazia um movimento sacádico para fixar "prefer", encontrava à sua direita "jmbrs-trees for nesting". Tal expediente tinha por objetivo que não se pudesse processar informação linguística imediatamente à direita da fixação. Depois, quando deixava "prefer", ocorria durante o movimento sacádico uma mudança que o leitor não percebia conscientemente. Segundo a condição experimental, ele encontrava uma de quatro palavras compostas: (1) o alvo normal, ou seja, "beech-trees"; (2) "bench-trees", que difere do alvo por uma só letra e se pronuncia diferentemente; (3) "beach-trees", que difere do alvo também por uma só letra e na mesma posição, mas que é seu homófono, ou seja, se pronuncia tal qual o alvo; e, enfim, (4) "noise-trees", em que a primeira palavra é completamente diferente da primeira palavra do alvo, tendo apenas o mesmo número de letras. Em seguida, 30 ou 36 milésimos de segundo (ms) depois do início da fixação da primeira palavra que funciona como *prime*, esta era substituída pela primeira palavra do alvo. Essa substituição, acontecendo durante a fixação, era detectada pelo leitor, o qual, contudo, não chegava a identificar o *prime*.

Quais foram os resultados? O tratamento inicial de "noise" perturbou a identificação do alvo, conduzindo a uma fixação mais longa deste: de fato, com uma duração do *prime* de 30ms, a fixação total do alvo foi de 400 ms contra 333 ms quando o alvo "beech" esteve presente desde o início da fixação. A comparação dos tempos de fixação quando o alvo era precedido do *prime* ortograficamente semelhante "bench" e do *prime* homófono "beach" constitui a comparação crucial. Com uma duração do prime de 30 ms, a interferência relativamente à condição em que "beech" foi apresentado desde o início foi praticamente a mesma naquelas duas condições de *prime*, o que significa que durante os primeiros 30 ms de tratamento houve apenas extração de informação ortográfica, talvez da informação relativa às letras. Porém, com uma duração do *prime* de 36ms, a interferência foi de 59ms com um *prime* ortograficamente semelhante mas de apenas 29ms com um *prime* homófono do alvo. Assim, 6 ms mais tarde já alguma informação fonológica tinha sido ativada a partir do *prime* e tinha contribuído para a identificação da palavra alvo. Conclui-se, portanto, que, no leitor hábil, algum tipo de representação fonológica intervém no mecanismo de identificação automática das palavras escritas quase desde o começo do processamento da informação ortográfica. Note-se que, além desses estímulos (palavras escritas apresentadas no contexto de uma frase), os autores também utilizaram pseudopalavras escritas (sem significação) exatamente na mesma situação experimental. O padrão de resultados foi sensivelmente o mesmo que para as palavras, mostrando assim que o processamento precoce da informação fonológica acontece para os estímulos escritos independentemente de eles terem ou não significado desde que respeitem as regras de construção das palavras na língua.

Quais são as grandes linhas de investigação?

Além das questões já evocadas anteriormente, quatro linhas de investigação merecem atenção especial:

1. A relação da leitura com as capacidades de linguagem oral, posto que a escrita é uma forma de representação desta última. Em particular, ainda não compreendemos bem como as diversas habilidades fonológicas, que vão desde o processamento das categorias fonéticas até a utilização da memória de trabalho fonológica na leitura de texto, condicionam a aprendizagem da habilidade de leitura e o seu emprego pelo leitor hábil. Reciprocamente, a própria leitura pode ter um efeito de *feedback*, alterando os processos e/ou representações utilizadas no processamento da linguagem oral (ver resenha e síntese recente em Kolinsky, 2014).
2. A interação, em todas as fases da aprendizagem, entre a aquisição da habilidade de leitura e os processos de escrita. Historicamente, por causa da defesa de privilégios sociais e do poder de castas, a aprendizagem da literacia tem sido frequentemente reduzida à aprendizagem da leitura. Porém, algumas pesquisas científicas têm indicado que, além do fato de a aquisição da leitura ganhar em ser ensinada juntamente com a escrita, essa combinação poderia produzir efeitos reforçados sobre as capacidades cognitivas e linguísticas. Esta é, portanto, uma linha de investigação promissora.
3. Sendo relativamente recente a pesquisa sobre a ativação cerebral nas situações de leitura, mas partindo da ideia admitida pela comunidade científica de que mente e cérebro são a mesma realidade vista de perspectivas diferentes e utilizando linguagens descritivas diferentes, a leitura fornece hoje a oportunidade de realizar uma grande ambição epistemológica que é a de alcançar uma descrição do processamento em termos simultânea e convergentemente cognitivos e cerebrais (neurais). A maior parte dos estudos de registro de ativações cerebrais não tem tido em conta toda a potencialidade das teorias cognitivas e das metodologias experimentais, o que requer uma melhor formação dos neurocientistas em psicologia e ciência cognitiva.

4. A última grande linha de investigação é também a mais urgente, porque, como de qualquer modo desejaríamos, o cérebro não leitor pode vir a desaparecer dentro de pouco tempo. Saber melhor e mais exatamente o que distingue a mente e o cérebro leitor da mente e do cérebro não leitor e insuficientemente leitor seria assegurar hoje um trabalho que os antropólogos cognitivos de um futuro próximo não poderiam realizar nas condições de que ainda dispomos.

O que eu poderia ler para saber mais?

Os textos a seguir, todos em língua portuguesa, permitirão um aprofundamento das questões aqui introduzidas:

DEHAENE, S. *Os neurônios da leitura*: como a ciência explica a nossa capacidade de ler. Porto Alegre: Penso, 2012.
MALUF, M. R.; CARDOSO-MARTINS, C. *A alfabetização no século XXI*: como se aprende a ler e a escrever. Porto Alegre: Penso, 2013.
MORAIS, J. *Criar leitores*: para professores e educadores. São Paulo: Manole, 2013.
______. *Alfabetizar para a democracia*. Porto Alegre: Penso, 2014.
MORAIS, J.; KOLINSKY, R. *A última metamorfose de Zeus*. Porto Alegre: Movimento, 2014.

Referências citadas no texto

ALVAREZ, C. et al. Are syllables phonological units in visual word recognition? *Language and Cognitive Processes*, v. 19, pp. 321-331, 2004.
CATTELL, J. M. The time taken by cerebral operations. *Mind*, 11, pp. 220-242, 1886.
GRAINGER, J. et al. Evidence for multiple routes in learning to read. *Cognition*, v. 123, n. 2, pp. 280-292, 2012.
KOLINSKY, R. How learning to read influences language and cognition. In: POLLATSEK, A.; TREIMAN, R. (eds.). *The Oxford Handbook of Reading*. New York: Oxford University Press, 2014.
______. et al. Phonological codes are automatically activated during reading: Evidence from an eye movement priming paradigm. *Psychological Science*, v. 6, n. 1, 1995, pp. 26-32.
MCCLELLAND, J. L. On the time relations of mental processes: an examination of systems of processes in cascade. *Psychological Review*, 86, pp. 287-330, 1979.
RAYNER, K. et al. *The psychology of reading*. New York: Taylor and Francis, 2012.
SNOWLING, M.; HULME, C. *The science of reading, a handbook*. Oxford: Blackwell, 2005.

Psicolinguística na Descrição Gramatical

Eduardo Kenedy

O que é Psicolinguística na Descrição Gramatical?

A Psicolinguística na Descrição Gramatical pode ser caracterizada como a inserção da pesquisa em gramática nos cânones metodológicos das ciências experimentais maduras, como a Psicologia Cognitiva e a Neurociência. Trata-se de uma abordagem que permite a formulação e o teste experimental de previsões comportamentais derivadas de alguma hipótese descritiva ou de algum modelo em teoria gramatical. Ao longo dos últimos anos, muitos estudiosos vêm considerando a Psicolinguística assim estabelecida como uma maneira robusta de reunir evidência empírica em favor de descrições mais acuradas sobre certos fenômenos linguísticos e sobre a tipologia estrutural das línguas. Para entender como é possível usar a experimentação em linguística e, ao mesmo tempo, para elucidar os fundamentos da Psicolinguística na Descrição Gramatical, é conveniente comparar a metodologia empregada por essa nova abordagem com os modos de fazer pesquisa empírica mais bem estabelecidos em ciências da linguagem: a análise de *corpus* e os julgamentos intuitivos de um falante nativo.

As pesquisas baseadas em análises de *corpus* se caracterizam por adotar a metodologia etnográfica, que consiste basicamente na interpretação de informações coletadas em situações de interação humana mais ou menos naturais. A partir dessas informações, os estudiosos podem identificar padrões de comportamento e, dessa maneira, formular generalizações descritivas interessantes sobre determinado fenômeno. Nos estudos da linguagem, a Sociolinguística laboviana é o maior exemplo de pesquisas que assumem a metodologia etnográfica. A partir de análises exaustivas de diversos *corpora*, sociolinguistas podem elaborar descrições relevantes acerca de um vasto número de fenômenos linguísticos. Por sua vez, pesquisas baseadas na intuição do falante nativo se caracterizam por adotar a metodologia introspeccionista, que consiste em utilizar julgamentos metalinguísticos extraídos de uma pessoa em particular de modo a identificar a impressão de estranhamento ou de normalidade que determinados estímulos linguísticos podem provocar. Nesse tipo de metodologia, a sensação subjetiva da (in)aceitação de um estímulo é tomada como evidência da (a) gramaticalidade de determinado tipo de estrutura na língua representada na mente do falante nativo investigado. Nas ciências da linguagem, o maior expoente de pesquisas que empregam a metodologia introspeccionista é a linguística gerativa. Ao analisar a intuição de um falante nativo de uma língua qualquer, como, digamos, o português do Brasil (PB) – falante este que, se for o caso, pode ser o próprio linguista que propõe uma análise –, gerativistas são capazes de identificar, descrever e explicar uma imensidão de fenômenos gramaticais.

Assim como acontece com qualquer metodologia científica, as abordagens etnográficas e introspeccionista apresentam vantagens e limitações. A principal vantagem de uma pesquisa de *corpus* é a sua validade ecológica, ou seja, é o fato de que os dados empíricos utilizados pelo linguista referem-se a algo que efetivamente existe no mundo real e não pode ser apenas um artefato criado pelo próprio pesquisador. Por outro lado, a maior limitação desse tipo de metodologia consiste na restrição a estudos relativos à produção da linguagem. Dados de *corpora* tipicamente registram a produção linguística, e não a compreensão. Além disso, retratam somente o produto final da produção de enunciados, mas não os processos cognitivos e sociointeracionais que dão origem a tais produtos. As pesquisas introspeccionistas, por seu turno, apresentam a vantagem de poderem ser conduzidas sem a necessidade de análises quantitativas exaustivas, além de permitirem *insights* sobre muitos fenômenos linguísticos que não são comumente registrados em *corpus*. No entanto, a falta de controle sistemático sobre as variáveis que podem provocar a sensação subjetiva de (a)gramaticalidade é a mais grave limitação da metodologia baseada em intuições. De fato, inúmeros fatores lexicais, gramaticais, discursivos e estilísticos podem provocar intensas variações na percepção individual de um determinado estímulo linguístico, sendo inclusive comum que os próprios linguistas discordem quanto à (in)aceitabilidade de exemplos arrolados por seus colegas.

Se tal variabilidade não for controlada, os estudos baseados em intuições perdem em capacidade de generalização descritiva. Por fim, tanto a metodologia etnográfica quanto a introspeccionista caracterizam-se como pesquisas *correlacionais*, ou seja, possuem o poder de relacionar fenômenos, mas são abordagens de limitado poder *explanatório*, isto é, pouco podem dizer com segurança sobre as causas dos fenômenos que investigam. Isso acontece porque em nenhuma das duas metodologias há o controle prévio[1] e rigoroso do conjunto de variáveis que possivelmente atuam sobre o fenômeno investigado, de tal forma que não é possível determinar com precisão quais fatores gramaticais *causam* determinado fenômeno linguístico.

No cotejo com as pesquisas etnográficas e introspeccionistas, a Psicolinguística na Descrição Gramatical apresenta uma terceira margem ao linguista que busca sustentação empírica para suas hipóteses e análises: a experimentação. Trata-se de uma abordagem metodológica complementar capaz de superar as principais limitações das metodologias de *corpus* e intuitivas, mas não as substitui em absoluto, já que pesquisas experimentais possuem também os seus próprios limites – tais como a necessidade de evidência independente para atestar sua validade ecológica e a dependência de *softwares* e equipamentos de *hardware* especializados, às vezes caros, para programar/aplicar experimentos e para analisar estatisticamente seus resultados. Dentre outras vantagens, o recurso à experimentação permite ao linguista (1) desenvolver pesquisas acerca da produção e da compreensão da linguagem, (2) investigar indiretamente os processos cognitivos que dão à luz a produção e a compreensão de enunciados, (3) controlar previamente e de maneira sistemática as variáveis que intervêm na sensação subjetiva do estranhamento ou da normalidade diante de um estímulo, (4) analisar estatisticamente o comportamento de grupos de pessoas, objetificando medidas subjetivas como a percepção individual da (a)gramaticalidade, (5) idealizar e aplicar experimentos especialmente desenhados para testar previsões derivadas de alguma teoria gramatical e (6) formular generalizações correlacionais e causais.

Como se vê, a Psicolinguística pode oferecer ao pesquisador interessado em Descrição Gramatical recursos metodológicos que, articulados a aparatos teóricos, permitem, por meio da testagem de previsões, o cotejo entre descrições gramaticais alternativas ou em oposição. É em razão de seu poder explanatório que tal abordagem vem conquistando crescentemente prestígio e espaço acadêmicos no Brasil e em todo o mundo. Todavia, o recurso à experimentação em linguística não deve ser compreendido como um modismo, tampouco pode ser adotado de maneira improvisada ou exógena na pesquisa gramatical. Na verdade, na construção do conhecimento científico, a elaboração de teorias, hipóteses e previsões não se dá de maneira independente do método a ser empregado pelo pesquisador na busca de dados empíricos que embasem suas análises. Isso significa, por exemplo, que sociolinguistas ou gerativistas não podem simplesmente "encomendar" uma pesquisa experimental para "testar" hipóteses concebidas a partir dos métodos etnográfico ou intuitivo. É preciso, antes, que se compreenda para que propósitos científicos são úteis os dados experimentais e quais tipos de problema linguístico ensejam previsões comportamentais testáveis e capturáveis por algum instrumento psicométrico. Fazer a exposição desses pontos é justamente o maior objetivo do presente capítulo deste livro. Como já foi dito, deve-se ressaltar que os dados obtidos a partir da metodologia experimental não anulam aqueles provenientes da pesquisa de *corpus* ou de análises intuitiva. De fato, o progresso científico da Descrição Gramatical depende crucialmente da convergência das informações advindas de cada uma dessas três abordagens metodológicas complementares.

O que a Psicolinguística na Descrição Gramatical estuda?

Nessa abordagem dos estudos da linguagem, elege-se como objeto de investigação qualquer fenômeno gramatical que possa ser considerado em sua dimensão cognitiva. Ou seja, o que essa versão da Psicolinguística se propõe a estudar é a realidade psicológica da gramática de uma língua natural. Com efeito, é provável que todas as teorias gramaticais se interessem em alguma medida pelo substrato cognitivo do comportamento linguístico humano, afinal "se a estrutura linguística é um fenômeno eminentemente mental, então *realidade psicológica* é condição *sine qua non* para uma teoria linguística assumir qualquer valor" (Derwing e Almeida, 2005: 404). Nesse sentido, virtualmente quaisquer descrições gramaticais compõem o extenso corpo de fenômenos linguísticos passíveis de exploração experimental em Psicolinguística.

Na verdade, o recurso à Psicolinguística no estudo da gramática não se limita à simples captura da realidade psicológica de uma descrição isolada. Muitas vezes, pode haver nos estudos de uma língua propostas descritivas diferentes ou francamente opostas na interpretação de dado fenômeno. Em tais casos, a experimentação pode ser uma maneira interessante de testar as previsões de cada uma dessas propostas e verificar em favor de qual delas os dados do comportamento linguístico registrado em situação laboratorial controlada se encaminham. Esse tipo de testagem experimental torna-se possível sempre que tais análises ou modelos descritivos permitem a elaboração de previsões comportamentais[2] passíveis de registro psicométrico –, como índices de acerto/erro numa tarefa, tempo de resposta a um estímulo, padrão de escaneamento visual durante a leitura, percentual de aceitação ou rejeição de uma estrutura etc. –, decorrentes da realidade psicológica que propõem.

Como estudar algum desses fenômenos usando a Psicolinguística na Descrição Gramatical?

Como toda ciência experimental, a Psicolinguística na Descrição Gramatical possui um protocolo metodológico que explicita com a máxima clareza como uma pesquisa é concebida e conduzida nessa área de investigação. Tal protocolo garante, por um lado, a objetividade do processo científico e, por outro, enseja a replicação de um estudo em particular, com adaptações ou não, por outros pesquisadores interessados no tema.

O trabalho experimental em gramática começa com a especificação dos problemas da pesquisa. A partir desse ponto e com base em alguma hipótese de trabalho, o pesquisador formulará alguma previsão comportamental. Há um número incalculável de previsões dessa natureza, em todos os níveis da gramática. Para se citar apenas um exemplo, imagine-se que um linguista pode assumir que determinado tipo de estrutura sintática será sistematicamente considerada aceitável pelos falantes nativos do PB, por contraste a outra estrutura correlacionada, a qual, em sua previsão, deverá ser julgada como inaceitável de forma regular pelos mesmos falantes. Estabelecida sua previsão, o pesquisador deverá dar continuidade a seu projeto experimental selecionando uma técnica de pesquisa compatível com suas previsões. Logo depois, uma série de especificações metodológicas devem ser cumpridas: o pesquisador definirá a tarefa experimental, delineará as variáveis independentes e dependentes relevantes para a pesquisa, estabelecerá as condições do experimento, formulará os estímulos experimentais, selecionará e distribuirá os participantes da tarefa experimental, aplicará o experimento e, finalmente, organizará e interpretará os seus resultados. Cada uma dessas etapas é caracterizada brevemente a seguir.

Técnicas experimentais. Na pesquisa Psicolinguística, existem dois tipos de análise psicométrica que definem dois grandes grupos de técnicas experimentais: as medidas *on-line* e as *off-line*. As medidas *on-line* são aferidas durante o processamento cognitivo que uma pessoa realiza inconscientemente enquanto recebe um estímulo linguístico oral ou escrito. As técnicas experimentais *on-line* mais produtivas na pesquisa em Psicolinguística no Brasil são o monitoramento ocular e a leitura ou audição segmentada autocadenciada (*leitura/audição automonitorada*). Por sua vez, medidas *off-line* são aferidas após a conclusão do processamento linguístico e, por conseguinte, envolvem reflexões conscientes por parte daqueles que participam de uma tarefa experimental. As técnicas experimentais *off-line* mais utilizadas em Psicolinguística são julgamento de aceitabilidade (*juízo de gramaticalidade*), produção induzida de fala ou escrita, reconhecimento de palavras e respostas a perguntas interpretativas.

Tarefa do experimento. Um experimento em Psicolinguística utiliza, no caso típico, participantes ingênuos, ou seja, pessoas que não sejam especialistas em linguística. Por essa razão, a tarefa experimental de uma pesquisa deve ser a mais clara, simples e objetiva possível, livre, inclusive, de utilização de metalinguagem. Em experimentos *on-line*, as tarefas experimentais mais comuns são (1) ler/ouvir frases apresentadas em segmentos por um computador, segmentos esses que são introduzidos conforme a velocidade de leitura/audição natural do participante, e (2) ler frases por inteiro na tela de um computador, enquanto um equipamento monitora o comportamento ocular do participante ao longo da leitura. Já em experimentos *off-line*, as tarefas mais típicas são (1) julgar a aceitabilidade de frases, (2) preencher formulários dando continuidade a uma frase oral ou escrita e (3) responder a perguntas interpretativas.

Delimitação de variáveis. Definir variáveis é uma das etapas mais importantes no delineamento de experimentos. Por um lado, o linguista deverá delimitar os fenômenos gramaticais que, de acordo com sua hipótese de trabalho, são capazes de causar certo comportamento durante uma tarefa experimental. Por outro lado, ele também deve estabelecer qual instrumento psicométrico registrará esse comportamento. Os fenômenos selecionados como causadores do comportamento são denominados *variáveis independentes*, enquanto os dados psicométricos aferidos numa tarefa denominam-se *variáveis dependentes*.

Condições experimentais. Nos estímulos apresentados aos participantes de uma tarefa experimental, as variáveis independentes concretizam-se em formas linguísticas específicas que realizam as condições experimentais da pesquisa. Isso quer dizer que as variáveis independentes de um determinado experimento deverão ser combinadas a fim de projetar as condições experimentais da tarefa a que os participantes serão submetidos.

Tratamento dos estímulos. As condições experimentais assumem, na prática de uma tarefa, alguma forma linguística específica, seja um morfema, uma palavra, um sintagma, uma oração etc. Essas formas são denominadas *estímulos*. A tradição das pesquisas experimentais estabelece que cada condição experimental deve ser apresentada aos participantes de uma tarefa pela menos quatro vezes, na forma de quatro estímulos verbais distintos, de modo que um padrão de reação a tal condição possa ser detectado. Na elaboração de estímulos, o pesquisador deve aplicar o máximo de esmero. Deve controlar, entre outros fatores, a extensão dos estímulos de cada condição, em número de sílabas ou palavras, bem como a frequência e a familiaridade dos itens lexicais utilizados. Esse controle visa à tentativa de evitar que fatores outros, diferentes da variável independente, possam afetar o desempenho dos participantes da tarefa. O pesquisador também deverá utilizar estímulos distrativos e/ou de controle, conforme as necessidades de sua pesquisa.[3]

Distribuição dos participantes. Os participantes de um determinado experimento podem constituir uma variável independente. Ou seja, pode-se assumir que o comportamento a ser registrado numa tarefa varie de acordo com o tipo de participante (por exemplo, bilíngues *versus* monolíngues, com patologia *versus* sem patologia, estudantes de L2 fluentes *versus* não fluentes etc.). Nesse caso, o experimento possuirá uma *variável grupal*. Se não for o caso, o linguista deverá apenas determinar o perfil sociocultural das pessoas que podem participar da tarefa – fatores como idade, sexo, escolaridade etc.

Na distribuição dos participantes, existem duas possibilidades a serem adotadas. Na primeira delas, todos são expostos a todas as condições experimentais. Essa distribuição denomina-se *dentre participantes* (*within-subjects*, em inglês) ou *intraparticipantes*. Na outra, cada participante é exposto a uma e somente uma condição experimental. Nesse caso, haveria um grupo de participantes separado para cada condição do experimento, razão pela qual tal distribuição denomina-se *entre participantes* (*between subjects*, em inglês) ou *interparticipantes*.

Análise de resultados. Após a aplicação dos experimentos com os participantes, será possível passar à análise dos resultados a fim de verificar se os dados psicométricos coletados se encaminham ou não em favor das previsões da pesquisa. Nesse momento, o pesquisador precisará ou contratar os serviços de um profissional de estatística ou utilizará ele mesmo *softwares* de pacotes estatísticos para organizar e interpretar os resultados numéricos do experimento. A depender da variável dependente em questão, do tipo de distribuição dos participantes e da normalidade distributiva dos dados comportamentais coletados, diferentes tipos de análise estatística podem ser aplicados. Os mais comuns são análise da variança, teste T, qui-quadrado e regressão.

Poderia me dar um exemplo?

Um bom exemplo de uma pesquisa Psicolinguística na Descrição Gramatical é a tese de doutoramento de Dias (2014). A autora reuniu evidência experimental no intuito de verificar qual seria a descrição tipológica mais adequada para definir a Língua de Brasileira de Sinais (Libras): se uma língua orientada para o discurso, com proeminência de tópicos, ou se uma língua orientada para a sentença, com proeminência de sujeitos. Autores como Ferreira Brito (1997) sustentam que a ordenação linear não marcada em Libras é "tópico > comentário", fato que permitiria a classificação da língua como orientada para o discurso. Já pesquisadores como Quadros e Karnopp (2004) assumem um posicionamento contrário e afirmam que a Libras deve ser identificada como uma língua orientada para a sentença, cuja ordenação linear básica e não marcada é "sujeito > predicado". O interessante sobre essas propostas contraditórias é que ambas foram formuladas com base na intuição dos próprios pesquisadores[4] e em evidências de *corpus*.

Dias (2014) delineou uma série de experimentos para verificar como os nativos da Libras se comportavam diante de construções "tópico > comentário" e "sujeito > predicado", assumindo uma previsão geral simples e direta: (1) se a Libras puder ser caracterizada como língua orientada para o discurso, então os surdos brasileiros mostrarão preferência para a ordenação "tópico > comentário; (2) já se a Libras puder ser caracterizada como orientada para a sentença, então a ordenação "sujeito > predicado" será a preferencial na língua. Para testar tais previsões, a autora aplicou quatro experimentos: julgamento imediato de aceitabilidade, produção induzida com adultos, produção induzida com crianças e rastreamento ocular. Por questões de espaço neste volume, serão reportados a seguir apenas os dados referentes aos dois primeiros experimentos.

O julgamento imediato de aceitabilidade é uma técnica *off-line* em que a tarefa do participante consiste apenas em declarar, a respeito de cada frase que lhe é apresentada, se a considera aceitável/natural em sua língua ou, ao contrário, se a considera inaceitável/anormal. Esse tipo de julgamento deve ser emitido o mais rapidamente possível, logo após a percepção do estímulo. Dias definiu como variável independente para sua pesquisa o *tipo frasal*. Tal variável projetou duas condições experimentais: (1) "tópico > comentário" e (2) "sujeito > predicado". Na primeira condição, a topicalização acontecia sempre sobre um objeto (O) que, assim, antecedia o sujeito (S) e o verbo (V) da frase, provocando a ordenação osv. Na segunda condição, não havia topicalização (o sujeito não recebia marcas de tópico) e a ordem linear era svo. Como estímulo de controle, foram usadas estruturas vso, que são consideradas agramaticais em Libras. No total, o experimento foi composto por 21 frases-estímulo: 7 em cada condição experimental e 7 controles. Cada estímulo continha 3 ou 4 palavras e declarava algum conteúdo a respeito de uma história muda apresentada em vídeo aos surdos imediatamente antes da apresentação das frases (a fábula *A cigarra e as formigas*). No experimento, a variável dependente caracterizava-se como o índice de aceitação e de inaceitação de cada condição experimental. Participaram do experimento 36 surdos nativos de Libras, todos nascidos e criados no Rio de Janeiro e alunos do Instituto Nacional de Educação de Surdos (Ines). Desse grupo, 14 participantes eram do sexo feminino e 22, do masculino, com idade média de 26 anos. A distribuição das condições foi dentre participantes.

Tabela 1 – Variável independente e condições do experimento de julgamento imediato de aceitabilidade

Variável independente: tipo frasal	**Exemplos**
Condição 1: tópico > comentário (OSV)	TRABALHO, CIGARRA NÃO GOSTAR.[5]
Condição 2: sujeito > predicado (SVO)	FORMIGA TER CASA
Controle: agramatical (VSO)	* COMER FORMIGA PÃO

Os resultados indicaram que as estruturas "tópico > comentário" foram consideradas aceitáveis em 70% dos casos, que se distinguiram estatisticamente das frases agramaticais de controle, julgadas aceitáveis em somente 38% das ocorrências (conforme teste *qui-quadrado,* $p < 0.05$, $X^2 (2, N = 36) = 43{,}56$). Por sua vez, as estruturas com "sujeito > predicado" também foram consistentemente julgadas aceitáveis pelos participantes, atingindo 83% de aceitação e, da mesma forma, distinguindo-se em termos estatísticos das frases de controle. Diante desses fatos, Dias (2014) argumentou que seu primeiro experimento indicava pouca probabilidade de a Libras poder ser caracterizada como pertencente à tipologia das línguas orientadas para o discurso, com proeminência de tópicos, dado o alto grau de aceitação de estruturas com sujeito não topicalizado registrado na variável dependente da pesquisa.

Para seguir com sua investigação, Dias delineou um experimento de produção induzida. Trata-se de uma técnica *off-line* cuja tarefa é produzir uma frase pertinente ao contexto da indução. No caso, Dias apresentou a duplas de participantes surdos uma historinha em quadrinhos mudos. Na apresentação do último quadrinho, apenas um dos surdos assistia ao desfecho da história, enquanto o outro virava-se de costas para o televisor em que os quadrinhos eram projetados um a um. Após o fim dos quadrinhos, o surdo que não havia assistido ao seu desfecho virava-se para o outro, que assistira a toda a história, e perguntava-lhe em Libras "O QUE ACONTECEU?". Segundo Ordóñez (2000), é no contexto de resposta a perguntas desse tipo que a ordenação linear mais básica de uma língua se revela. Sendo assim, Dias objetivou testar as seguintes previsões: (1) se a Libras caracterizar-se como uma língua de tópico, então as respostas a perguntas do tipo "o que aconteceu?" serão tipicamente apresentadas com a ordenação "tópico > comentário"; (2) já se nessa língua há proeminências de sujeitos, ela será tipologicamente classificada como língua de sujeitos e a estrutura básica para responder a tal tipo de pergunta será "sujeito > predicado".

A variável independente selecionada para o experimento foi a saliência discursiva para a produção de um tópico. Tal variável projetou duas condições experimentais: contexto saliente e contexto não saliente. Por hipótese, Dias assumiu que uma língua de tópico lançará mão da estrutura "tópico > comentário" quer na presença, quer na ausência de contexto discursivo saliente para o tópico, por oposição a línguas de sujeito, que só realizarão a topicalização em contextos discursivos em que estes sejam licenciados. No experimento, a variável dependente selecionada foi o índice de topicalizações em cada condição experimental.

Tabela 2 – Variável independente e condições do experimento de produção induzida

Variável independente: **saliência discursiva para o tópico**	**Exemplos**

Condição 1 – Contexto Saliente (Ilustração do autor)

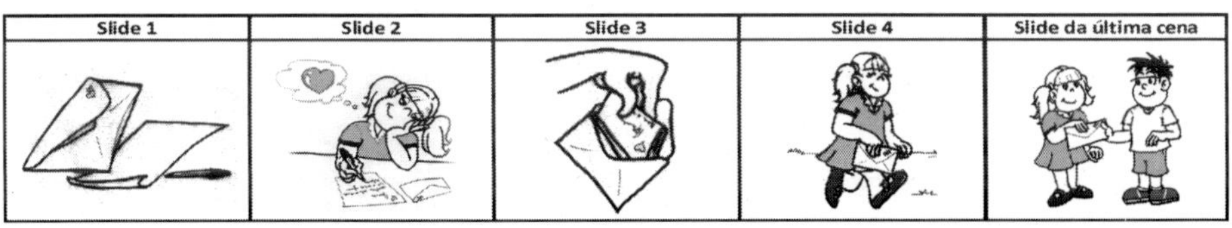

Condição 2 – Contexto não saliente (Ilustração do autor)

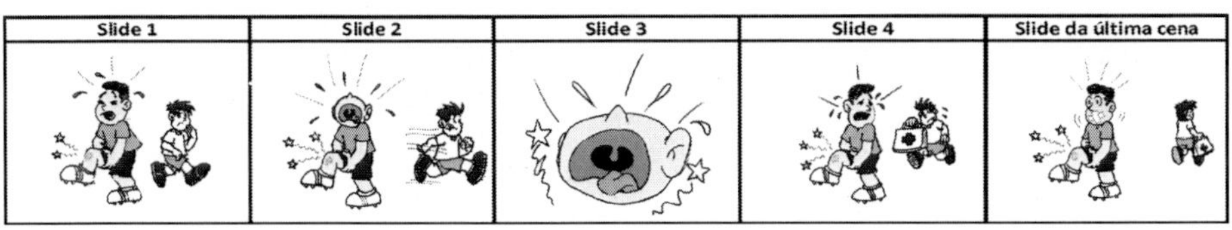

Foram utilizados no experimento 12 estímulos, 6 em cada condição experimental. Cada história era constituída por 5 slides, cada qual correspondente a um quadrinho da história, conforme tabela 2. Os slides eram apresentados num intervalo de 7 segundos entre um e outro. Participaram da tarefa 24 jovens, alunos do ensino médio do Ines, surdos de nascença e naturais/residentes do Rio de Janeiro, 10 homens e 14 mulheres, com faixa etária média de 19 anos. A distribuição dos estímulos foi dentre participantes.

Os resultados registraram que, em contexto menos saliente, a produção de tópicos em Libras não ultrapassou 8% dos dados, por oposição aos 92% de estruturas "sujeito > predicado" produzidas no mesmo contexto. Já no contexto discursivo mais saliente para o tópico, a topicalização ocorreu em 52% das vezes. Trata-se de uma subida significativa da produtividade da construção "tópico > comentário" (de 8% para 52%), tal como apontou o teste estatístico qui-quadrado ($X^2 (3, N = 24) = 6{,}178, p < 0.01$). No entanto, na condição mais saliente, o número de produções de frases com "sujeito > predicado" também foi considerável, atingindo 48% das ocorrências". Isso significa que, na condição menos saliente para o tópico, construções com "sujeito > predicado" são maciçamente empregas, enquanto, na condição mais saliente, o uso de sujeitos não topicalizados é menor, mas mostra-se tão produtivo quanto o de tópicos, sendo, nesse contexto, irrelevante a diferença estatística entre ambas as estruturas (52% x 48%), com p-valor superior a 0.05.

Com tais resultados, Dias (2014) concluiu que a Libras deve ser considerada uma língua orientada para a sentença, com proeminência de sujeitos, em que a topicalização ocorre com produtividade significativa apenas em contextos marcados. O exemplo de Dias é ilustrativo de como dados de natureza etnográfica e/ou intuitiva podem apresentar informações fragmentadas e contraditórias a respeito da gramática de uma língua. Nesses e noutros diversos casos, a Psicolinguística na Descrição Gramatical se apresenta como uma abordagem científica útil não somente para descrever a língua em questão, mas também para testar empiricamente previsões derivadas de análises gramaticais concorrentes.

Quais são as grandes linhas de investigação?

A linha de investigação mais proeminente na exploração Psicolinguística de questões descritivas relevantes para a linguística teórica é, certamente, a Sintaxe Experimental (cf. Maia, 2015). O texto seminal de Cowart (1997) indicava como os julgamentos de gramaticalidade utilizados informalmente entre gerativistas poderiam ser transformados numa ferramenta metodológica séria ao incorporar os rigores das ciências experimentais. Os trabalhos de Sprouse (2007), no exterior, e de Kenedy (2007), no Brasil, foram provavelmente as primeiras teses de doutoramento em teoria sintática formal a adotar explicitamente a abordagem da Psicolinguística a fim de investigar problemas de Descrição Gramatical com ênfase na sintaxe. Desde então, a área tem crescido exponencialmente e vem abrindo espaços institucionais importantes na linguística. Com efeito, além da Sintaxe, outras áreas dos estudos gramaticais e também dos estudos discursivos vêm adotando, recentemente e de maneira crescente, o método experimental como via de investigação linguística.

Notas

1 Na sociolinguística laboviana, o estabelecimento de variáveis é dado *a posteriori* e, assim, essas assumem um papel mais descritivo e menos causal.

2 No escopo da neurociência da linguagem, as medidas capturadas em experimentos podem não ser estritamente comportamentais, mas, sim, *neurofisiológicas*. Neste capítulo, não se fazem referências a questões específicas da pesquisa em Neurociência. Para uma visão das relações entre neurociência e Psicolinguística, ver os capítulos "Neurociência da Linguagem" e "Psicolinguística e Neurociência Cognitiva" do presente volume, que tratam da Neurociência da Linguagem e da Neurociência Cognitiva.

3 Estímulos distrativos se prestam a disfarçar os experimentais, dificultando a tomada de consciência do fenômeno da pesquisa. Estímulos de controle permitem a comparação entre uma condição em que dada variável independente está presente com outra (controle) em que está ausente.

4 Os autores em questão são ouvintes, filhos de pais surdos, que foram expostos à Libras e ao PB durante o período crítico da aquisição da linguagem e, assim, qualificam-se como falantes bilíngues nativos dessa língua de sinais e do PB.

5 Nos exemplos de Libras, segue-se a convenção de apresentar palavras e frases em letras maiúsculas para indicar que se trata da sinalização correspondente naquela língua, e não dados em língua portuguesa. Em Libras, não há morfologia flexional verbal.

O que eu poderia ler para saber mais?

Recomenda-se ler os textos a seguir:

KENEDY, E. Análise de corpus, a intuição do linguista e metodologia experimental na pesquisa sobre as orações relativas do PB e do PE. *Linguística* (UFRJ), v. 4, pp. 30-51, 2009.

______. Tópicos e sujeitos no PB: uma abordagem experimental. *Revista da Anpoll*, v. 31, pp. 69-88, 2011.

MAIA, M. Sintaxe experimental. In: OTHERO, G.; KENEDY, E. (orgs.). *Sintaxe, sintaxes*. São Paulo: Contexto, 2015.

REVISTA DA ASSOCIAÇÃO BRASILEIRA DE LINGUÍSTICA – Abralin, v. 13, n. 2, jul./dez. 2014. Número especial sobre Sintaxe Experimental.

REVISTA VIRTUAL DE ESTUDOS DA LINGUAGEM – ReVEL, v. 10, n. 18, mar. 2012. Número especial sobre Sintaxe Experimental.

Referências

COWART, W. *Experimental syntax*: Applying objective methods to sentence judgments. Sage Publications, 1997.

DERWING, B.; ALMEIDA, R. G. de. Métodos Experimentais em Linguística. In: MAIA, M.; FINGER, I. *Processamento da Linguagem*. Pelotas: Educat, 2005, pp. 401-42.

DIAS, A. *O status das construções de tópico em Libra sob uma perspectiva experimental de análise*. Niterói, 2014. Tese (Doutorado) – UFF.

FERREIRA BRITO, L. Língua de Sinais Brasileira – Libras. In: RINALDI, G. et al. *Deficiência Auditiva* – série atualidades pedagógicas. Brasília: SEESP, 1997. Brasil, Secretaria de Educação Especial.

KENEDY, E. *A hipótese da antinaturalidade de pied-piping em orações relativas*. Rio de Janeiro, 2007. Tese (Doutorado) – UFRJ.

ORDÓÑEZ, G. *Comentario pragmático de textos de desecho*, Madrid, Arco Libros, 2000.

QUADROS, R.; KARNOPP, L. *Língua de sinais brasileira*: estudos linguísticos. Porto Alegre: Artmed, 2004.

SPROUSE, J. *A program for experimental syntax*: Finding the relationship between acceptability and grammatical knowledge, Unpublished doctoral dissertation, University of Maryland, 2007.

Processamento de segunda língua

Ingrid Finger

O que é processamento de segunda língua?

Atualmente, o número de usuários de mais de uma língua, bilíngues ou multilíngues, ultrapassa o número daqueles que são capazes de se comunicar somente em um idioma. Como as pessoas aprendem e processam outras línguas além da sua língua materna é a questão central abordada neste capítulo, que trata do processamento de segunda língua (L2). Para que seja possível compreender que tipo de pesquisa caracteriza a área de processamento de L2, também conhecida como processamento bilíngue, faz-se necessário definir e contextualizar melhor alguns termos.

Língua materna e *primeira língua (L1)* são expressões usadas genericamente para se referir à língua (ou línguas) que a criança adquire a partir da convivência com os pais até os quatro ou cinco anos de idade. Por outro lado, os termos *língua adicional* e *segunda língua (L2)* são usados para se referir a qualquer outra(s) língua(s) após a primeira (L1) ou as primeiras (L1s) terem sido adquiridas. É claro que essas definições não podem ser tomadas como estanques, pois a variabilidade que caracteriza esses processos é enorme. Também, no caso de adultos, a expressão *segunda língua* pode se referir à segunda, terceira ou quarta língua que a pessoa aprende na vida.

As palavras *bilinguismo* e *multilinguismo* são associadas a situações que envolvem a capacidade de uso de duas ou mais línguas. Entretanto, os termos "bilíngue" e "bilinguismo" (bem como multilíngue e multilinguismo) também carecem de definição, pois possuem diferentes significados dependendo do contexto em que aparecem, podendo se referir a conhecimento e uso de duas línguas, necessidades específicas de uso ou contextos familiares em que duas línguas fazem parte da rotina diária, currículos escolares ministrados em duas línguas etc. O que é essencial saber é que o bilinguismo[1] não é um fenômeno de linguagem, mas, sim, uma característica do seu uso.

Até recentemente, os bilíngues eram vistos como dois monolíngues em uma só pessoa, sendo esperado que tivessem proficiência comparável à de um falante monolíngue em cada uma de suas línguas. Hoje, sabe-se que a maioria dos bilíngues possui vocabulário e nível de proficiência distintos em suas línguas e, muitas vezes, têm sotaque em uma delas. Além disso, os bilíngues adquirem suas línguas em várias etapas da vida, por propósitos diversos, na convivência com pessoas diferentes, e o nível de proficiência e fluência que será obtido vai depender da necessidade e da quantidade e qualidade da exposição a cada uma das suas línguas, podendo modificar-se durante a vida, dependendo do uso que a pessoa faz daquela língua. Em muitos casos, a L1 pode inclusive deixar de ser a mais dominante temporariamente ou de forma permanente, fenômeno conhecido na literatura como atrição linguística (Schmid, 2011).

Até há pouco tempo, a pesquisa na área de processamento da linguagem tomava o monolinguismo como parâmetro, e os bilíngues eram considerados um grupo especial, vistos como exceção e comparáveis a indivíduos afásicos ou a crianças com déficit linguístico. Por isso, raramente pesquisas envolvendo participantes bilíngues eram tomadas como capazes de fornecer evidência consistente sobre como se dá a representação da linguagem na mente e no cérebro.

Nas duas últimas décadas, entretanto, essa situação mudou a partir do reconhecimento de que o bilinguismo não é um feito excepcional de um pequeno grupo de falantes, mas, sim, comum a todas as faixas etárias, em todos os tipos de sociedade, na maioria dos países do mundo. Além disso, na busca de propriedades universais da linguagem e da cognição humana, os pesquisadores perceberam que o bilinguismo pode servir como uma janela para a cognição, fornecendo evidências importantes sobre os princípios que regem as interações entre os sistemas cognitivos e os mecanismos neurocognitivos subjacentes à aquisição e ao processamento da linguagem. Atualmente, sabe-se que o bilinguismo pode vir a elucidar em que medida os processos de compreensão e de produção da linguagem dependem de mecanismos cognitivos de domínio geral ou específico, contribuindo de forma decisiva para o clássico debate *nature* x *nurture* que tem dominado a Linguística por tantas décadas.

Antes de identificarmos algumas das questões importantes que caracterizam a área, faremos uma breve retomada histórica. Os primeiros experimentos em laboratório sobre o processamento de L2 de que se tem notícia foram realizados pelo psicólogo norte-americano J. McKeen Cattell (1886a, b; 1887), que trabalhava no laboratório de Wundt, na Universidade de Leipzig, Alemanha. Usando um cronômetro de gravidade modificado, Cattell mediu o tempo que as pessoas levavam para reagir a determinados estímulos, incluindo letras e palavras. O cronômetro permitia que o pesquisador medisse o tempo de reação (tr) dos participantes, em milissegundos, quando eles respondiam a um estímulo pressionando uma tecla em um telégrafo ou falando alguma palavra. Em um de seus experimentos, por exemplo, Cattell descobriu que falantes de duas línguas eram mais rápidos na associação de palavras a conceitos quando os estímulos eram apresentados na sua L1, e defendeu que a intensidade dessa associação dependia da familiaridade da pessoa com a língua. O pesquisador mediu também o tempo que seus participantes levaram para nomear palavras e gravuras nas suas duas línguas, a L1 e a L2, e para traduzir as palavras nas duas direções, e observou que eles precisaram de mais tempo para traduzir da L1 para a L2 do que na direção oposta. Com esses estudos, Cattell concluiu que o processamento de uma L2 é mais lento (e possivelmente menos eficaz) do que o processamento na L1.

Embora muitas das ideias testadas por Cattell, bem como alguns dos procedimentos de pesquisa empregados por ele, sejam características dos estudos psicolinguísticos de hoje, pesquisas sobre processamento de L2 só foram retomadas muitas décadas mais tarde, a partir dos estudos de Weinreich (1953), um pesquisador pioneiro em bilinguismo que estudou a organização da memória bilíngue, um tema ainda atual na área, como veremos a seguir.

O que o processamento de segunda língua estuda?

Mais de 60 anos depois das pesquisas de Weinreich (1953), a preocupação com a organização do léxico bilíngue ainda permeia os estudos psicolinguísticos sobre processamento bilíngue. Uma das descobertas recentes mais importantes é a de que quando os bilíngues têm a intenção de usar uma língua (língua alvo), informações da outra (língua não alvo) também são ativadas, ou seja, ambas as línguas do bilíngue competem durante o processo de seleção lexical (Colomé, 2001; Costa et al., 2000;). Os efeitos de interferência que resultam dessa competição têm sido demonstrados em estudos comportamentais, de neuroimagem e eletrofisiológicos (Wu e Thierry, 2010).

Esse fenômeno, conhecido como *ativação simultânea/paralela ou interação interlinguística*, tem sido demonstrado durante a leitura, na compreensão auditiva e também na produção da fala, em crianças e adultos bilíngues, em todos os níveis de proficiência e com várias combinações de língua (ver Kroll e De Groot, 2005, para uma síntese de estudos). Postula-se, ainda, que a capacidade de alternar o uso de duas ou mais línguas possibilita que o indivíduo desenvolva de forma única o mecanismo de controle cognitivo[2].

Três níveis de análise caracterizam a pesquisa em processamento de L2 que investiga a interação interlinguística: (a) o reconhecimento e a produção de palavras, (b) o processamento da percepção e da produção de sons, e (c) o processamento de frases. A seguir, cada um deles será discutido de forma um pouco mais detalhada.

No caso do processamento de palavras, uma das maneiras de avaliar se o acesso lexical é seletivo, ou seja, se somente a língua alvo é ativada, ou não seletivo, isto é, a língua não alvo do bilíngue também é acessada, é através do uso de tarefas que possibilitem analisar diferenças em tempo de reação entre palavras teste e palavras controle. Normalmente, dois tipos de estímulo são utilizados nas tarefas: palavras de alta semelhança ortográfica e que possuem o mesmo significado nas duas línguas (palavras cognatas, como *piano*-piano, no par inglês-português) e palavras de alta semelhança ortográfica que não possuem o mesmo significado entre as línguas (homógrafos interlinguísticos, como fim-*fin*, no par português e inglês).

Esses dois tipos de estímulo têm sido empregados para investigar se falantes bilíngues reconhecem ou produzem palavras cognatas mais rapidamente do que palavras controle, que existem em somente uma das línguas. Na comparação do tempo que os falantes levam para acessar determinadas palavras, diferenças em tempo de reação têm reforçado a ideia de que o acesso lexical é não seletivo. Ao contrário, pesquisas que não demonstram tais diferenças apoiam a hipótese de que o acesso lexical é seletivo à língua alvo.

Embora alguns estudos iniciais tenham revelado evidência a favor da seletividade do acesso lexical (Dijkstra et al., 1998; De Groot et al., 2000) maior parte das pesquisas mais atuais parece apontar na direção de um modelo de acesso lexical não seletivo, em que as duas línguas do bilíngue são ativadas paralela e simultaneamente durante o processo de reconhecimento e de produção de palavras. Efeitos de coativação linguística no reconhecimento de palavras cognatas e homógrafos interlinguísticos têm sido observados através de vários tipos de tarefa e em diferentes desenhos experimentais. Alguns estudos, por exemplo, utilizam tarefas envolvendo o método de *priming*, no qual os indivíduos devem tomar decisões lexicais a partir de uma palavra alvo que é apresentada após um *prime*. Nesse tipo de experimento, as características do *prime* são manipuladas em relação à língua alvo, como, por exemplo, utilizam-se palavras cognatas e não cognatas, ou explora-se alguma relação fonológica, ortográfica ou semântica entre os *primes* e as palavras alvo da tarefa. Em geral, os falantes demonstram mais rapidez no reconhecimento ou na nomeação de itens alvos que apresentam relação fonológica, ortográfica ou semântica com os *primes* (Schwartz e Arêas da Luz Fontes, 2008), sugerindo que os bilíngues processam palavras que possuem relação fonológica, ortográfica ou semântica entre as línguas que eles dominam de forma mais eficaz do que ao processar palavras que possuem representações fonológica, ortográfica ou semântica separadas em cada uma de suas línguas. Isso significa que um falante bilíngue parece não operar de modo monolíngue durante o processo de reconhecimento e de produção de palavras.

Isso é semelhante ao que ocorre também no processamento dos sons da fala. Reconhecer palavras envolve a capacidade de distinguir uma palavra de todas as outras que são próximas na língua, ou seja, o reconhecimento de uma palavra acarreta a ativação de múltiplos candidatos que competem por reconhecimento, sendo que o fato de que esses sons são produzidos por falantes diferentes torna o sinal acústico muito variável. No caso específico de uma L2, a complexidade da tarefa de percepção de sons é ainda maior, pois ouvintes não nativos podem ter maior dificuldade na distinção de contrastes fonéticos em comparação com falantes nativos dessa língua, o que pode causar problemas de compreensão, como, por exemplo, quando argentinos apresentam dificuldade para distinguir *avô* de *avó* em português. Pesquisas que tratam do desenvolvimento de categorias fonéticas da L2 têm indicado que a percepção de sons de um novo sistema de sons depende da experiência linguística prévia que o falante possui, ou seja, do seu contato com estímulos de outras línguas, bem como da trajetória de desenvolvimento da sua L1 (Best e Tyler, 2007; Feiden et al., 2014). Nos estudos sobre processamento da fala bilíngue, portanto, novamente é retomada a ideia da interação interlinguística, ou seja, de que as duas línguas do bilíngue parecem estar ativas mesmo que a intenção do falante seja usar apenas uma delas.

Finalmente, na área de processamento de frases no bilinguismo, que investiga de que modo as estruturas gramaticais associadas com cada uma das línguas do bilíngue são afetadas pela presença de outra língua, também tem sido demonstrado que existe interação – ou interdependência – entre as duas línguas do bilíngue (Hernández et al., 2007). Uma das estruturas sintáticas que mais têm recebido atenção nas pesquisas é a de orações relativas ambíguas, que possuem interpretação preferencial distinta nas diferentes línguas do mundo (ver capítulo "Processamento de Frases" deste livro). A maior parte da evidência advinda de estudos envolvendo falantes de mais de uma língua (Fernández, 2003; Frenck-Mestre, 2005) sugere que os bilíngues acessam um único mecanismo de processamento que dá conta de duas representações de gramática. Tais resultados são consistentes com o que tem sido apontado na literatura da área, que tem indicado que as estratégias de processamento sintático como a Aposição Mínima e a Aposição Local são universais a todas as línguas, pois são derivadas de propriedades inerentes da cognição humana. Sabe-se que o contexto linguístico imediato da frase, assim como o nível de proficiência ou domínio de uso de cada uma das línguas do bilíngue, pode vir a influenciar o tipo de estratégia de processamento sintático adotado pelo falante. Entretanto, não há motivos para supor que os bilíngues irão processar frases de modo qualitativamente diferente do que os monolíngues.

Como estudar algum desses fenômenos usando o processamento de segunda língua?

O que define a pesquisa em processamento de L2 (na verdade, isso também se aplica à pesquisa em processamento da linguagem em geral) é o fato de que as metodologias adotadas investigam os processos, mecanismos e procedimentos que são empregados pelos falantes de forma automática nas muitas formas de uso que fazem das línguas que eles dominam. Nesse sentido, uma das grandes preocupações na área diz respeito justamente à busca de formas apropriadas de avaliar como as pessoas acessam e usam suas duas línguas nos mais variados contextos.

Os métodos experimentais típicos da Psicolinguística de hoje nasceram com uma forte influência da Psicologia Cognitiva. A pesquisa inicial desenvolvida por Cattell (1886a, b; 1887) fez uso de dois tipos de metodologia de coleta de dados, sendo que em ambos os casos houve a medição do tempo que os indivíduos levaram para desempenhar a tarefa. A primeira é conhecida como *recall* (uma espécie de recuperação da informação ouvida), um procedimento a partir do qual os participantes acessam da memória palavras, frases e textos que foram ouvidos ou lidos anteriormente. A segunda foi o chamado "reconhecimento", através do qual os participantes indicam se já viram ou ouviram certas palavras, frases ou textos.

Após os experimentos de Cattell, foi somente na década de 1970 que metodologias que agora são típicas da área, medindo tempos de reação a estímulos linguísticos, voltaram a ser largamente usadas nas pesquisas sobre processamento de L2. A medida de tempo de reação possibilita examinar o processamento automático, pois o falante é levado a desempenhar a tarefa o mais rapidamente possível ou em situações em que mais de uma tarefa compete pela sua atenção. A lógica dessas metodologias é a de que os falantes vão fazer menor uso de estratégias e de planejamento controlado quando há exigência de desempenho acelerado. Nesse caso, mais do que uma medida de velocidade de desempenho, o tempo de reação passa a ser uma medida do nível de dificuldade e, consequentemente, do esforço necessário para completar a tarefa de processar linguagem. E, quanto maior o esforço, assume-se que mais árduo e complexo é o processamento, ou seja, mais demanda cognitiva o processamento exige do falante.

Alguns dos paradigmas experimentais que ilustram a lógica da pesquisa sobre a interferência interlinguística são ainda o de decisão lexical e a tarefa Stroop de gravura-palavras. O paradigma de decisão lexical visual investiga o reconhecimento visual de palavras, explorando semelhanças e diferenças ortográficas, fonológicas e semânticas que existem entre as línguas. Nesses estudos, analisa-se o tempo de reação a estímulos que envolvem, por exemplo, comparações entre cognatos e não cognatos, homógrafos e palavras controle ou pseudopalavras, e palavras de alta e de baixa frequência. Normalmente, um conjunto de letras é apresentado na tela do computador e o participante deve decidir rapidamente se essas letras formam ou não uma palavra na língua alvo do experimento. Já a tarefa Stroop de gravura-palavras investiga como o falante bilíngue planeja a produção das palavras utilizando somente uma de suas línguas. Essa tarefa é uma variação da conhecida tarefa Stroop de nomeação de cor-palavra (Stroop, 1935). Novamente, a pergunta de pesquisa relaciona-se à investigação da medida em que a língua não alvo interfere na produção da língua alvo.

Finalmente, no que se refere ao processamento de sons, as tarefas usadas nos estudos de produção da fala variam no que se refere às técnicas de eliciação (*elicitation*) da fala e ao tamanho da amostra. Entre as mais comuns, estão a leitura em voz alta de palavras isoladas ou frases, que são gravadas e analisadas acusticamente através de *softwares* específicos.

Poderia me dar um exemplo?

Nesta seção, será apresentado um estudo em processamento de L2 desenvolvido por pesquisadores do Labico – Laboratório de Bilinguismo e Cognição – da UFRGS, que investigou os efeitos da interferência interlinguística no acesso lexical em um grupo de crianças falantes de português e inglês inseridas num contexto de escolarização bilíngue no sul do Brasil.[3]

Como vimos, uma das questões mais investigadas na área diz respeito à coativação ou não das duas línguas do bilíngue quando a tarefa exige desempenho em somente uma delas. A maioria dos estudos analisa o desempenho de aprendizes iniciantes de uma L2 ou de bilíngues adultos. O estudo relatado aqui expande a evidência atual ao examinar o desempenho de um grupo de crianças bilíngues em uma tarefa de reconhecimento de palavras. Um aspecto importante do uso da linguagem em bilíngues é o contexto, portanto este estudo examina os efeitos da prática com a L2 exclusivamente em contexto escolar, ao contrário da prática com a L1, que se dá em casa e na comunidade. Assim, duas hipóteses foram delineadas: (a) esperava-se que o grupo de crianças bilíngues de contexto escolar mostrasse efeito cognato de facilitação, como demonstrado por adultos e por crianças bilíngues de contextos de bilinguismo comunitário em estudos anteriores, e (b) esperava-se que o efeito de facilitação fosse maior à medida que o nível de proficiência em inglês das crianças fosse ampliado.

Participantes

Um total de 53 crianças, falantes de português e inglês, matriculadas no terceiro e no sétimo ano do Ensino Fundamental em uma escola de currículo bilíngue participaram do experimento. O grupo das crianças de terceiro ano foi composto por 17 meninos e 9 meninas de 8,3 anos de idade em média, que estudavam no currículo bilíngue havia 4 anos. O grupo de crianças do sétimo ano foi formado por 14 meninos e 13 meninas com média de idade de 12,9 anos, matriculados há 6,5 anos. Das 30 horas semanais de atividades, 10 horas/aula são ministradas em inglês, língua que é abordada como conteúdo específico e também como meio de instrução para ensinar conteúdos de matemática, geografia etc. A proposta curricular oferecida segue os Parâmetros Curriculares Nacionais, oferecendo formação em duas línguas, com uma carga horária ampliada para inserir a instrução na L2, atendendo às exigências dos órgãos oficiais.

Materiais

Uma tarefa de decisão lexical em inglês e uma tarefa de decisão lexical em português foram desenhadas exclusivamente para a pesquisa. Na tarefa em inglês, as crianças foram orientadas a pressionar a tecla à direita na caixa de botões se a sequência de letras que aparecesse na tela do computador formasse uma palavra real em inglês, e a tecla à esquerda se a palavra não existisse em inglês. As instruções para a tarefa em português foram as mesmas, exceto que as crianças deviam reconhecer se a sequência de letras formava uma palavra real em português. Em ambas as tarefas, a estrutura era a mesma: inicialmente aparecia uma tela com um ponto de fixação, que permanecia até que a criança pressionasse a tecla do meio da caixa de botões. A seguir, uma sequência de letras aparecia imediatamente após o ponto de fixação e permanecia na tela por 5 segundos, ou até que a criança tomasse uma decisão e pressionasse uma tecla na caixa de botões. Após, uma tela branca aparecia por 1.000 milisegundos até que o próximo estímulo iniciasse com o ponto de fixação.

A lista dos estímulos usados na tarefa de decisão lexical em inglês consistiu de 152 itens, sendo 76 palavras (38 cognatas como, por exemplo, *tomato* – tomate, e 38 não cognatas como *juice* – suco) e 76 pseudopalavras. As pseudopalavras em inglês foram criadas através da troca de uma letra em palavras seguindo as regras de formação de palavras em inglês. A estrutura da tarefa de decisão lexical em português seguiu o mesmo padrão.

Procedimentos

A testagem ocorreu na escola, em uma sala separada, e utilizando-se um notebook ligado a uma caixa de botões. Os participantes foram recebidos na língua da tarefa que eles iriam completar primeiro e a ordem de apresentação da tarefa foi alternada. As instruções foram apresentadas na tela do computador e lidas em voz alta pelo experimentador, e inicialmente as crianças completaram um conjunto de 20 itens de prática para se acostumarem com a tarefa. A testagem durou aproximadamente 25 minutos.

Resultados e discussão

A análise do tempo de reação foi realizada somente com os participantes que tiveram taxas de acerto acima de 70%. Para testar a hipótese de que as crianças seriam mais rápidas para reconhecer cognatos em comparação a não cognatos na L2 (inglês) à medida que seu nível de proficiência fosse ampliado, foi usada uma Anova de medidas repetidas com *status* cognato (cognatas ou não cognatas) como variável intersujeitos e ano escolar (terceiro ou sétimo) como variável entre sujeitos. A análise de tempo de reação revelou um efeito principal do *status* cognato, $F(1, 51) = 7$, p <, 01, demonstrando que os alunos dos dois níveis foram mais rápidos para reconhecer palavras cognatas (M = 1162,6ms) do que palavras não cognatas (M = 1218,3ms). A interação entre *status* cognato e proficiência não foi significativa.

Para testar a hipótese de que somente aprendizes mais proficientes mostrariam um efeito cognato de facilitação na direção oposta (ativação da L2 durante o processamento da L1), foi feita uma Anova de medidas repetidas. Tanto para os tempos de reação como para as taxas de erro, nem o efeito principal de *status* cognato nem a interação entre o *status* cognato e o nível de proficiência foram significativos. Esses resultados sugerem que as crianças dos dois níveis de proficiência reconheceram as palavras não cognatas com igual velocidade e acurácia em comparação com as cognatas. Ao contrário da nossa hipótese, as crianças mais proficientes não demonstraram ativação da L2 ao processarem a L1. É possível que isso seja resultado do fato de que o nível de proficiência dessas crianças fosse insuficiente para que tal efeito fosse observado.

Finalmente, com base em estudos anteriores realizados com bilíngues adultos, esperava-se que as crianças bilíngues que participaram da pesquisa se beneficiariam da semelhança dos cognatos nas duas línguas, identificando mais rapidamente palavras como *piano*-piano, em comparação a *pencil*-lápis. Os resultados confirmam essa expectativa, demonstrando que as crianças bilíngues português-inglês foram mais rápidas no reconhecimento de palavras cognatas do que não cognatas, mas somente quando realizaram a tarefa em inglês, sua L2. Na tarefa em português, apesar de não ter havido significância estatística, as crianças foram mais rápidas para reconhecer palavras não cognatas do que as cognatas.

Quais são as grandes linhas de investigação?

Como vimos, assim como nas outras áreas da Psicolinguística, a pesquisa em processamento da L2 lida com aspectos de compreensão e de produção da linguagem, investigando, dentre outras coisas, as consequências da interação interlinguística na seleção lexical quando o indivíduo possui duas ou mais línguas em seu repertório. Nesse sentido, investiga-se o processamento de todos os aspectos da linguagem, a saber, fonética/fonologia, morfossintaxe, semântica e pragmática, focando em diferentes níveis de análise linguística, como o processamento de sons, de palavras, de frases e também do texto/discurso. Muitas perguntas ainda permanecem sem resposta no que se refere à forma como ocorre o processamento linguístico bilíngue. Além disso, na interface com outras áreas da Psicologia Cognitiva, ainda são poucos os estudos que investigam a interação com outros sistemas cognitivos mais gerais, como os sistemas de memória, o controle cognitivo e a atenção, a emoção e a consciência.

Notas

[1] Bilinguismo e multilinguismo não são, obviamente, sinônimos. Alguns estudos psicolinguísticos que diferenciam processamento da linguagem em bilíngues e multilíngues são mencionados no decorrer do capítulo. Para uma discussão detalhada sobre concepções de bilinguismo, ver Wei (2000), Chin e Wigglesworth (2007), Zimmer et al. (2008) e Grosjean e Li (2013).

[2] O papel do controle cognitivo no uso da linguagem tem sido foco de muitos estudos atuais na interface com a Psicologia Cognitiva. A suposição básica que subjaz essas pesquisas é a de que uma experiência linguística, ou seja, a prática diária de controlar o uso da língua apropriada em cada contexto acarreta um aumento na capacidade de controlar a atenção em bilíngues, exercendo efeitos que são percebidos em outros domínios além da linguagem. A maioria dos estudos tem sugerido que crianças e idosos bilíngues demonstram vantagens em comparação a monolíngues de mesma faixa etária em alguns testes que medem funções cognitivas como controle inibitório e flexibilidade cognitiva (Kroll e Bialystok, 2013).

[3] Arêas da Luz Fontes, Brentano, Sittig e Finger (submetido para publicação), *The effect of cross- language form similarity on bilingual children's word recognition.*

O que eu poderia ler para saber mais?

O livro organizado por Kroll e De Groot (2005) é considerado um marco importante na pesquisa psicolinguística sobre o bilinguismo. Mais recentemente, Gass e Mackey (2012) apresentam uma série de capítulos que tratam de questões relacionadas ao processamento de L2. Por fim, Grosjean e Li (2013) revisitam os principais temas de investigação na psicolinguística do bilinguismo, organizando a discussão tomando como base o processamento bilíngue a partir das habilidades linguísticas: compreensão e produção da fala e compreensão e produção da escrita. Indicamos a seguir várias outras sugestões de leitura, referenciando entre elas os textos já citados no presente capítulo.

Best, C.; Tyler, M. Nonnative and second-language speech perception: commonalities and complementarities. In: Bohn, O.; Munro, M. (eds.). *Language experience in second language speech learning*: In honor of James Emil Flege. Philadelphia: John Benjamins Publishing Company, 2007, pp. 13-34.

Cattell, J. *The time taken up by cerebral operations*, Mind, 1886a, v.11, parts 1-2, pp. 220-242.

______. *The time taken up by cerebral operations*, Mind, 1886b, v. 11, part 3, pp. 377-392.

______. *The time taken up by cerebral operations*, Mind, 1887, v. 11, part 4, pp. 524-538.

CHIN, N. B.; WIGGLESWORTH, G. *Bilingualism:* an advanced resource book. USA: Routledge, 2007.

COLOMÉ, A. Lexical activation in bilinguals' speech production: Language-specific or language-independent? *Journal of Memory and Language*, v. 45, 2001, pp. 721-36.

COSTA, A.; CARAMAZZA, A.; SEBASTIÁN-GALLÉS, N. The cognate facilitation effect: Implications for the model of lexical access. *Journal of Experimental Psychology: Learning, Memory, and Cognition*, v. 26, 2000, pp. 1283-1296.

DE GROOT, A. M. B.; DELMAAR, P.; LUPKER, S. L. The processing of interlexical homographs in translation recognition and lexical decision: Support for nonselective access to bilingual memory. *Quarterly Journal of Experimental Psychology*, v. 53a, 2000, pp. 397-428.

DIJKSTRA, A.; VAN JAARSVELD, H.; TEN BRINKE, S. Interlingual homograph recognition: Effects of task demands and language intermixing. *Bilingualism: Language & Cognition*, v. 1, pp. 51-66, 1998.

FEIDEN, J.; ALVES, U.; FINGER, I. O efeito da anterioridade e da altura na identificação das vogais médias altas e médias baixas do Português Brasileiro por falantes de espanhol. *Letras de Hoje*, v. 49, n. 1, pp. 85-94, 2014.

FERNÁNDEZ, E. M. *Bilingual sentence processing:* relative clause attachment in English and Spanish. Amsterdam: John Benjamins, 2003.

FRENCK-MESTRE, C. Ambiguities and anomalies: what can eye movements and event-repated potencials reveal about second language sentence processing? In: KROLL, J. F.; GROOT, A. M. B. (eds.). *Handbook of bilingualism*: Psycholinguistic approaches. New York: Oxford University Press, 2005, pp. 268-281.

GASS, S.; MACKEY, A. *The handbook of second language acquisition.* New York: Routledge, 2012.

GROSJEAN, F.; LI, P. *The psycholinguistics of bilingualism.* Wiley-Blackwell, 2013.

HERNÁNDEZ, A.; FERNÁNDEZ, E. M.; AZNAR-BESÉ, N. Bilingual sentence processing. In: GASKELL, G. (ed.). *Oxford handbook of psycholinguistics*. Oxford: Oxford University Press, 2007, pp. 371-384.

KROLL, J. F.; GROOT, A. M. B. (eds.). *Handbook of Bilingualism:* Psycholinguistic approaches. New York: Oxford University Press, 2005, pp. 268-281.

______.; BOBB, S.; WODNIEKCA, Z. Language selectivity is the exception, not the rule: Arguments against a fixed locus of language selection in bilingual speech. *Bilingualism*: *Language and Cognition*, v. 9, 2006, pp. 119-135.

______.; GERFEN, C.; DUSSIAS, P. E. Laboratory designs and paradigms in psycholinguistics. In: WEI, L.; MOYER, M. (eds.). *The Blackwell guide to research methods in bilingualism*. Cambridge, MA: Blackwell Publishers, 2008, pp. 108-131.

______.; BIALYSTOK, E. Understanding the consequences of bilingualism for language processing and cognition. *Journal of Cognitive Psychology*, v. 25, 2013, pp. 497-514.

SCHMID, M. S. *Language Attrition*. Cambridge University Press, 2011.

SCHWARTZ, A. I.; Arêas Da Luz Fontes, A. B. Cross-language mediated priming: Effects of context and lexical relationship. *Bilingualism: Language and Cognition*, 2008, v. 11, pp. 1-16.

STROOP, J. R. Studies of inference in serial verbal reactions. *Journal of Experimental Psychology*, 1935, v. 18, pp. 643-662.

WEINREICH, Uriel. *Languages in Contact*: Findings and Problems. New York, 1953.

WEI, LI (ed.). *The bilingualism reader*. UK: Routledge, 2000.

WU, Y. J.; THIERRY, G. Investigating bilingual processing: the neglected role of language processing contexts. *Frontiers in Psychology*, 2010, v. 1, n. 158, pp. 1-6.

ZIMMER, M.; FINGER, I.; SCHERER, L. Do bilinguismo ao multilinguismo: intersecções entre a psicolinguística e a neurolinguística. *Revista Virtual de Estudos da Linguagem – ReVEL*, v. 6, 2008.

Neurociência da Linguagem

Aniela Improta França

O que é Neurociência da Linguagem?

É o estudo da cognição da linguagem como Neurociência, com o objetivo de relacionar o processamento da linguagem com a sua fisiologia. Isso implica no estabelecimento de modelos experimentais e em vasta interdisciplinaridade. A Neurociência de Linguagem é uma ciência nova que propõe um nível ainda desconhecido de complexidade de pesquisa.

Para se provar eficaz, a Neurociência da Linguagem tem que gerar conhecimento sobre as relações entre os efeitos sutis da linguagem e a porção material, biológica que os implementa. De um lado, a fala, a audição, a visão e a mobilização motora, no caso das línguas de sinais; do outro, o órgão central, encapsulado pela caixa craniana, protegido pelas meninges, dividido em regiões encefálicas – de substâncias branca e cinzenta – que ocupam as cavidades cerebrais e recebem densa inervação, e uma circuitaria conectada a partir de um sistema eletroquímico de propagação e processamento da informação.

O olhar da neurociência da linguagem para a fisiologia cerebral traz muitas novidades para a pesquisa linguística. Sob o ponto de vista da Linguística Teórica, a linguagem é frequentemente estudada através do exercício regrado de introspecção do linguista sobre a sua própria competência. Sob o ponto de vista da Psicolinguística experimental, observa-se o comportamento linguístico, *on-line* e *off-line*, quantificado pelo tempo de resposta pela razão entre erro e acerto.

Essas são metodologias e pontos de vista experimentais legítimos e poderosos, a julgar pela precisão do conhecimento formulado sobre a faculdade da linguagem nos últimos 60 anos. A avaliação da neurofisiologia, proposta pela Neurociência da Linguagem, se fosse usada como uma metodologia exclusiva, traria um reducionismo indesejável, pois se perderiam pontos de vista e informações que são mais do que a soma de suas partes.

Essa tensão entre os vários níveis de informação, inerente aos estudos das cognições, foi muito bem digerida por David Marr (1945-1980), eminente neurofisiologista inglês e professor do MIT especializado nos estudos da visão. Morreu muito jovem, mas deixou em sua obra um legado utilíssimo que compatibiliza níveis de análise comportamentais com os neurofisiológicos e psicofísicos. Marr acreditava que o pesquisador deveria tentar perceber cada um dos níveis com suas complexidades em prol de um entendimento integral do objeto de estudo:

> Tentar entender a percepção somente através do estudo dos neurônios é como tentar entender o voo dos pássaros através do estudo das penas. Simplesmente, isto não pode ser feito assim. Para entender o voo dos pássaros temos que entender sua aerodinâmica. Só então a estrutura das penas e as diferentes formas de asa começam a fazer sentido. (Marr, 1982: 27, tradução minha)

Porém, na história das ciências, há momentos de suplantação científica, em que esses níveis de análise tendem a se aproximar. O momento atual seria um desses, em que para se atingir um nível de profundidade que leve o entendimento da faculdade da linguagem para *além da adequação explicativa*, a Neurociência da Linguagem se impõe com o passo certo e a granularidade de detalhes necessária em direção à caracterização do processamento da linguagem no cérebro.

A Neurociência da Linguagem surgiu nos anos 1980, trazendo para a pesquisa básica sobre linguagem uma gama de tecnologias não invasivas que ofereceram aos cientistas alternativas experimentais que podem levar a um maior conhecimento do funcionamento do cérebro relacionado à aquisição e ao processamento da linguagem humana. Para isso usa metodologias de aferição da eletricidade ou do fluxo sanguíneo no cérebro, enquanto o voluntário é estimulado visual ou auditivamente por linguagem ou enquanto produz linguagem.

Começou em grande defasagem com as pesquisas em neurociências das outras cognições, que datam da Revolução Cognitivista dos anos 1950.

Nos outros campos cognitivos – visão, audição, emoção, propriocepção e outros – os cientistas puderam construir modelos animais para testar a neurocartografia: a tentativa localizacionista de mapear os circuitos e tecidos cerebrais relacionando-os diretamente às cognições. A intuição por trás desses modelos é a de que há, diretamente representado no tecido cerebral, mapas ordenados de representações do mundo exterior com as quais lidamos cognitivamente e também circuitos moldados para computações específicas.

Com o surgimento das metodologias não invasivas, hoje a prática da Neurociência da Linguagem vem mais e mais aceitando desafios semelhantes aos de outras neurociências, tanto que já ganhou seção própria em congressos de Linguística e Psicologia como também naqueles de Neurociência e Neurofisiologia.

Será que *Neurociência da Linguagem* é a mesma coisa que *Neurolinguística*? Sem dúvida os rótulos sugerem um parentesco, porém distante. A Neurolinguística é o rótulo para dois campos de atuação radicalmente diferentes entre si. O mais recente se propõe a atuar em estratégias comportamentais para programação do inconsciente a fim de favorecer o bem-estar do indivíduo, física e psiquicamente: é a famosa Programação Neurolinguística ou PNL. Esta subárea da Psicologia foi fundada nos Estados Unidos na década de 1970 por John Grinder e seu aluno Robert Bandler e entrou no Brasil especialmente com os cursos, palestras e livros do Dr. Lair Ribeiro. As pessoas procuram a PNL para conhecerem e dominarem a engenharia da *autopersuasão*. Desejam reforçar a autoconfiança, melhorar a memória, elicitar suas vocações verdadeiras, suprimir medos, desprogramar padrões perturbadores autoimpostos e programar padrões promotores de saúde e equilíbrio emocional. Enfim, a PNL se propõe a atuar na solução de problemas existenciais do homem e frequentemente aparece no formato de livros de autoajuda.

A outra Neurolinguística, do século XIX, nasceu como uma subespecialidade da Neurologia, e se voltou para o estudo dos déficits linguísticos, especialmente as afasias – perda de alguma habilidade linguística em decorrência um acidente vascular, tumor, impacto e demências degenerativas de vários tipos. Ela tenta correlacionar aspectos disfuncionantes do processamento de linguagem à anatomia cerebral através do exame de imagem ou de dissecções *post mortem*. O rótulo começou a aparecer por volta de 1861, quando o médico francês Pierre Paul Broca (1824-1880) examinou um paciente, Louis Victor Leborgne, residente do hospital Bicêtre em Paris. O paciente em questão havia sido acometido por um acidente vascular cerebral (AVC) e praticamente não falava.

Durante a consulta, Broca notou que o paciente parecia querer se comunicar. Gesticulava muito, mantinha o contorno prosódico do francês preservado em sua fala que se resumia à reiteração da sílaba *tan*. Embora conseguisse entender o que lhe era dito, ele parecia não se dar conta de que sua fala era ininteligível. Daí a expressão *tan-tan,* significando *maluco,* que chegou a ser bastante usada também aqui no Brasil.

O Monsieur Leborgne não era louco, era epilético e sofria com as sequelas do AVC, vindo a falecer alguns meses após ter sido atendido por Broca. Em um exame *post mortem*, Broca verificou que o AVC havia provocado uma lesão no cérebro de Leborgne, na terceira circunvolução do lobo frontal do hemisfério esquerdo (figura 1: esquerda).

Figura 1 – Em A. pode-se apreciar o hemisfério esquerdo com a Área de Broca lesionada; em B. o mesmo hemisfério com a Área de Wernicke lesionada (Ilustração da autora)

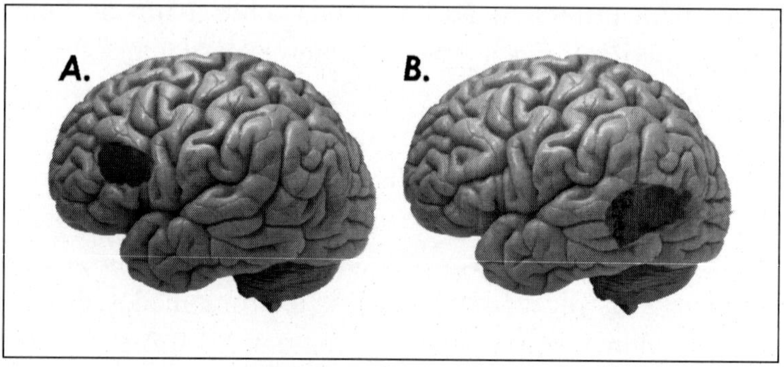

Assim, o médico correlacionou essa lesão à incapacidade de articular linguagem. A localização da lesão definiu os limites da Área de Broca, assim como a disfunção passou a ser conhecida como afasia de Broca. Além disso, a prática de correlacionar comportamento de linguagem à área lesionada ficou conhecida como Neurolinguística.

Pouco tempo mais tarde, outra disfunção de linguagem foi descrita pelo grande neurologista polonês, radicado na Alemanha, Carl Wernicke (1848-1905). Wernicke percebeu que alguns pacientes não entendiam o que lhes era dito, porém tinham fala fluente. Através de um exame *post mortem*, ele localizou uma lesão no lobo temporal superior esquerdo no cérebro desses pacientes – local que passa a ser conhecido como a Área de Wernicke – e relacionou este sítio à compreensão de linguagem. Lesões na área de Wernicke relacionadas à perda de compreensão passam a ser então chamadas de Afasia de Wernicke.

Articulando a área de Broca com a de Wernicke, projetando a necessária passagem por uma área conceitual, além de feixes de nervos conectando todas essas áreas entre si, Wernicke e um de seus assistentes, Lichtheim, desenvolveram o Modelo Conexionista da Linguagem, esquematizado por Lichtheim como o Modelo-Casa (figura 2), que projeta três áreas devidamente integradas e que estariam a serviço da cognição de linguagem: a área de Broca, a de Wernicke e uma área de representação dos conceitos (*Begriffe*) supostamente espalhados por muitas regiões sensoriais posteriores e também pelo córtex pré-frontal.

Figura 2 – A Casa de Lichtheim de 1874

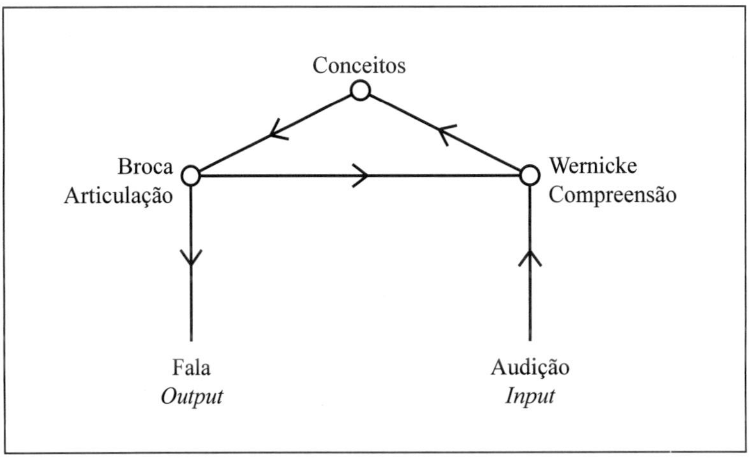

Aqui mais uma possível confusão de rótulos. Apesar do nome, o Modelo Conexionista em nada se relaciona com o corpo teórico do Conexionismo que aparece bem depois, no século XX, e que se contrapõe ao Modularismo Fodoriano. O Modelo Conexionista de Wernicke é, na verdade, bastante modular em sua essência já que segrega as diferentes funções e computações corticais.

Por conta das semelhanças, alguns cientistas que fazem Neurociência da Linguagem usam também o rótulo Neurolinguística. Outros, incluindo a autora deste texto, veem muita diferença entre a prática da afasiologia e os estudos das bases saudáveis e do funcionamento dos circuitos cerebrais que processam a linguagem. Assim, preferem nomear sua prática como Neurociência da Linguagem, já que ela herda a metodologia de pesquisa semelhante a de outras Neurociências.

O que a Neurociência da Linguagem estuda?

A Neurociência da Linguagem faz experimentos de linguagem *on-line* e tem como objeto de estudo mais frequente a linguagem saudável. Esse objeto de estudo não é nada trivial. Enquanto processamos a fala, um texto ou gestos, no caso de língua de sinais, pensamos e produzimos outros conteúdos concomitantes, observando critérios de qualidade de cunho estrutural, discursivo e contextual. E fazemos tudo isso mantendo o fluxo da comunicação ininterrupto, numa velocidade média de cinco sílabas por segundo! Através de protocolos engenhosos, muitos herdados da Psicolinguística (conferir a terceira seção do primeiro capítulo deste livro), a Neurociência da Linguagem procura relacionar cada aspecto linguístico com as computações processadas.

Um dos temas de estudo mais recorrentes são as medidas de complexidade estrutural. Por exemplo, os estímulos em (1) e (2) poderiam constar em um experimento para comparar a complexidade estrutural em sentenças envolvendo a assimetria sujeito-objeto: em (1) o sintagma QU_ é deslocado da posição de sujeito, e em (2) a partir da posição de objeto. Outro tema frequente é a percepção de incongruências semânticas variadas, em contraste com congruências, desde o contraste canônico em (3) e (4), que envolve a seleção que o verbo faz de seu argumento interno, até as mais sofisticadas que envolvem, por exemplo, um novo campo de estudo denominado Ilusão Semântica ou falibilidade linguística em (5) e (6).

(1) Quem ajudou Maria?
(2) Quem Maria ajudou?
(3) João comeu sandália.
(4) João comeu sanduíche.
(5) Foram dois bichos de cada que Moisés botou na arca.
(6) Foram dois bichos de cada que Noé botou na arca.

São também frequentes os estudos em Acesso Lexical, geralmente explorados através de um técnica experimental conhecida como *priming*.

Essa técnica verifica a influência de um aspecto linguístico de um estímulo precedente (*prime*) sobre o processamento de um estímulo posterior (alvo). Pode ocorrer, por exemplo, entre palavras com diferentes camadas morfológicas como em (7) e (8); ou em relações fonológicas como em (9) e (10), que contrastam a influência da semelhança em posição tônica e não tônica; e semânticas como (11) e (12), que exploram as diferenças entre itens competidores e itens holônimos (que mantêm uma relação todo-parte).

(7) globo – global
(8) globo – globalizado
(9) mala – bala
(10) mala – mapa
(11) cachorro – gato
(12) cachorro – rabo

Finalmente, as áreas mais recentes de estudos em Neurociência da Linguagem incluem o mapeamento sofisticado das vias do processamento da linguagem: da Fonologia para a Fonética; da Sintaxe para Fonologia; da Fonologia para a representação dos grafemas; da visão das letras na leitura para as representações dos fonemas.

Como estudar algum desses fenômenos usando a Neurociência da Linguagem?

Neurociência da Linguagem se utiliza de técnicas eletromagnéticas como os potenciais relacionados a eventos (ERPs) e técnicas hemodinâmicas como a ressonância magnética funcional (fMRI, entre outras). Elas são capazes de monitorar com precisão vários aspectos do processamento. Com essas técnicas, o curso temporal do processamento linguístico pode ser aferido a partir da eletricidade cortical, e a localização cerebral das computações linguísticas pode ser revelada através das imagens da hemodinâmica (movimentação do sangue) cerebral.

Entre as técnicas eletromagnéticas, os ERPs são os mais frequentemente usados. Eles são ondas elétricas extraídas do eletroencefalograma (EEG), que foi a primeira técnica utilizada para estudar a eletricidade cortical.

Criado na década de 1920 pelo psiquiatra alemão Hans Berger (1873-1941), o EEG foi rapidamente adotado pela medicina. A partir das primeiras leituras do EEG, descobriu-se que o cérebro emite vários tipos de onda – Beta, Alfa, Teta, Delta – em diferentes estados de consciência (figura 3).

Figura 3 – Os tipos de ondas cerebrais e seus ritmos (ciclos por segundo)

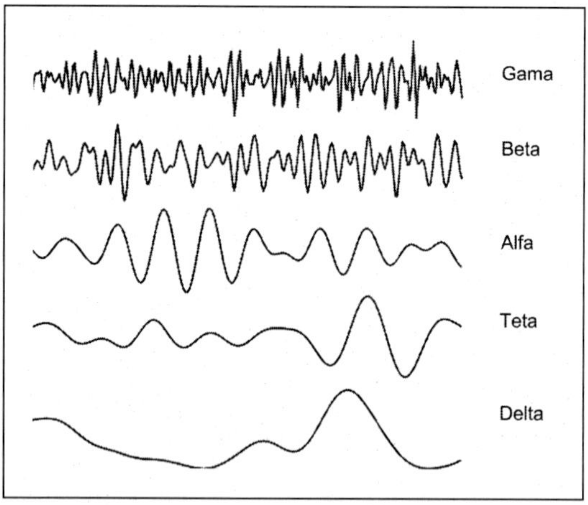

O ritmo das ondas equivale ao número de ciclos por segundo, que, por sua vez, são resposta a vários tipos de fenômenos eletrofisiológicos refletindo numerosas operações neurais. A eletroencefalografia permite a aquisição e o armazenamento dos sinais bioelétricos, através do registro contínuo da atividade eletrocortical colhida por meio de pequenos discos metálicos fixados no couro cabeludo. Esses discos, chamados *eletrodos ativos*, são colocados em pontos específicos do escalpo, que estão diretamente relacionados a uma área do córtex cerebral. Esses pontos são chamados derivações (figura 4). Outro eletrodo especial, chamado *eletrodo de referência*, é fixado em um lugar do corpo sem enervação, onde a eletricidade é zero, por exemplo no lóbulo da orelha. O teste permite que se avaliem as alterações ao longo do tempo no circuito elétrico que é formado entre o sinal capturado por cada eletrodo ativo e aquele capturado pelo eletrodo de referência (zero). A ponta do eletrodo é capaz de capturar a atividade elétrica de milhares de neurônios. Qualquer flutuação de tensão (μV) entre um eletrodo ativo e o de referência é registrada e gravada pelo EEG, permitindo uma leitura *on-line* e também uma avaliação posterior da atividade elétrica em cada derivação ao longo do tempo. No momento em que o teste acontece, o EEG traça linhas com a atividade elétrica adquirida por cada eletrodo fixado em cada ponto no escalpo. Assim, monitorando as linhas paralelas do traçado *on-line* do EEG pode-se identificar alguma discrepância do padrão de atividade normal em uma derivação (figura 5).

Figura 4 – Derivações ativas frontopolares (FP), frontais (F), anterofrontais (AF), frontotemporais (FT), temporais (T) frontocentrais (FC), centrais (C), parietais (P), temporoparietais (TP), centroparietais (CP), parietooccipitais (PO), occipitais (O) e eletrodos mastoides de referência (M) (Ilustração da autora)

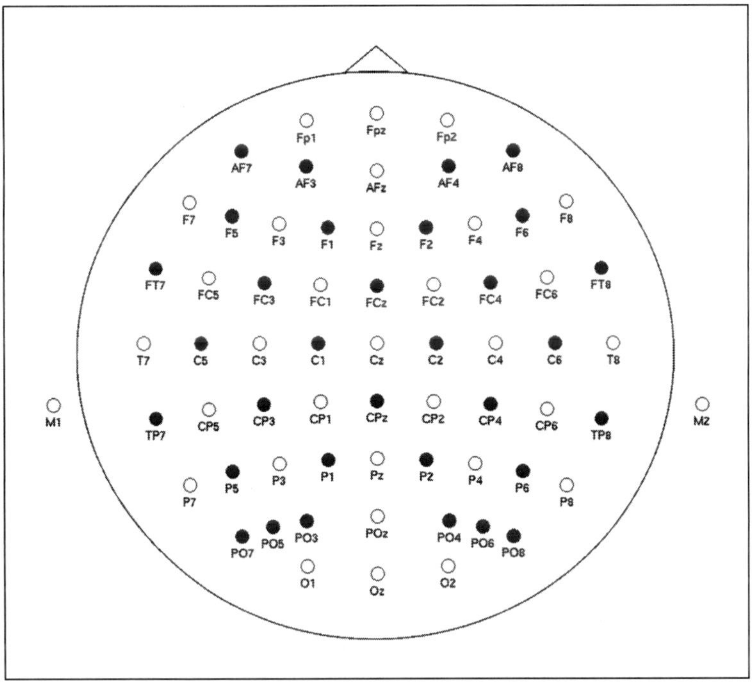

Figura 5 – Pessoa sendo submetida a um teste de EEG, enquanto a atividade elétrica pode ser avaliada pelo traçado do fluxo elétrico em um monitor (Foto da autora)

O EEG foi desenhado para analisar a eletricidade cortical como pano de fundo, sem relacioná-la a uma atividade cognitiva. Já o EEG-ERP foi desenvolvido exatamente para que se possa relacionar uma reação cortical especificamente a um estímulo de origem cognitiva.

Na década de 1970, os ERPs começaram a ser estudados especialmente por psicólogos interessados em entender melhor aspectos da visão e atenção. Verificou-se que uma onda elétrica positiva com grande amplitude aparecia aos 300 milissegundos (ms) após os participantes serem expostos a eventos visuais desviantes de um padrão estabelecido (figura 5). Esse protocolo experimental ficou conhecido como paradigma de *oddball.* O ERP relacionado ao estímulo desviante é uma onda com maior amplitude que aquela relacionada ao estímulo padrão e aparece aos 300ms pós-estímulo: P300 (figura 6).

Figura 6 – O paradigma de *oddball* em suas duas condições experimentais: quebra de padrão e manutenção de padrão (Ilustração da autora)

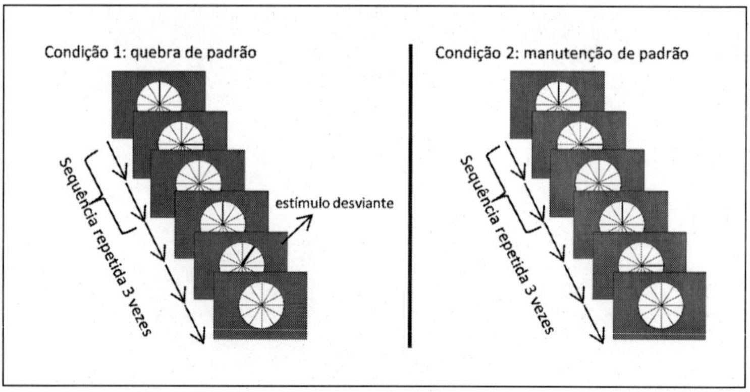

Figura 7 – À esquerda, ERPS plotados em superposição para as duas condições experimentais. À direita, um voluntário fazendo o teste no Laboratório Acesin-UFRJ, com os eletrodos ajustados à cabeça por meio de uma touca (Foto e ilustração da autora)

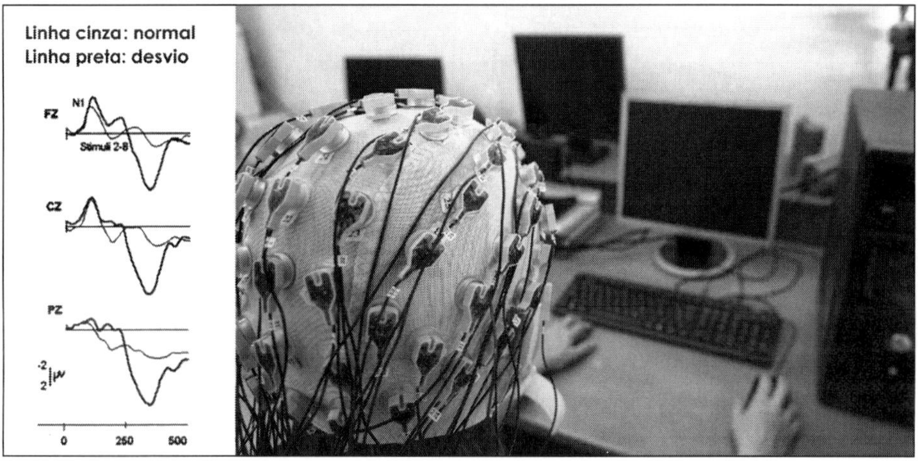

Observe-se, na figura 7, que a linha preta para a Condição 1 indica manutenção do padrão, enquanto que a linha cinza para a Condição 2, indica desvio ou quebra do padrão esperado. A diferença estatisticamente significativa entre as duas condições é uma positividade que acontece por volta dos 300ms: o P300 acentuado na Condição 2.

O termo P300 significa que a onda é um componente positivo (P), convencionalmente plotado para baixo, cujo pico se forma por volta dos 300ms após o início do evento a ele relacionado. O P300 foi o precursor do primeiro ERP linguístico, o N400, que foi identificado primeiro uma década mais tarde.

Além das pesquisas que identificaram achados cognitivos não linguísticos de P300, na década de 1980, estudiosos começaram a explorar a possibilidade de estender a noção do paradigma de *oddball* à cognição linguística. A principal mentora desses estudos foi a psicóloga húngara, radicada nos Estados Unidos, Marta Kutas e seu pesquisador associado, Steven Hillyard. Eles realizaram o primeiro experimento em que o padrão esperado era quebrado por estímulos linguísticos estruturados em uma sentença congruente como (13), comparadas a sentenças incongruentes como (14).

(13) João passou geleia no pão.
(14) João passou geleca no pão.

A expectativa deles era a de obter um P300 como resposta à quebra de padrão ou à frustração da expectativa. Porém, no lugar do P300, um potencial negativo (convencionalmente plotado com o pico voltado para cima) apareceu aos 400ms depois do estímulo: O N400 (figura 8). Outro ponto de interesse é que o N400 é um efeito robusto, e tem sido encontrado em relação a estímulos linguísticos auditivos ou visuais em muitas línguas do mundo, como nesse estudo de 2004, o primeiro feito com estímulos em português (França et al., 2004).

Figura 8 – ERPs plotados em superposição para as duas condições experimentais.

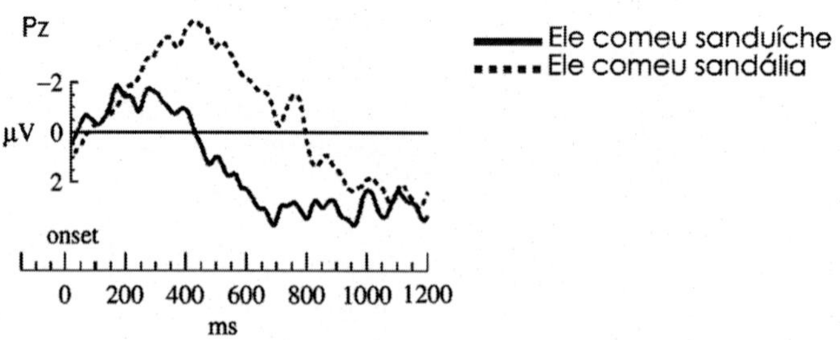

Compare-se a linha sólida para a Condição 1, em que há satisfação das expectativas, com a linha pontilhada para Condição 2, em que a incongruência não esperada provoca um susto semântico. A diferença estatisticamente significativa entre as duas condições é uma negatividade que acontece por volta dos 400ms: o N400, acentuado na Condição 2.

Os ERPS são compostos por uma sequência de ondas caracterizadas por latência, amplitude e polaridade (para cima negativa e para baixo positiva). Se o EEG de fundo necessita de ampliação, os ERPS requerem um ganho de 10 a 1000 vezes maior do que o EEG de fundo porque se relacionam a tarefas cognitivas muito mais sutis, como, por exemplo, as computações cerebrais que podem juntar uma palavra com a outra, conforme vimos no exemplo anterior. Por isso os ERPS não podem ser visualizados a olho nu, nem podem ser resultantes de um único evento do mesmo tipo.

Assim, não é possível vermos a reação cortical de uma pessoa estimulada pela concatenação entre o verbo *comprar* e o objeto *carro*. Para que possamos visualizar um ERP, relativo a uma concatenação entre verbo e o complemento precisamos somar a reação cognitiva em várias épocas (trechos) do EEG de várias pessoas de idade semelhante estimuladas por vários eventos linguísticos do mesmo tipo.

Mas o que seriam esses vários eventos linguísticos do mesmo tipo e que podem ser somados? A teoria linguística tem um papel fundamental de fornecer critérios para a escolha de estímulos em que se possa manter uma semelhança perfeita entre os itens de cada condição. Por vezes, a elaboração criteriosa dos estímulos para as diferentes condições de um experimento pode demandar muitos meses de trabalho. Um exemplo não muito complexo seria a comparação que já mostramos entre a concatenação de verbos transitivos a seus complementos congruentes e incongruentes. Os casos canônicos de concatenação verbo-objeto demandam duas computações na interface entre sintaxe e semântica: (i) as características eventivas do verbo têm que ser satisfeitas por características semânticas do complemento, e (ii) o papel temático do complemento tem que ser atribuído.

Mas, além de manter constantes as computações sintáticas, outros aspectos dos estímulos têm que ser bem controlados, quando se pretende obter conhecimento de uma situação experimental. Frequência, imageabilidade, complexidade morfológica e tamanho linear das palavras devem ser controlados exaustivamente para não se tornarem vieses experimentais.

Podemos, então, somar a ativação elétrica relativa ao estímulo (i) comer bolo ao estímulo (ii) beber água e estes aos de (iii) comprar carro; (IV) pescar peixe; (v) cortar carne, até um número suficiente de estímulos, que usualmente chega a 30. Para fazer isso é necessário definir as janelas tempo (épocas) no EEG corrido em que se encontram as palavras-chave. Digamos que o primeiro estímulo seja (i) Ontem de noite João quis comer bolo. Na verdade, para o processamento só interessa o trecho do EEG relacionado à concatenação entre o verbo e o objeto, *comer bolo*, em contraste com as ondas relacionadas ao trecho verbo-objeto das sentenças incongruentes (i.b) *comer barco*. Assim, o código do programa de processamento delimita as épocas para serem cortadas e agrupadas por condição (figura 9). Depois de cortadas, as épocas são somadas (figura 10).

Figura 9 – Delimitando as épocas, retirado de França (2002)

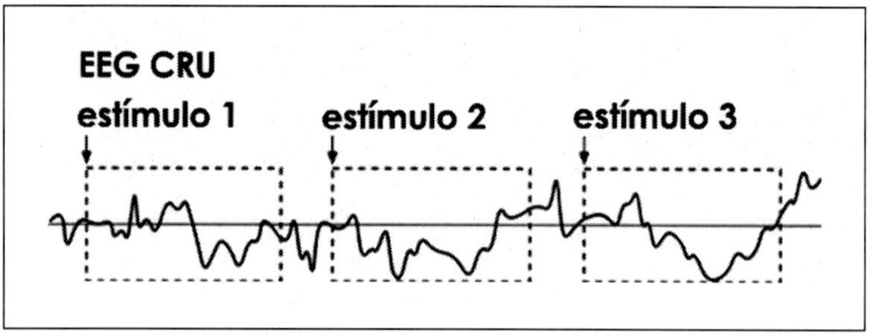

O somatório das épocas contendo as reações corticais a estímulos semelhantes se chama promediação e pode ser comparado a outro somatório de reações para estímulos de outra condição que só diferem dos primeiros em uma peculiaridade, por exemplo, congruência. Os grupos de estímulos a ser comparados devem ser como pares mínimos que preservam semelhança entre todas as suas características, exceto em uma. Assim, poderíamos montar uma série de estímulos incongruentes, igualáveis aos congruentes. Por exemplo, (i) comer barco; (ii) beber fogão; (iii) comprar nuvem; (IV) pescar chuva, (v) cortar água etc. Comparando o somatório das duas condições – congruência *vs* incongruência – podemos examinar se a congruência na Condição 1 é uma reação eletrofisiologicamente diferente da incongruência na Condição 2 (figura 10).

Figura 10 – Promediação

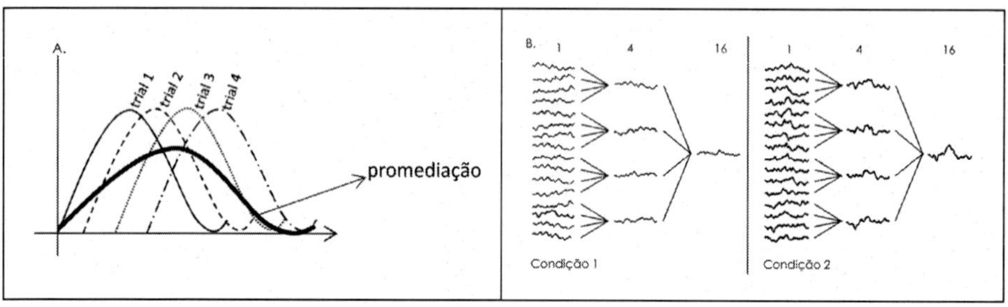

Em A. vemos o efeito da promediação em poucas ondas iguais, mas com latências diferentes. Em B. vemos a situação experimental mais comum, com ondas seguindo cursos diferentes e a promediação servindo para explicitar as tendências de cada condição depois de uma soma de 4 ondas e de uma soma de 16 ondas por condição.

Além de aumentar o sinal, a promediação também serve para limpar o sinal. Durante a captação dos sinais de EEG sempre são incluídos sinais intervenientes do tipo artefato. Essas são ondas relativas a fatos incidentais, como bocejo, piscar de olhos, espasmos motores. E há também os ruídos provenientes de interferência cruzada com outras fontes elétricas. Enfim, a promediação livra o sinal do evento experimental de artefatos e ruídos, fazendo aflorar só a onda de efeito persistente que se quer estudar.

Além do N400, há outros potenciais relacionados à linguagem: o Elan (*early left anterior negativity*) que acusa precocemente, entre os 125-180ms, um erro na escolha de classe de palavras (exemplo, João comprou sorriu – verbo-verbo em vez de verbo-complemento), o P600, que tem sido relacionado à má formação sintática (exemplo, João corremos) e o LPC (*late positive componente*) uma positividade tardia entre os 500 e os 800ms que acusa anomalias na formação de palavras morfologicamente irregulares (por exemplo, *imprimido*, *fazi*).

Entre as técnicas hemodinâmicas, a ressonância magnética funcional (fMRI) é o teste mais frequentemente usado (figura 11).

Figura 11 – Voluntário fazendo teste dentro do escâner. A figura para fins didáticos deixa transparente o interior da máquina onde se pode ver a tela do computador que apresenta o estímulo linguístico (Ilustração da autora)

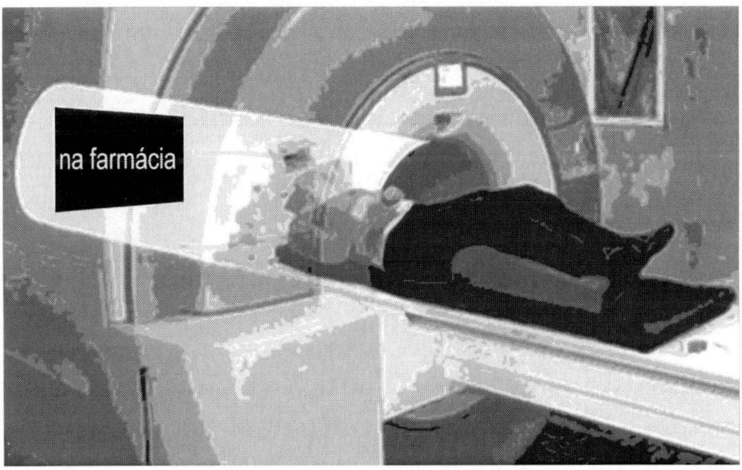

O fMRI é um procedimento capaz de medir a atividade do cérebro, através de alterações associadas no fluxo sanguíneo nas regiões onde existe atividade neuronal cognitiva. Quando uma área do cérebro está em uso, o fluxo de sangue para a região também aumenta. Então, em um procedimento experimental, controlando bem a tarefa cognitiva que se dá ao voluntário, por exemplo, ler frases, ao seguir o mapa de aumento no fluxo sanguíneo, se pode saber exatamente que local do cérebro foi recrutado para processar as frases através de leitura. O fMRI tem grande precisão espacial, mas não tem boa precisão temporal porque o sangue leva um tempo no deslocamento, então o mapeamento é sempre posterior à tarefa.

Apesar de o fMRI ser usado em menor escala nas pesquisas em linguagem do que as técnicas eletromagnéticas, o seu uso em pesquisas sobre o processamento sadio e disfuncional da linguagem vem crescendo exponencialmente na última década.

Recapitulando, a Neurociência da Linguagem é uma ciência interdisciplinar que estuda as atividades cognitivas realizadas durante o processamento da linguagem, avaliando alterações elétricas e hemodinâmicas no cérebro, durante o processamento de tarefas cognitivas linguísticas.

Poderia me dar um exemplo?

Um estudo em Neurociência da Linguagem, conduzido pela psicóloga Lara Pierce e colegas da Universidade McGill, no Canadá, através do fMRI, trouxe evidências inéditas da importância dos primeiros anos de vida (Período Crítico) no desenvolvimento da linguagem. Nesse artigo de 2014, publicado no *Pnas* (Proceedings of the National Academy of Sciences), os cientistas investigaram três grupos de meninas entre 9 e 17 anos de idade: (i) 16 falantes monolíngues do francês; (ii) 16 chinesas que deixaram a China entre os 12 e os 18 meses de idade, após terem sido adotadas por famílias francesas monolíngues (hoje essas crianças adotadas são falantes de francês sem nenhum conhecimento consciente de chinês); e (iii) 16 bilíngues de francês e chinês.

Os cérebros das meninas foram escaneados enquanto elas escutavam as mesmas frases do chinês. Diferentemente do francês, o chinês é uma língua tonal. Nas línguas tonais a percepção do tom constrói parte do significado. Mas essa função especial do tom exige um processamento complexo que só existe para quem é falante de uma língua tonal.

Diante disso, como será que as meninas adotadas se saíram no teste? Na percepção dos tons, seriam elas mais parecidas com as bilíngues ou com as monolíngues francesas? É bom ressaltar que as meninas adotadas só ouviram chinês por pouco tempo, enquanto eram bebês e ainda estavam na China.

O resultado surpreendeu os experimentadores, pois o padrão de ativação cerebral das meninas adotadas foi igual àquele encontrado nas bilíngues, e diferente do padrão das monolíngues de francês (figura 12). As representações neurais que suportam esse padrão só podem ter sido adquiridas durante os meses que as crianças adotadas passaram na China.

Figura 12 – O corte da imagem construída pelo fMRI permite verificar que, enquanto ouviam chinês, as meninas monolíngues de francês tiveram uma ativação frontal só no hemisfério esquerdo (seta). Em contraste, tanto as meninas adotadas como as bilíngues exibem marcada ativação bilateral (setas) (Ilustração da autora)

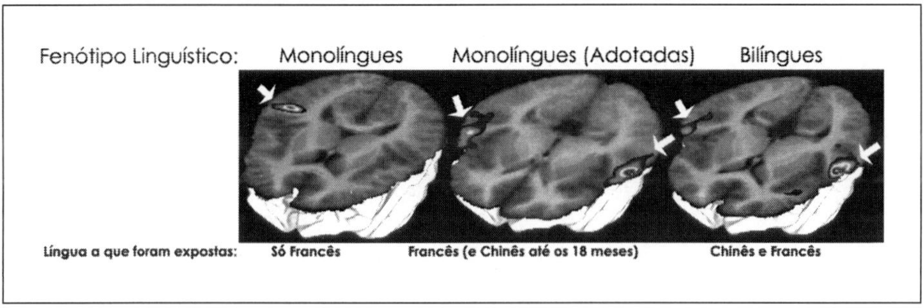

Assim, o estudo sugere que a informação linguística adquirida precocemente se mantém no cérebro por anos, talvez até potencialmente por toda a vida. Isso indica que há um *status* especial para a informação adquirida durante o período crítico, hipótese que ainda não tinha sido verificada com esse nível de acurácia.

Quais são as grandes linhas de investigação?

A alta precisão temporal faz das técnicas eletromagnéticas instrumentos poderosos especialmente na verificação do curso temporal do processamento. Podem-se aferir previsões de modelos teóricos de que um certo aspecto linguístico seja o deflagrador do processamento, por exemplo o sintático. Outra teoria pode apostar que dependendo do que está sendo processado, poderia haver uma heurística para deflagrar o processamento.

Encontram-se também nas grandes linhas de pesquisa as oposições entre Modelos Seriais, que preveem a especificidade de domínio, e Modelos Conexionistas, que acreditam que desde o início do processamento haja acesso a uma rede ponderada de influências de diversas ordens.

As técnicas eletromagnéticas também são muito utilizadas nas questões de aquisição de linguagem para se observar a importância da prosódia, da aquisição das palavras funcionais e da grade argumental dos verbos. O mais interessante é que como essas técnicas podem monitorar o processamento, bebês podem ser testados mesmo antes começar a falar.

Com a enorme precisão espacial das técnicas hemodinâmicas, existe uma ampla literatura procurando localizar as áreas do cérebro onde estão estocados glossários específicos para nomes de animais, objetos, ferramentas. Hoje em dia, tem sido possível discriminar mais criteriosamente áreas críticas para o processamento da linguagem – porções específicas da Área de Broca, de Wernicke, do giro temporal superior e outros – relacionando computações diminutas, como a concatenação, a esses sítios cerebrais.

O que eu poderia ler para saber mais?

Sugerimos que o leitor interessado estude os seguintes textos, para aprofundar seu conhecimento das questões que procuramos introduzir no presente capítulo:

Berwick, R. et al. Evolution, brain, and the nature of language. *Trends in Cognitive Sciences*, v. 17, n. 2, 2013, pp. 89-98.

França, A. I. et al. Discriminating among different types of verb-complement merge in Brazilian Portuguese: an ERP study of morpho-syntactic sub-processes. *Journal of Neurolinguistics*, v. 17, n. 6, 2004, pp. 425-437.

Gesualdi, A.; França, A. I. Event-related brain potentials (ERP): an overview. *Revista Linguistica*, v. 7, n. 2, 2011, pp. 24-42.

Hickok, G.; & Poeppel, D. Towards a functional neuroanatomy of speech perception. *Trends in Cognitive Sciences*, v. 4, n. 4, 2000, pp. 131-138. Disponível em: <http://www.ncbi.nlm.nih.gov/pubmed/10740277>. Acesso em: 4 mar. 2015.

Lau, E. et al. The role of structural prediction in rapid syntactic analysis. *Brain and language*, v. 98, n. 1, 2006, pp. 74-88.

Marr, D. *Vision*: a computational investigation into the human representation and processing of visual information. San Francisco: Freeman, 1982.

Psicolinguística e Neurociência Cognitiva

Augusto Buchweitz
Mariana Terra Teixeira

O que é Neurociência Cognitiva?

A Psicolinguística busca entender os processos psicológicos da linguagem, como aqueles envolvidos com aquisição, processamento e compreensão. A partir de medidas comportamentais – por exemplo, o tempo que um leitor leva para decidir se uma palavra existe, ou não, em experimentos que investigam decisão lexical (Simpson e Foster, 1986; Simpson; Lorsbach e Whitehouse, 1983) – é possível investigar manifestações da Psicologia da Linguagem; em outras palavras, investigar propriedades emergentes de processos da linguagem. Com a evolução dos experimentos e dos conhecimentos da Psicolinguística, surgem novas perguntas, todas igualmente interessantes para o entendimento da linguagem (veja outros capítulos neste livro), entre as quais as questões que buscam respostas na naurobiologia do cérebro. Surgem questões sobre a *aprendizagem*, como o cérebro humano aprende a ler e como se adapta à quebra do código da escrita (Dehaene, 2009); sobre a *aquisição* de mais de uma língua e as mudanças no cérebro bilíngue (Bialystok, 2008; Buchweitz e Prat, 2013; Grosjean, 2010); sobre os ordenamentos sintáticos, seus processos cognitivos e sua neurobiologia (Hagoort, 2013; Just et al., 1996), entre outras perguntas que buscam entender processos da linguagem a partir da neurobiologia. Em termos gerais, ao desvendar-se a Neurobiologia da linguagem, desvendam-se os mecanismos que subjazem a aquisição, o uso, a compreensão e a produção da linguagem.

Essas perguntas agregam aos âmbitos comportamental e cognitivos da linguagem o âmbito neurobiológico. Portanto, para construir o entendimento dos mecanismos neurais que subjazem processos emergentes, surge o trabalho cooperativo entre a Psicolinguística e a Neurociência Cognitiva. Esses níveis estão ilustrados no quadro abaixo, com exemplo sobre o estudo do transtorno de aprendizagem da leitura (dislexia). A dislexia é um transtorno da aprendizagem em que há uma dificuldade desproporcional, ou inesperada, de aprender a ler (Dehaene, 2009; Shaywitz, 2008). O nível comportamental manifesta a baixa precisão e fluência leitora; o nível cognitivo/psicológico representa o mapeamento grafema-fonema (esses dois seriam os níveis emergentes); o neurobiológico, a baixa ativação de áreas do cérebro importantes para o processamento fonológico e esse processo de mapeamento.

Quadro 1 – O estudo da linguagem a partir do entendimento de processos psicológicos (cognitivos) e de sua implementação biológica

Nível	Exemplo
Comportamental	Fluência e precisão leitora
↕	
Psicológico	Mapeamento fonema-grafema
↕	
Neurobiológico	Hipoativação parietotemporal

O objetivo deste capítulo é apresentar perguntas de pesquisa da Psicolinguística em interação com a Neurociência Cognitiva. Discute-se como a relação entre as duas áreas ajuda a desvendar os mistérios do processamento da linguagem a partir do entendimento do funcionamento do cérebro humano e duas perguntas específicas: a neurobiologia do transtorno da aprendizagem da leitura e do processamento sintático.

A Neurociência Cognitiva (NC) é uma dentre muitas neurociências. Roberto Lent, renomado neurocientista brasileiro, explica que há, por exemplo, a neurociência celular, que investiga as interações, estruturas e funções das células que compõe o sistema nervoso; a neurociência comportamental, que estuda a neurobiologia do sono e comportamentos emocionais. A NC, por sua vez, estuda as bases neurais de processos psicológicos complexos, como a linguagem, a memória e a atenção (Lent,

2010). Essa neurociência evoluiu muito rapidamente nos últimos 25 anos com a utilização de técnicas não invasivas de imagem do cérebro humano, como a ressonância magnética funcional. Hoje se estabelece como uma área multidisciplinar em busca de respostas em conjunto com diversas áreas de pesquisa, como a Psicolinguística, a Psicologia, a Psiquiatria, a Educação, entre outras áreas interessadas em algum aspecto da cognição e psicologia humanas.

A NC busca identificar interações a partir do estudo da função e da estrutura neural associadas a comportamento e processos psicológicos, que permitam melhor entender a cognição humana. Pode ser claramente mais científica a pergunta, como no entendimento das bases neurais do processamento sintático para fomentar o conhecimento sobre processos da linguagem, como pode ser mais aplicada, como no entendimento de transtornos de aprendizagem para fomentar práticas pedagógicas. A NC investiga sistematicamente o cérebro humano, o "supercomputador" de apenas 1,3 ou 1,4kg e de bilhões de neurônios cujas interações formam e produzem os processos mentais associados a emoções, cálculos, formação de memórias; desvenda os mistérios da mente humana a partir, por exemplo, do estudo de redes neurais que dão base a emoções, mas que também são fundamentais quando tomamos decisões aparentemente racionais (Buchweitz e Palmini, 2013; Damasio, 1994; Palmini, 2010). A NC é um braço da Neurociência voltado para o estudo da anatomia e função neurais que produzem a cognição humana.

Uma perspectiva neurocognitiva sobre o funcionamento cerebral

A Neurociência ajudou a estabelecer que o pensamento é inquestionavelmente o produto do trabalho conjunto e colaborativo de diversos centros no cérebro. Ressaltam-se, para a discussão que segue, alguns princípios de uma perspectiva neurocognitiva sobre o funcionamento cerebral. Primeiro, é importante ressaltar que é sempre uma rede de áreas, e não apenas uma área, que são relevantes para um processo cognitivo. Apesar de áreas ativadas serem centros computacionais com tipos de processamento característico, é sempre uma conjugação de áreas que dá suporte a um processo cognitivo. A cognição humana, portanto, não é resultado de um processo modular ou monolítico; não há um único "lugar" da linguagem no cérebro. Segundo, a rede de áreas ativadas é agregada dinamicamente em função das demandas cognitivas. Isso significa que quando se complexifica a tarefa cognitiva, usualmente verifica-se um aumento na ativação neural, tanto em termos de magnitude como em termos de tecido cortical utilizado. Para entender melhor, estudos de neuroimagem e aprendizagem humana mostram que a prática, o exercício, estão correlacionados com um decréscimo na ativação neural; enquanto os aprendizes evoluem de processos iniciais mais controlados e estratégicos para processos mais automáticos, há uma diminuição no recrutamento de recursos neurais (ver, p. ex., Chein e Schneider, 2005). Esse resultado representaria um índice neural para entender como a evolução da aprendizagem e o treinamento ajudam a "liberar" recursos neurais que, inicialmente, ficam ocupados por processos no início da aprendizagem.

O que a Neurociência Cognitiva estuda?

A NC estuda a cognição humana à medida que processos cognitivos e suas bases neurobiológicas se desenvolvem, são estimulados e entram em declínio. *Grosso modo*, o primeiro e o segundo aspecto relacionam-se com o início e o final da vida. O aspecto do estímulo, entretanto, permeia todas as fases da vida e, em combinação com a capacidade plástica do cérebro (a tão mencionada plasticidade), subjaz a habilidade humana de aprender durante toda a vida e de recuperar a fala e a linguagem após lesões cerebrais (Abutalebi et al., 2009; Green e Abutalebi, 2008)

Pode-se subdividir a NC em estudos de memória, de atenção, de emoção, de cognição social, de sistemas motores e sensoriais e, de interesse para o presente capítulo, estudos de linguagem (Gazzaniga, 2010). A NC, nesse caso, estuda as bases neurobiológicas da linguagem e seus processos, como descrito anteriormente. Busca-se aprofundar esse conhecimento estabelecendo uma relação da aquisição e aprendizagem da linguagem com o desenvolvimento do sistema nervoso, como no estudo do bilinguismo e suas vantagens na proteção contra o declínio cognitivo e doenças neurodegenerativas (*e.g.*, Bialystok, Craik, e Luk, 2012; Bialystok, 2008).

Desvendam-se os processos psicológicos, que estão associados à proteção da cognição de bilíngues, que ajudam que estes sejam menos sujeitos a doenças neurodegenerativas, como nos diversos estudos de Bialystok e colegas. Com ajuda da Psicolinguística, buscou-se entender os processos atencionais relacionados com a aquisição e o uso de duas línguas que protegem o bilíngue; com a ajuda da neurociência cognitiva, desvendam-se os mecanismos neurais e, inclusive, algumas diferenças na estrutura do cérebro que estão associadas ao bilinguismo (Buchweitz e Prat, 2013; Mechelli et al., 2004).

Como estudar algum desses fenômenos usando a Neurociência Cognitiva?

A Neurociência e as ferramentas de neuroimagem não invasivas aprofundaram o conhecimento sobre o funcionamento do pensamento humano. A partir das bases neurais da cognição humana, estabelece-se que o pensamento é inquestionavelmente o produto do trabalho conjunto e colaborativo de diversos centros no cérebro. Por exemplo, a compreensão da linguagem oral depende do processamento de informação auditiva pelo córtex auditivo primário, do processamento fonológico no córtex parietal inferior e semântico no córtex temporal superior, da monitoração da coerência pelo córtex medial frontal, e assim por diante (Buchweitz et al., 2009a; Just et al., 1996; Keller et al. (2003); Mason et al. (2003); Michael et al., 2001). Forma-se, portanto, um time de regiões que colaboram para que a compreensão seja levada a cabo desde o processamento inicial até os processos mais complexos.

A ressonância magnética funcional (RMF), uma ténica não invasiva de neuroimagem, deu um grande impulso à NC. A RMF permite investigar o funcionamento do cérebro em tempo real enquanto, por exemplo, um participante lê frases *durante o exame de imagem do cérebro*; a técnica possibilita, dessa forma, gerar imagens do cérebro em funcionamento ao mesmo tempo que pesquisadores da linguagem testam o processamento de diferentes aspectos, como o processamento sintático e a compreensão de frases.

A RMF oferece vantagens para o pesquisador interessado em estudar a linguagem por não ser invasiva e não oferecer risco de saúde para o participante da pesquisa (não há necessidade, por exemplo, de injeção de contraste radioativo para o exame). A RMF permite identificar mudanças em áreas específicas do cérebro; *grosso modo*, na RMF, a modulação de redes neurais é medida a partir de um aumento no fluxo sanguíneo, que gera o sinal Bold (*blood oxygenation level dependent*, em inglês); subsequentemente, essa modulação é mapeada em posições tridimensionais no cérebro, chamadas voxels (Huettel, Song e Mccarthy, 2004). O voxel seria como o "primo" tridimensional do pixel, que utilizamos para formar uma imagem bidimensional como a de uma tela de televisor. Esse mapeamento tridimensional por voxels permite associar as mudanças de fluxo sanguíneo a regiões específicas do cérebro, identificando-se, portanto, a localização específica das áreas corticais ativadas durante a execução de uma tarefa. Desta forma, a RMF permite o estudo da dinâmica cerebral de experiências subjetivas (por exemplo, emoções (Kassam et al., 2013) e objetivas (por exemplo, cálculo mental) (Lyons e Beilock, 2012).

A utilização da ressonância magnética funcional para investigar processos de linguagem tem aumentado significativamente nos últimos anos (ver, p. ex., uma revisão de 100 estudos publicados em 2009 (Price, 2010)). Como discutimos antes, a partir de uma perspectiva neurocognitiva da linguagem, estudos de neuroimagem mostram que os processos de linguagem são o resultado da colaboração entre diversas regiões do cérebro. A colaboração entre esses centros fica evidente quando manipula-se, ou complexifica-se, o estímulo linguístico e, por consequência, modula-se a ativação em todos ou na maioria dos centros envolvidos; por exemplo, mostrou-se, curiosamente, a modulação das áreas envolvidas com *processamento auditivo* durante a *leitura* de frases trava-línguas ("O padre pouca capa tem, porque pouca capa compra") e como o processamento destas é diferente do processamento de frases que não trazem a dificuldade de articulação imposta pelas trava-língua (Keller, Carpenter e Just, 2003); em outro exemplo, estudaram-se frases escritas em diferentes ortografias, como aquelas que utilizam o alfabeto e aquelas que utilizam ideogramas, e identificou-se diferente recrutamento de áreas do cérebro envolvidas com processos fonológicos ou visuais de acordo com as características da ortografia (Bolger, Perfetti e Schneider, 2005; Buchweitz et al., 2009b); ainda em outro estudo, identificou-se como a leitura de textos sobre assuntos que os participantes tinham mais ou menos familiaridade está associada ao engajamento de diferentes redes neurais; para textos mais familiares, mais ativação em redes associadas à geração de inferências; para textos menos familiares, mais ativação em redes associadas a processos atencionais (Buchweitz et al., 2014); a partir desses estudos, aprofunda-se o entendimento sobre os processos psicológicos que subjazem processos linguísticos desde o nível do processamento da palavra até o nível da frase ou do texto.

Poderia me dar um exemplo?

Há dois exemplos de interesse. Um que trataria do estudo da combinação de fatores genéticos e ambientais e sua influência na aprendizagem da leitura; outro, do estudo das bases neurais do processamento e produção de estruturas passivas e ativas na linguagem. Apresenta-se, brevemente, cada um.

Existem causas inerentes ao desenvolvimento infantil e às bases neurológicas da cognição e da leitura. Na aprendizagem da leitura, a dislexia do desenvolvimento é uma dificuldade desta natureza. A dislexia do desenvolvimento é uma dificuldade de aprendizagem de origem neurológica, caracterizada pela dificuldade na fluência da leitura e na habilidade de decodificação e soletração (Dehaene, 2009; Shaywitz et al., 2002, 2004; Shaywitz, 2008). É um transtorno com um forte componente hereditário. Como indicado anteriormente, a dislexia é um transtorno do neurodesenvolvimento caracterizado pela dificuldade desproporcional de aprender a ler; desproporcional pois não pode ser explicada por outros fatores externos ou relacionados a diferenças individuais (por exemplo, déficit de inteligência, memória de trabalho, falta de oportunidade de aprendizado, motivação geral ou transtorno visual ou auditivo). O que, portanto, acontece no cérebro de quem tem essa dificuldade?

Aprender a ler é um processo inventado, "artificial", diferente de compreender a fala (para o qual estamos naturalmente programados). Aprender a ler resulta em alterações significativas no cérebro do leitor (Dehaene, 2009); por exemplo, um estudo das bases neurais da compreensão entre adultos alfabetizados e não alfabetizados, falantes da língua portuguesa, demonstrou que a aprendizagem da leitura está relacionada com alterações funcionais e estruturais no cérebro adulto (Castro-Caldas et al., 1998; Petersson et al., 2000). Nas ortografias alfabéticas, como o português, o aprendizado da leitura depende da formação de associações entre pares de sons e letras (fonemas e grafemas). A dificuldade principal de leitores disléxicos, tanto adultos como infantis, está justamente na associação entre imagem (escrita) e som (fala). Uma série de estudos norte-americanos revelou as bases neurais da dislexia dos aprendizes naquele país (Hoeft et al., 2011; Meyler et al., 2008). O resultado mais robusto está na identificação de uma diferença significativa entre disléxicos e leitores normais em áreas cerebrais associadas com a decodificação de grafemas (isto é, hipoativação entre disléxicos em uma rede temporoparietal do córtex, como se eles não estivessem engajando os componentes neurais necessários para a leitura; este é o nível neurobiológico identificado no quadro 1, no início do capítulo).

Mas nem tudo está perdido, e a combinação do entendimento de processos da linguagem com a neurociência cognitiva mostrou resultados interessantes. Um estudo longitudinal realizou diferentes intervenções educacionais com crianças norte-americanas com dificuldades de leitura. Os pesquisadores identificaram que o método fônico, ou seja, voltado para o estudo das relações grafema-fonema e para o desenvolvimento da consciência fonológica, foi a intervenção que obteve maior sucesso na remediação de dificuldades de leitura. Esse sucesso educacional esteve associado a mudanças significativas no comportamento neural dos leitores com dificuldade de aprender a ler (Keller e Just, 2009). A partir de um objetivo de identificar, conhecer e buscar evidências empíricas dos desvios da aprendizagem e fundamentar ações que propiciem o desenvolvimento da aprendizagem, a combinação entre a NC e a Psicolinguística pode subsidiar as intervenções precoces que objetivem a prevenção dos distúrbios da aprendizagem, que mitiguem as deficiências físicas e psicossociais e os impactos de transtornos de aprendizagem.

No que diz respeito ao processamento sintático da linguagem, estudos experimentais apontam dois estágios diferentes de processamento: um processo inicial, de construção *on-line* da estrutura sintática; e um processo posterior, de checagem e reanálise, isto é, uma memória sintática para frases com lacunas ou com dependências sintáticas. Exemplos em português para esses dois processos sintáticos seriam: para o processo *on-line*, uma frase na ordem direta, sujeito-verbo-objeto, em que a memória sintática não precisa ser acessada, como *João ama Maria*; para o processo de checagem e reanálise, uma sentença com uma frase encaixada, em que a memória sintática é necessária para, por exemplo, acessar corretamente o sujeito da oração, como *A menina que o João gosta mais do que gosta de comer chocolate é a Maria.*

O reconhecimento das bases neurais desses processos sintáticos é uma contribuição da NC aos estudos de processamento da linguagem. O estudo com neuroimagem funcional de Friederici (2004) constatou que o giro temporal superior esquerdo (STG), junto com o opérculo frontal, são responsáveis pelo processamento sintático *on-line* e que a parte anterior do giro frontal inferior (IFG) é responsável pela memória sintática de frases com grandes dependências e/ou lacunas. O entendimento dessas redes e dos processos psicológicos que as caracterizam ajuda a desvendar processos sintáticos. Fica a pergunta: se diferentes processos sintáticos estão mais fortemente associados com regiões mais anteriores (grandes dependências) e posteriores/superiores (*on-line*), o que essa diferença indica?

Grodzinsky e Friederici (2006) apresentam uma revisão dos estudos com imagem de RMF e suas contribuições para o entendimento do processamento sintático da linguagem. Desse modo, segundo os autores, há duas abordagens para o estudo do processamento sintático em neurociência. A primeira abordagem, o Mapa Formal Sintático, estudada por Grodzinsky, busca a localização cerebral do conhecimento sintático humano e acredita que há uma relação entre os subcomponentes da teoria sintática e as suas localizações no cérebro. A hipótese teórica que sustenta essa abordagem é a teoria gerativa de Chomsky, que define operações (regras gramaticais) que dão estrutura para as sentenças. A segunda abordagem, o Mapa do Processamento da Linguagem, estudada por Friederici, investiga os processos *on-line* envolvidos na análise da linguagem. A hipótese do Mapa de Processamento da Linguagem é a de que os mecanismos cerebrais lidam com diferentes fontes de conhecimento durante a análise *on-line* da sentença, fontes estas separadas em unidades neuronais. Segundo os autores, as duas abordagens são complementares e sugerem que subcomponentes do sistema de processamento da linguagem são distinguíveis e localizáveis no cérebro humano.

Pode-se estudar o processamento sintático do cérebro humano através de diferentes fenômenos linguísticos, chamados estímulos linguísticos nos experimentos da NC. O estudo das bases neurais e das regiões cerebrais ativadas na produção e compreensão de estruturas passivas e ativas na linguagem é um exemplo prático. Sentenças passivas são construções complexas devido às suas características sintáticas, semânticas e pragmáticas particulares. Já na década de 1990, através da apresentação de estruturas sintáticas complexas para participantes, pôde-se observar um aumento na ativação de regiões como a área de Broca e Wernicke, regiões clássicas da linguagem, em relação a diferentes estruturas frasais (Just et al., 1996). O aumento de ativação nessas áreas está relacionado à complexidade da estrutura sintática, quanto mais complexa for, maior será o número de recursos cognitivos desprendidos para realizar uma tarefa. Essa é uma evidência em nível neurobiológico que interage com constatações feitas em âmbito psicológico. Em um estudo psicolinguístico comportamental, (Segaert et al., 2011) pediram que 24 adultos holandeses produzissem uma frase para cada imagem que lhes fosse apresentada. As fotos tinham dois personagens, um em verde e um vermelho, e a tarefa do participante era descrever a foto, em uma frase, sempre nomeando a pessoa em verde primeiro. As imagens suscitavam frases na voz ativa, quando o personagem em verde era o agente e frases na voz passiva, quando o personagem em verde era o paciente. Os resultados do experimento mostraram que os participantes levavam mais tempo para produzir sentenças passivas do que para produzir sentenças ativas, mesmo que as frases tivessem o mesmo número de palavras. Desse modo, o tempo de resposta, medida psicolinguística, para as sentenças mais complexas, passivas, corrobora a evidência em nível neurobiológico de maior número de recursos cognitivos recrutados para o processamento de estruturas mais complexas.

Quais são as grandes linhas de investigação?

Como mencionado, a NC estuda os processos cognitivos humanos complexos, como atenção, memória e linguagem. Na interface NC e Psicolinguística, pode-se ressaltar, sempre correndo o risco de esquecer-se de algo, as linhas de investigação voltadas para o desenvolvimento da linguagem (desenvolvimento e plasticidade do cérebro e sua relação com aquisição de linguagem e com bilinguismo), para os processos psicológicos envolvidos na produção e compreensão da linguagem (bases neurais de processamento semântico e da sintaxe) e para a aprendizagem da leitura (como o cérebro se modifica para aprender a ler). Talvez estes três pontos, (1) aquisição, (2) produção e processamento e (3) aprendizagem representem as linhas de pesquisa mais robustas que existem na relação entre Psicolinguística e Neurociência Cognitiva.

O que eu poderia ler para saber mais?

Seguem quatro sugestões de leitura que abrem portas para ainda mais outras leituras:

1. *The Cognitive Neurosciences: Michael Gazzaniga* (Gazzaniga, 2010)
2. *Os neurônios da leitura* (Dehaene, 2012)
3. *100 bilhões de neurônios*? (Lent, 2010)
4. *Aprendizagem infantil: uma abordagem da neurociência, economia e psicologia cognitiva* (Araújo, 2011)

ABUTALEBI, J. et al. Bilingual aphasia and language control: a follow-up fMRI and intrinsic connectivity study. *Brain and language*, v. 109, n. 2-3, 2009, pp. 141-56.

ARAÚJO, A. *Aprendizagem infantil:* uma abordagem da neurociência, economia e psicologia cognitiva. Rio de Janeiro: Academia Brasileira de Ciências, 2011.

BIALYSTOK, E. Bilingualism: The good, the bad, and the indifferent. *Bilingualism: Language and Cognition*, v. 12, n. 1, 14 ago. 2008, p. 3.

BIALYSTOK, E.; CRAIK, F. I. M.; LUK, G. Bilingualism: consequences for mind and brain. *Trends in cognitive sciences*, v. 16, n. 4, abr. 2012, pp. 240-50.

BOLGER, D. J.; PERFETTI, C. A; SCHNEIDER, W. Cross-cultural effect on the brain revisited: universal structures plus writing system variation. *Human brain mapping*, v. 25, n. 1, maio 2005, pp. 92-104.

BUCHWEITZ, A. et al. Brain activation for reading and listening comprehension: An fMRI study of modality effects and individual differences in language comprehension. *Psychology and Neuroscience,* v. 2, n. 2, 2009a, pp. 111-123.

______. Japanese and English sentence reading comprehension and writing systems: An fMRI study of first and second language effects on brain activation. *Bilingualism Cambridge England*, v. 12, n. 2, 2009b, pp. 141-151.

______.; PALMINI, A. Redes neurais da emoção e cognição: a neurociência do comportamento humano. In: KETZER, S. M.; AMODEO, M. T. (eds.). *No mundo hospitalar, história também tem lugar*. Porto Alegre: Edipucrs, 2013, pp. 85-98.

______.; PRAT, C. The bilingual brain: Flexibility and control in the human cortex. *Physics of life reviews*, v. 1, pp. 1-16, 30 jul. 2013.

______. Modulation of cortical activity during comprehension of familiar and unfamiliar text topics in speed reading and speed listening. *Brain and Language*, v. 139, pp. 49-57, dez. 2014.

CASTRO-CALDAS, A. et al. The illiterate brain. Learning to read and write during childhood influences the functional organization of the adult brain. *Brain: a journal of neurology*, v. 121, n. 6, jun. 1998, pp. 1053-63.
CHEIN, J. M.; SCHNEIDER, W. Neuroimaging studies of practice-related change: fMRI and meta-analytic evidence of a domain-general control network for learning. *Brain research. Cognitive brain research*, v. 25, n. 3, dez. 2005, pp. 607-23.
CHOMSKY, Noam. *Aspects of the Theory of Syntax*. Cambridge: MIT Press, 1965.
______. *Lectures on Government and Binding*. Foris: Dordrecht, 1981.
______. *Knowledge of language*: Its nature, origin, and use. Cambridge: MIT Press, 1986.
DAMASIO, A. R. *Descarte's error: emotion, reason, and the human brain*. New York: Harper Collins, 1994.
DEHAENE, S. *Reading in the Brain*: The New Science of How We Read. New York: Penguin Books, 2009.
______. *Os neurônios da leitura*. Porto Alegre: Penso Editora, 2012.
FRIEDERICI, Angela D.; MEYER, Martin; VON CRAMON, D. Yves. Auditory language comprehension: An event-related fMRI study on the processing of syntactic and lexical information. *Brain Language*, v. 74, n. 2, dez. 2000, pp. 289-300.
______. The Neural Basis of Syntactic *Processes. The Cognitive Neurosciences III*, MIT. 2004, pp. 789-801.
GAZZANIGA, M. *The Cognitive Neurosciences*. 4. ed. Cambridge: MIT Press, 2010.
GREEN, D. W.; ABUTALEBI, J. Understanding the link between bilingual aphasia and language control. *Journal of Neurolinguistics*, v. 21, n. 6, nov. 2008, pp. 558-576.
GRODZINSKY, Yosef; FRIEDERICI, Angela D. Neuroimaging of syntax and syntactic processing. *Current Opinion in Neurobiology*, 16, 2006, pp. 240-246.
GROSJEAN, F. *Bilingual:* Life and Reality. [s.l.] Harvard University Press, 2010.
HAGOORT, Peter. Shared syntax in language production and language comprehension – An fMRI study. *Cerebral Cortex*, v. 22, 2011, pp. 1662-70.
______. MUC (Memory, Unification, Control) and beyond. *Frontiers in psychology*, v. 4, jan. 2013, p. 416.
HOEFT, F. et al. Neural systems predicting long-term outcome in dyslexia. *Proceedings of the National Academy of Sciences of the United States of America*, v. 108, n. 1, 4 jan. 2011, pp. 361-6.
HUETTEL, S. A.; SONG, A. W.; MCCARTHY, G. *Functional Magnetic Resonance Imaging*. Massachussets: Sinauer, 2004.
JUST, M. A et al. Brain activation modulated by sentence comprehension. *Science*, v. 274, n. 5284, 4 out. 1996, pp. 114-6.
KASSAM, K. S. et al. *Identifying Emotions on the Basis of Neural Activation. PloS one* v. 8, n. 6, jan. 2013.
KELLER, T. A.; CARPENTER, P. A.; JUST, M. A. Brain imaging of tongue-twister sentence comprehension: twisting the tongue and the brain. *Brain and language*, v. 84, n. 2, fev. 2003, pp. 189-203.
______.; JUST, M. A. Altering cortical connectivity: remediation-induced changes in the white matter of poor readers. *Neuron*, v. 64, n. 5, 10 dez. 2009, pp. 624-31.
LENT, R. *Cem bilhões de neurônios?*. Rio de Janeiro: Atheneu, 2010.
LYONS, I. M.; BEILOCK, S. L. Mathematics anxiety: separating the math from the anxiety. *Cerebral cortex*, v. 22, n. 9, set. 2012, pp. 2102-10.
MASON, R. A.; et al. Ambiguity in the brain: what brain imaging reveals about the processing of syntactically ambiguous sentences. *Journal of Experimental Psychology, Learning, Memory & Cognition*. v. 29, n. 6, nov. 2003 Nov, pp. 1319-38.
MECHELLI, A. et al. Neurolinguistics: structural plasticity in the bilingual brain. *Nature*, v. 431, n. 7010, 13 Out. 2004, p. 757.
MEYLER, A. et al. Modifying the brain activation of poor readers during sentence comprehension with extended remedial instruction: a longitudinal study of neuroplasticity. *Neuropsychologia*, v. 46, n. 10, ago. 2008, pp. 2580-92.
MICHAEL, E. B. et al. fMRI investigation of sentence comprehension by eye and by ear: modality fingerprints on cognitive processes. *Human brain mapping*, v. 13, n. 4, ago. 2001, pp. 239-52.
PALMINI, A. A neurociência das relações entre professores e alunos: entendendo o funcionamento cerebral para facilitar a promoção do conhecimento. In: FREITAS, A. L. S. et al. (eds.). *Capacitação docente:* um movimento que se faz compromisso. Porto Alegre: Edipucrs, 2010, pp. 15-24.
PETERSSON, K. M. et al. Language processing modulated by literacy: a network analysis of verbal repetition in literate and illiterate subjects. *Journal of cognitive neuroscience*, v. 12, n. 3, maio 2000, pp. 364-82.

PRICE, C. J. The anatomy of language: a review of 100 fMRI studies published in 2009. *Annals of the New York Academy of Sciences*, v. 1191, mar. 2010, pp. 62-88.

SEGAERT, K. et al. The suppression of repetition enhancement: a review of fMRI studies. *Neuropsychologia*, v. 51, n. 1, jan. 2013a, pp. 59-66.

______. et al. Syntactic priming and the lexical boost effect during sentence production and sentence comprehension: An fMRI study. *Brain & Language*, v. 124, n. 2, 2013b, pp. 174-183.

______.; et al. A paradox of syntactic priming: why response tendencies show priming for passives, and response latencies show priming for actives. Out. 2011. Disponível em: <http://journals.plos.org/plosone/article?id=10.1371/journal.pone.0024209>. Acesso em: 3 mar. 2015.

SHAYWITZ, B. A. et al. Disruption of posterior brain systems for reading in children with developmental dyslexia. *Biological psychiatry*, v. 52, n. 2, 15 jul. 2002, pp. 101-10.

______. Development of left occipitotemporal systems for skilled reading in children after a phonologically-based intervention. *Biological psychiatry*, v. 55, n. 9, 1 maio 2004, pp. 926-33.

______. *Overcoming Dyslexia*: a new and complete science-based program for reading problems at any level (Vintage). [s.l.] Vintage, 2008.

SIMPSON, G. B.; LORSBACH, T. C.; WHITEHOUSE, D. Encoding and contextual components of word recognition in good and poor readers. *Journal of Experimental Child Psychology*, v. 35, n. 1, fev. 1983, pp. 161-171.

______. B.; FOSTER, M. R. Lexical ambiguity and children's word recognition. *Developmental Psychology*, v. 22, n. 2, 1986, pp. 147-154.

Os autores

Marcus Maia, PhD em Linguística pela University of Southern California, com tese em Processamento Sintático e Sintaxe Experimental, é professor de Linguística na UFRJ, onde fundou o Laboratório de Psicolinguística Experimental (Lapex). É bolsista de Pesquisa (CNPq) desde 1997. Foi pesquisador visitante na City University of New York (2003/2004) e professor visitante na University of Massachusetts, Amherst (2012). Pesquisa e orienta nas áreas de Psicolinguística, Teoria e Análise Linguística e Línguas Indígenas Brasileiras.

Letícia Sicuro Corrêa, PhD pela University of London, com tese em Psicolinguística; docente da PUC-Rio, desde então. Atua na graduação em Letras e no Programa de Pós-Graduação Estudos da Linguagem. Fundou e dirige o Laboratório de Psicolinguística e Aquisição da Linguagem (Lapal), onde desenvolve um programa de pesquisa que integra o estudo do processamento linguístico/aquisição da linguagem com a teoria gerativista minimalista.

Márcio Martins Leitão possui graduação em Letras, mestrado e doutorado em Linguística pela UFRJ. Professor-associado da Universidade Federal da Paraíba, onde coordena o Laboratório de Processamento Linguístico (Laprol) desde 2007. Coordenador do GT de Psicolinguística da Anpoll (2012-2014), atua principalmente nos seguintes temas: processamento anafórico, processamento morfológico, processamento sintático, processamento linguístico em bilíngues e em sujeitos com patologias e déficits relacionados à linguagem.

Daniela Cid de Garcia é doutora em Linguística pela UFRJ (bolsista CAPES) e professora de língua inglesa no departamento de Anglo-Germânicas da Faculdade de Letras (UFRJ). É pesquisadora vinculada aos laboratórios Lapex e ACESIN (UFRJ), tendo como foco de pesquisa o processamento de palavras complexas e foi pesquisadora visitante *Fulbright* no Laboratório de Neurolinguística da Universidade de Nova York (NYU).

Cristina Name é professora-associada da Universidade Federal de Juiz de Fora e bolsista CNPq. Possui doutorado em Letras (Psicolinguística/ Aquisição da Linguagem, PUC-Rio) com estágio no Laboratoire de Sciences Cognitives et Psycholinguistique (LSCP/EHESS, Paris), e pós-doutorado no Laboratoire de Recherche sur le Langage (UQAM, Montreal). Coordena o NEALP (Núcleo de Estudos em Aquisição da Linguagem e Psicolinguística, UFJF).

Erica dos Santos Rodrigues, graduada em Letras (UFRJ), mestre e doutora na área de Psicolinguística na PUC-Rio, instituição onde atua como docente dos cursos de graduação em Letras e do Programa de Pós-Graduação em Estudos da Linguagem, é pesquisadora do Laboratório de Psicolinguística e Aquisição da Linguagem (Lapal-PUC-Rio), com trabalhos de caráter experimental em interface com teoria linguística, voltados para processamento linguístico adulto, em especial na área de produção da linguagem. Outros interesses: interação linguagem-visão e processos de leitura e escrita.

Lilian Cristine Hübner é docente da Faculdade de Letras e do Programa de Pós-Graduação em Letras (PUC-RS), além de bolsista de Produtividade em Pesquisa (CNPq). Possui mestrado em Linguística (UFRGS), doutorado em Língua Inglesa e Linguística Aplicada (UFSC), doutoramento sanduíche e pós-doutoramento (CAPES) na University of Montreal (Centre de Recherche de l'Institut de Gériatrie de Montréal). Atua nas áreas de processamento linguístico, aquisição da linguagem (ênfase na aquisição de L2), bilinguismo e multilinguismo, afasias e doença de Alzheimer, envelhecimento. Investiga questões relacionadas à produção e à compreensão de aspectos discursivos e semânticos.

Leonor Scliar-Cabral, doutora em linguística pela USP, lecionou na EPM (atual Unifesp) e foi coordenadora da PG em Linguística da PUCC. É professora titular (aposentada) da UFSC, presidente honorária e ex-presidente da ISAPL e da Abralin, pesquisadora 1A do CNPq, alimenta a Plataforma CHILDES com dados do PB e membro do Child Language Committee da IALP. Primeira coordenadora do GT de Psicolinguística da Anpoll. Criadora do Sistema Scliar de Alfabetização.

José Morais, PhD em Psicologia pela Université Libre de Bruxelles (ULB) e doutor *honoris causa* da Universidade de Lisboa, é professor emérito da ULB, onde continua pesquisando sobre a consciência fonêmica, a leitura e a influência da literacia na cognição e no cérebro. Tem mais de 200 publicações internacionais e livros publicados no Brasil.

Régine Kolinsky, doutora em Psicologia pela Universidade Livre de Bruxelas (ULB), é diretora de pesquisa da Fundação para a Pesquisa Científica da Bélgica e dirige a Unidade de Pesquisa em Neurociências Cognitivas, também da ULB. Estuda as relações entre literacia, fala, cognição e cérebro. Já publicou mais de 150 capítulos de livros e artigos em revistas científicas prestigiosas.

Eduardo Kenedy é doutor e mestre em Linguística pela Universidade Federal do Rio de Janeiro (UFRJ) e licenciado em Letras pela Universidade Federal Fluminense (UFF). Na UFF, é professor de Linguística e coordenador do Laboratório do Grupo de Estudos em Psicolinguística Experimental (GEPEX). É autor do livro *Curso básico de linguística gerativa* e coautor do *Sintaxe, Sintaxes*, ambos publicados pela Contexto.

Ingrid Finger é professora-associada da UFRGS e coordenadora do Laboratório de Bilinguismo e Cognição/UFRGS (Labico). Seus interesses de pesquisa incluem aspectos relacionados ao processamento da linguagem e ao processamento cognitivo em contextos de língua materna (normal e com desvios), de bilinguismo unimodal e bimodal e de multilinguismo.

Aniela Improta França é professora-associada da Universidade Federal do Rio de Janeiro e pesquisadora do CNPq. Iniciou no Brasil a pesquisa de Neurociência da Linguagem em 2002, com sua tese de doutoramento utilizando metodologia de extração de potenciais bioelétricos (ERPS). Coordenadora do Laboratório de Acesso Sintático (Acesin) e membro fundador do Laboratório de Eletrofisiologia e Rastreamento Ocular (LER) que vem formando uma nova geração de linguistas experimentalistas.

Augusto Buchweitz é pesquisador do Instituto do Cérebro do Rio Grande do Sul. Doutor em Letras pela Universidade Federal de Santa Catarina, com período de *visiting scholar* na Carnegie Mellon University, e pós-doutor no Center for Cognitive Brain Imaging (CCBI), Carnegie Mellon University, EUA. Professor dos programas de pós-graduação em Letras-Linguística e Medicina-Neurociências da Pontifícia Universidade Católica do Rio Grande do Sul (PUC-RS). Interesses de pesquisa: correlatos neurais da leitura, da dislexia e do bilinguismo através de ressonância magnética funcional.

Mariana Terra Teixeira é mestranda em Linguística do Programa de Pós-Graduação em Letras da Pontifícia Universidade Católica do Rio Grande do Sul (PUC-RS/CNPq). Graduada em Letras (UFRGS), foi bolsista de iniciação científica PIBIC/CNPq-UFRGS durante a graduação. Pesquisa na área de neurociência sobre o processamento da linguagem e é interessada em linguística formal, sintaxe e interfaces. Atualmente, investiga o processamento sintático (efeito de *priming* sintático de estruturas passivas e ativas do português, na produção).